El Faquir

Ramiro A. Calle

El Faquir

mr ediciones martínez roca

Versión revisada y ampliada

Primera edición en esta presentación: septiembre de 2008
Segunda impresión: junio de 2013

El papel utilizado para la impresión de este libro
es cien por cien libre de cloro
y está calificado como **papel ecológico**

Ediciones Martínez Roca es un sello editorial de Ediciones Planeta Madrid, S. A.
Paseo de Recoletos, 4, 28001 Madrid
www.mrediciones.com
www.planetadelibros.com
ISBN: 978-84-270-3469-3
Depósito legal: M. 35.967-2008
Preimpresión: J. A. Diseño Editorial, S. L.
Impresión: Arvato Services

Impreso en España – Printed in Spain

Ediciones anteriores en otra presentación:
Primera edición: octubre de 1997
Octava impresión: abril de 2004

Dedicatoria

Para María Luisa Jiménez Marqués, por su inspiración, por su almor (amor del alma), por su confianza, por su amistad, por ser una buscadora espiritual y una bella persona.

Agradecimientos

Toda mi gratitud para mi buena amiga y formidable editora Carmen Fernández de Blas y para todo su eficiente y amable equipo editorial. Mi sentido agradecimiento para esos dos faquires y excelentes personas y humanistas que son Miguel Ángel Calle, mi amigo y mi hermano, y Helio Clemente, gran pintor y escultor. Estoy muy agradecido asimismo a mis buenos amigos Enrique Rico y Begoña Renuncio, que comparten conmigo el entusiasmo por la India, así como a mis habituales compañeros de viaje a la India y grandes amigos César Vega y Carlos Campos, y al profesor de yoga mental y karma-yogui Paulino Monje. Siempre estoy agradecido a esa persona excepcional que es Jesús Fonseca, amigo del alma, místico de los adentros, escritor exquisito y veraz periodista, además de siempre una inspiración y un apoyo para los que tenemos la fortuna de tratarle. Asimismo, mi más expresivo agradecimiento para el genial guitarrista y compositor Chema Vílchez, que inspirándose en mi obra *El Faquir* ha compuesto *La música del Faquir,* sumamente sugerente y reveladora.

Funámbulo: el que pasa por la cuerda o por el alambre.

Equilibrista: el que trata de mantener el equilibrio para no precipitarse.

Faquir: el que se somete a la proeza de superar el dolor.

Más acertada o desacertadamente, todos somos funámbulos, equilibristas y faquires en este asombroso fenómeno llamado VIDA.

Al amanecer, una paloma penetró, revoloteando, en un pequeño y recoleto templo de la India. La imagen de una rosa que, como ofrenda, se hallaba situada en el centro del santuario se reflejaba en los espejos que cubrían todas las paredes del templo. La paloma, tomando aquellos reflejos por la rosa misma, voló hacia ellos y chocó, una y otra vez, contra las brillantes paredes con tal ímpetu que, al final, su frágil cuerpo se quebró y encontró la muerte. Sólo entonces la paloma, aún caliente, halló a la auténtica rosa al desplomarse sobre ella.

Los maestros de la India dicen: «No seas como la paloma, persiguiendo reflejos que acabarán provocándote la muerte. Ve directamente hacia la rosa del conocimiento».

1

Llegué a Delhi cuando empezaba a amanecer. El calor resultaba sofocante. Pronto comenzaría la estación de las lluvias y la atmósfera estaba tan cargada de humedad que dificultaba la respiración. Una bandada de desgreñados y sudorosos taxistas me ofreció sus servicios con una insistencia que me exasperaba. Cada uno me prometía el mejor servicio ofreciéndose a llevarme a hoteles y tiendas de todas las categorías o a conducirme hasta ciudades como Agra y Jaipur. Me dejé arrastrar a uno de los coches y di al taxista la dirección de un pequeño hotel que me habían recomendado en la Vieja Delhi. No estaba en mi ánimo recorrer los circuitos y alojamientos de siempre; de esa forma empezaría a superar los apegos y hábitos de mi mente.

Durante el trayecto, miraba atónito por la ventanilla del renqueante automóvil el espectáculo de vida que se ofrecía a mis ojos a cada momento. A esas tempranas horas de la mañana el gentío era enorme. Bajo un sol que empezaba a abrasar, las colas en las paradas de los autobuses parecían no tener fin; las entradas de los cines estaban atestadas; la calzada era un conglomerado de taxis parecidos a escarabajos, bicicletas, *motorickshaws*, indolentes viandantes, perros y vacas. El jaleo resultaba ensordecedor: timbres, bocinas, gritos... Aquello era un hervidero de seres humanos; unos andando apresuradamente, los cuerpos empapados en sudor; otros, ociosos, como si el tiempo no contara para ellos; los había que formaban corro, charlando plácidamente entre sí. Las calles rebosaban de vida y yo miraba todo aquello como si de una película se tratara. Me asaltaban recuerdos, dudas y vacilaciones de todo tipo a borbotones. Me debatía en mis contradicciones y me preguntaba si la decisión que había tomado de viajar hasta aquel país no sería descabellada y no estaría haciendo otra cosa que escapar a mis responsabilidades y huir de mí mismo.

Una vez que mis anhelos espirituales de la adolescencia y la juventud palidecieron, yo, como tantos otros, me dediqué durante años a ejercer una profesión bien remunerada que me permitía vestir los mejores trajes, deleitar suculentos manjares y gozar de la compañía de atractivas mujeres. Pero supongo que también como tantos otros había sido incapaz de no caer en un estado de monotonía, frustración e incluso hastío. Sin embargo, poco a poco, casi de manera imperceptible, comencé a ser consciente del horror en que había convertido mi vida. Me había faltado la intrepidez espiritual de Federico, mi entrañable amigo de juventud, un alemán a quien nunca faltaba el entusiasmo, que había viajado hasta la India y se había hospedado durante meses en la mansión de un coronel británico que vivía en el norte del país. Durante un tiempo mi amigo me escribió haciéndome partícipe de sus inquietudes y pesquisas espirituales. Me comentó varias veces lo importante que sería hallar un tratado muy antiguo titulado *El hombre feliz en la cueva del corazón*. Pero ni Federico ni el coronel habían encontrado pistas fiables del mismo. En sus últimas cartas me explicaba que había trabado conocimiento con un maestro de esa antigua tradición y que se disponía a dejar la casa del coronel para seguirlo a diferentes lugares de la India.

Perdido en mis pensamientos, salía de ellos de golpe a cada violento frenazo del conductor, cuando por delante de su coche se interponía una persona o un vehículo. Era lo que en Occidente llamamos «hora punta», y uno tenía ocasión de comprobar, perplejo, lo denso de su población cuando veía pasar aquella masa compacta de seres humanos de todas las edades. Familias enteras viajaban en una moto, como si efectuaran un espectacular número de circo; había bicicletas que chocaban contra otras bicicletas; los cuerpos se apiñaban y topaban unos con otros; los autobuses eran como cegados rinocerontes, dispuestos a arrasar cuanto se les pusiera por delante... Había toda clase de vendedores callejeros, chiringuitos de comida, mendigos e indigentes. Pero a pesar de aquel abigarramiento y el desordenado e infernal tráfico, no aprecié en absoluto la agresividad de los conductores de Occidente; cada uno iba a lo suyo, mientras sorteaba con habilidad los obstáculos, como si de un concurso televisivo se tratara.

Al cabo de casi una hora llegamos a una plaza con innumerables comercios. El conductor, orgulloso y solícito, anunció:

—Connaught Place.

Nos hallábamos en el centro de Nueva Delhi. Tomamos por una de las calles que daban a la plaza y enfilamos hacia la Vieja Delhi. Cada vez el gentío se hacía más denso y el tráfico, más dificultoso. El conductor chillaba a unos y otros; riendo, sacaba la cabeza por la ventanilla mientras conducía de lado; quitaba las manos del volante y frenaba y aceleraba con brusquedad; vociferaba y murmuraba para sí; estaba a punto de arrollar a viandantes y ciclistas; discutía con otros conductores y todo ello sin dejar ni por un momento de tocar la bocina.

—Old Delhi —dijo cuando pasamos bajo un arco antiguo.

Entonces comenzó a ofrecerme hachís, prostitutas, travestidos o cambio de moneda ventajoso.

Los saris de las mujeres eran como espléndidas manchas de color entre la espesa muchedumbre. Los más diversos olores —fétidos, dulzones y agridulces— nos envolvían. Algunas bicicletas tiraban de un carrito en el cual un buen número de niños uniformados eran llevados al colegio. Las vacas, en mayor cantidad cada vez, hicieron su aparición. Imperturbables, yacían en medio de la calzada, obligando a los conductores a sortearlas. El calor se hacía más intenso, abrumador. El taxista no dejaba de mascullar palabras que me resultaban ininteligibles. Me tendió un cigarrillo indio que yo rechacé, y siguió ofreciéndome hachís y mujeres. A menudo se volvía por completo hacia mí, pero seguía conduciendo. De repente comenzó a tararear una pegadiza canción. Resultaba un hombre pintoresco: amable, jovial, carnes enjutas, torso semidesnudo y empapado de sudor. Olía que apestaba, pero aquello se le podía perdonar aunque sólo fuera por su simpatía.

Llegamos a un punto de la ciudad donde la conducción se hacía imposible. A lo lejos divisé la Gran Mezquita de la Vieja Delhi, imponente, como un silencioso testigo de la vida bullendo en todo su desorden. «¡Qué mundo!», pensé, observando, casi incapaz de creerlo, aquel espectáculo viviente e irrepetible.

Entramos en un amplio bulevar salpicado de tiendas y tenderetes. En el paseo central había gran número de vacas, perros y desocupados, ajenos por completo a tanto caos y estruendo.

—Chandni Chowk —me informó el taxista.

Aunque era la arteria principal de la Vieja Delhi, daba la impresión de que sus edificios fueran a derrumbarse en el momento más inesperado. Algunos tenían grandes cartelones descoloridos y los menos lucían hermosas contraventanas de madera. La riada humana ocupaba todo el espacio, y los más ancianos, las miradas ausentes, eran arrastrados por ella como una hoja a merced del viento.

El taxista detuvo el coche donde pudo, bajó, me abrió la portezuela y me hizo un gesto para que lo siguiera. Me fundí con la gente. Sorteando a unos y otros, anduve tras el hombrecillo, que se volvía de cuando en cuando para comprobar que no me había perdido. Sonreía, movía la cabeza con un balanceo indefinido y agitaba las manos al aire. Tenía su gracia. Y así continuamos por unas infestas callejuelas, estrechas y tortuosas.

También yo estaba empapado de sudor. La mezcla de olores me aturdía. La difícil lucha por la supervivencia se evidenciaba a cada paso. Por fin, el hombre se detuvo delante de un pequeño y desvencijado edificio.

—Su hotel, sir —dijo.

Le pagué el precio convenido, al que añadí unas cuantas rupias, pero me exigió más propina. Cuando se la di, me pidió otro tanto. Meneaba la cabeza, mientras esbozaba una ingenua sonrisa como un niño travieso. Le entregué otro puñado de rupias. Me lo agradeció efusivamente y luego se perdió entre el gentío. Pero cuando me hallaba a punto de entrar en el miserable hotelucho, volvió corriendo y comenzó a ofrecerme sus servicios para visitar la ciudad, ir de compras, buscar mujeres y otras muchas proposiciones más. No podía quitármelo de encima y de nada servían mis negativas.

—¡No! —grité irritado.

Sonrió, imperturbable, como si aquello hubiera sido un halago para él.

—¡No, no, no! —vociferé de nuevo.

Entonces se encogió de hombros, dio media vuelta y se fue. Me avergoncé de mi reacción y comprendí que aquel hombrecillo me había dado una lección de paciencia.

¿Puedo llamar vestíbulo de un hotel a la estancia en que me encontraba? Era el lugar más sórdido que jamás pueda uno imaginar. La radio estaba puesta a todo volumen. Tras una especie de grasiento mostrador había una mujer muy obesa, mofletuda y con una trenza que le llegaba hasta sus abultadas nalgas. Al lado del mostrador, un hombre semidesnudo se revolvía en el suelo tratando de dormir. Donde las paredes no estaban desconchadas quedaban restos de pintura amarillenta. Atufaba a orina, sándalo, comida y especias. El lugar estaba débilmente iluminado por una luz verdosa y eso lo hacía aún más sórdido. La mujer sonrió. «Debo de estar loco», me dije. Pensé si no sería mejor volverme lo antes posible a la zona residencial de Delhi. Pero la mujer se dirigió a mí.

—Tenemos habitación libre.

Me pregunté por qué tenía que someterme a un suplicio así. Me espantaba un lugar como aquél.

—Sí, quiero una habitación —dije, a pesar de todo.

Ella me sonrió, agradecida, y aquella suave sonrisa dulcificó sus facciones. Posé mi mirada en sus expresivos ojos.

—¿Cuántas noches, señor? —preguntó de manera mecánica.

—Algunos días —respondí con imprecisión.

—Puede quedarse el tiempo que desee —dijo ella—. ¿Habitación normal o de lujo?

—De lujo —me precipité a indicar.

Cogió un manoseado cuaderno, amarillento por el uso y lleno de manchas. Cada vez que pasaba una hoja, se chupaba los dedos. Todo resultaba de una lentitud desesperante. La mujer se había puesto muy seria y pensativa, como si tuviera que tomar una grave decisión. De repente alguien entró en el hotel. Era el taxista de nuevo. Se me acercó y empezó con sus ofertas. Mientras la mujer seguía revisando el cuaderno, el hombre que yacía en el suelo se levantó de repente, se aproximó a mí como si fuera a abrazarme y se puso a observarme con inusitado descaro. Yo le devolví la mirada. Tenía el rostro picado por la viruela. ¿Sería un pordiosero? Peor no podía ir vestido. Pues no; en seguida me di cuenta de que era el propietario del establecimiento. Tenía los dientes y las encías enrojecidos por el betel que estaba mascando y el sudor le empapaba la frente. Sin que el taxista dejara su perorata, el propietario del hotel también comenzó a hablarme, haciéndome preguntas absurdas:

—¿Cuánto le ha costado esta camisa? ¿Son de piel de vaca sus zapatos? ¿No ha traído máquina de hacer fotos?

Yo empezaba a tomarle el pulso a la India y a percibir el ritmo y el sentido del tiempo que imperaba en ella. Era mediodía. Llevaba horas queriendo inscribirme en un hotel y descansar apaciblemente, pero había perdido el día en absurdos traslados y trámites. Me sentía tan enojado que apenas pude controlar la rabia cuando la mujer me dijo:

—Siéntese, sir. Estoy buscándole una buena habitación.

—Cualquiera vale —repuse con brusquedad.

El taxista me tenía cogido por un brazo y el dueño del hotel, por el otro, casi zarandeándome mientras los dos hablaban sin parar.

—Hay una habitación muy buena —dijo la mujer con tono apático.

Suspiré aliviado.

—Es la más cara —agregó ella—, pero también es la mejor. Una habitación preciosa.

Hasta mí llegaba el estruendo de la calle. A lo lejos sonaba música en un altavoz, confundiéndose con los timbres de las bicicletas. Por fortuna, el propietario del hotel me dejó en paz para sentarse de nuevo en el suelo y ponerse a comer un plato de lentejas. El caldo se escurría entre los dedos, ya que comía con la mano. De pronto, unos niños desharrapados irrumpieron en el vestíbulo y comenzaron a jugar y a esconderse entre mis piernas.

—Pasaporte —solicitó la mujer.

Deduje que ella y el hombre eran matrimonio y los niños, sus hijos. Los muchachitos seguían enredando, el taxista continuaba hablándome, inasequible al desaliento, mientras la mujer, con lentitud inexpresiva, tomaba los datos de mi pasaporte.

—¡Qué foto tan bonita! —exclamó, pasando su mirada de la fotografía a mí y otra vez al pasaporte.

De repente, el hombre y la mujer se miraron y comenzaron a reírse sin pudor alguno. A los dos parecía hacerles mucha gracia algo con respecto a mí, y si yo no hubiese estado tan cansado, quizá la situación me habría parecido más que divertida. Pero me sentía realmente irritado, creí que nunca acabaríamos. El olor a comida se me hacía insufrible. Pensé que tenía fiebre.

—Si quiere agua caliente —especificó ella—, cada cubo son dos rupias.

—No es necesario —dije con sequedad.

—¿Quiere tomar algo?

—Un té, por favor.

—¡Amil, un té para el señor! —ordenó con tono desabrido a su marido.

El hombre a su vez gritó:

—Un té, un té para el señor.

El taxista continuaba con su perorata, aunque hacía rato que no le prestaba atención, y eso que no cesaba de darme golpecitos en el brazo; la mujer me hacía preguntas inútiles sobre el pasaporte, como si fuese el primero que hubiera visto, y el propietario, bostezando una y otra vez, seguía interesándose por el precio de mi ropa, mi reloj o mis zapatos. Entonces, un anciano salió por una puerta que había detrás del mostrador. Le temblaban las manos de tal modo que el té se desparramaba con cada paso que daba, a pesar de que sujetaba el vaso —que era de metal— con el dedo pulgar, que llevaba metido dentro del mismo. Tendió el brazo, seco como una estaca, y me ofreció el té esbozando una sonrisa de conejo temeroso. Cuando le cogí el vaso, él se dedicó a observarme detenidamente. Si algo no había en aquel lugar, era prisa. Allí estaba el anciano, inmóvil como una estatua, mirándome de arriba abajo. ¿Acaso esperaba propina? De repente, se quedó prendado de mi reloj de pulsera. Estaba encantado.

—Le acompañaré a su habitación —me dijo el propietario.

Por fortuna los trámites habían acabado. El taxista se quedó en el vestíbulo, refunfuñando, pero no había tono de irritación o agresividad en su voz. Era como si todo aquello formara parte del juego. Seguí al propietario por unas empinadas escaleras de madera, cuyo crujido sonaba como el aullido de un animal herido de muerte. Subimos dos pisos. Nos cruzamos con algunos huéspedes en camiseta, que mascullaban algunas palabras de saludo o de bienvenida al verme pasar. Llegamos a un corredor lúgubre, casi en penumbra, al final del cual se encontraba mi habitación de máximo lujo. Un espanto. ¡Dios mío! ¿Y ésa era la mejor habitación del establecimiento? ¿Se trataba de una broma de pésimo gusto? Allí no había cama, sólo un jergón de mala muerte. En la parte del fondo, un lavabo que quizá en su día fue de porcelana; en el centro de la habitación, una silla de patas desiguales, y en el techo una bombilla colgada de un largo alambre.

—Tiene lavabo —me indicó el hombre con cierto tono de orgullosa satisfacción.

—¿Y la ducha?

—Al otro lado del corredor. Venga a verla.

Se empeñó en que visitara el cuarto de aseo. Lo que había allí era cualquier cosa menos una ducha, tal como yo las conocía. Se trataba de un grifo colgado de la pared.

Cuando regresamos a mi cuarto, el propietario del hotel se introdujo en él con toda naturalidad y se sentó en la única silla que había. Dejé la maleta sobre el jergón. Nos miramos durante un rato. Mientras me preguntaba si tenía intención de quedarme allí mucho tiempo, de repente, de tan cansado como me encontraba, sentí una gran desolación.

—¿Otro té, señor? —preguntó el propietario.

Me fijé más detenidamente en él. No dejaba de bostezar y, desde luego, su aspecto era penoso.

—Voy a descansar un rato —dije, pero él ni se inmutó.

—Dormiré un par de horas —insistí.

—Duerma, duerma —repuso solícito, y siguió sentado en la silla.

El calor era agobiante. Estaba claro que el dueño del hotel no tenía la menor intención de dejarme solo.

—Cierre bien la puerta al salir —pedí con seriedad—, por favor.

Con una gran desgana, se incorporó, se balanceó varias veces sobre los talones, como si dudara, y, finalmente, abandonó el cuartucho. Me arrojé sobre el jergón. Quería dormir unas horas y recuperar mi estado de ánimo. Me sentía demasiado abatido.

Oía el incesante ruido de la calle. Para darme ánimos, y puesto que no lograba conciliar el sueño, me replanteé la situación. Había viajado hasta la India en un intento de cambiar mis enfoques, reencontrar un sentido a la vida y recuperar mi identidad. Pensé que sería más difícil de lo que yo había supuesto, pero tenía que darme una oportunidad.

Me había adormilado un poco cuando el anciano que me había

servido el té abrió la puerta de mi habitación para preguntarme qué quería cenar. Se quedó muy confundido cuando le contesté que nada en absoluto. Pero el buen hombre no se desmoralizó y comenzó a enumerar, como quien recita una letanía, toda clase de platos. Acababa la lista y la comenzaba de nuevo. Estaba claro que él no pensaba ceder. Me levanté de mala gana, lo arrastré hasta la puerta y lo eché de allí sin miramientos.

Me acurruqué en el jergón y no pude dormir bien en toda la noche. El ruido no cesaba ni dentro ni fuera del hotel. Agradecí los primeros rayos del sol que penetraban por el ventanuco. Ayudado de la silla, miré a través de él. El espectáculo era pura magia. Los aún débiles rayos solares doradoanaranjados bañaban la descomunal cúpula de la Gran Mezquita. Durante unos minutos quedé fascinado. Después de tomar un té con las peores tostadas que jamás haya probado, me sumergí entre la muchedumbre de las callejuelas de la Vieja Delhi. Vi infinidad de tiendas de tejidos, platerías y joyerías, tenderetes con repuestos de lo más variado, casuchas medio derruidas. Toda clase de escenas y toda suerte de intensos olores se sucedían a mi paso. Me descubrí a mí mismo paseando de acá para allá en un enjambre de callejuelas repletas de vehículos, personas y animales; todas ellas regadas por sustancias fecales que daban fe de la ausencia de desagües adecuados. En mi deambular llegué a Chandni Chowk, la avenida principal, donde el gentío, a esas horas de la mañana, era ya impresionante. Me crucé con un grupo de eunucos, vestidos de mujer, que cantaban y danzaban para conseguir unas monedas. Uno de ellos, al ver que yo le miraba, me sacó lascivamente la lengua y estalló en una risa descarada. Estuve a punto de arrollar a un curandero que, sentado en el suelo, vendía toda clase de raíces, cuernos de animales, ungüentos y pócimas. Era un hombre mayor, con rasgos mongoloides y ojillos muy vivos. Aunque había mucha actividad, no se percibía agitación. Pero lo que más me impresionó fue el ver a hombres escuálidos cargando pesos enormes, como si de mulas se tratase, el espinazo combado, la mirada ausente, la saliva escurriéndose por la barbilla debido al sobreesfuerzo.

Tomé consciencia de hasta qué punto en Occidente nos habíamos fabricado necesidades ficticias, perdiéndonos con necio tesón en toda clase de banalidades. Este sentimiento fue como una bofetada que me conmovió hasta lo más profundo. Estábamos llenos de apegos bobos y deseos mezquinos. Me sentí ridículo y avergonzado. Tantas sensaciones, y tan intensas, me abrumaron hasta el punto de impedirme digerir un espectáculo que parecía más un sueño que la monótona y gris realidad a la cual había estado acostumbrado hasta ese momento.

Al llegar al final de la avenida me encontré con un templo hindú. Cuando penetré en él, vi que tan sólo estaba iluminado por las lamparillas de aceite que lucían en la oscuridad. El aroma del incienso era penetrante. Había varias imágenes del panteón hindú; pero la más venerada se encontraba en el sanctasanctórum, una pequeña cámara a la cual sólo los sacerdotes tenían acceso, y que para los hindúes es la representación del útero o matriz cósmica.

Había tanta gente allí reunida que me pregunté si no estallarían los muros del templo. Todos, hombres y mujeres, llenos de avidez religiosa, se dirigían apretujadamente hacia el sanctasanctórum en un frenesí sagrado. Un sacerdote iba colocando un punto de pintura en el entrecejo de los devotos, como para abrir su ojo espiritual y desencadenar su visión mística. Una ingente cantidad de flores era ofrendada al Divino. Ausente y despreocupado, un *sadhu*, con el cuerpo ceñido por la túnica anaranjada —símbolo de renuncia a lo mundano—, permanecía impasible a la entrada del santuario. Su serenidad e inmovilidad contrastaban con el afán y el trasiego de los devotos que, a codazos, intentaban aproximarse al sacerdote. La intensa y profunda mirada de fuego del *sadhu* se clavó en la mía y así nos mantuvimos un rato, sin apartar la vista uno del otro. Era el encuentro de dos mundos completamente distintos. Durante años, yo había sido agitación, impaciencia, urgencia y confusión; él aparentaba ser tranquilidad, paciencia, ausencia del sentido del tiempo y claridad. Una leve sonrisa apareció en sus labios y no supe cómo interpretarla. Aquel hombre nada poseía, yo tenía acumulado mucho más de lo que sería capaz de gastar; aquel hombre contaba sólo consigo mismo, yo había apuntalado mi vida con toda clase de seguros, pólizas y jubilaciones; aquel hombre no iba a parte alguna porque ya estaba donde quería estar, yo me había pasado la vida yendo con la mente a todas partes sin estar en ninguna. Su leve sonrisa me pareció insultante o burlona, y no porque ésa fuera su intención, sino porque yo, a través de ella, me veía a mí mismo como una caricatura.

Durante el resto de la jornada vagué por la ciudad. Dejándome llevar por la riada de gente que inundaba las calles de la Vieja Delhi, visité algunos templos de distintas religiones. Agotado, esa noche caí en un profundo sueño reparador, a pesar del estruendo. Al día siguiente, al despuntar el día, acudí al templo sikh a escuchar los cantos sagrados. Después visité algunas librerías para preguntar por el tratado *El hombre feliz en la cueva del corazón.* Pero ningún librero supo darme noticias del mismo; ni siquiera habían oído hablar de él. Uno de ellos, sin embargo, muy amablemente me anotó la dirección de un pandit sugiriéndome que fuera a visitarlo y le preguntara por el libro. Como yo no tenía otra cosa que hacer, la idea me pareció excelente. El librero me explicó que un pandit es un erudito.

Visité al pandit en una asociación de *sadhus* que había en Nueva Delhi. El hombre, que me recibió con entrañable espontaneidad, llevaba largos cabellos y tupida barba; era de constitución fuerte, ojos profundos y ademanes elegantes. Nos sentamos sobre una esterilla en una soleada habitación. El pandit estaba impregnado de sándalo y de su cuerpo emanaba un aroma muy agradable. Gesticulaba con lentitud y exhalaba una atmósfera de cordialidad, sin ningún tipo de artificios. A pesar de ser un desconocido para mí, me sentía a gusto a su lado.

—Nada he oído a propósito de ese tratado —me dijo—, pero en nuestra tradición siempre se ha hecho referencia a la cueva del corazón. El corazón es la sede del ser. Muchos yoguis se concentran en su corazón y se refugian en él, desarrollando así la experiencia del Yo Soy. El corazón es como una cueva silente y muy íntima donde uno conecta con la presencia de ser y va desplazándose paulatinamente de la mente ordinaria a la mente mística.

De repente varió de tema.

—La India ha cambiado mucho —dijo—. Ya no es la que era. Nunca volverá a serlo. —Se interrumpió por un momento y luego preguntó—: ¿Cuánto tiempo permanecerá en Delhi?

—Un par de días. Un amigo me espera en Simla.

Se pasó la mano por los cabellos, pensativo.

—Pasaremos por su hotel a recoger sus cosas. Se alojará en mi casa. —Se incorporó y yo le seguí sin decir palabra, sorprendido.

—La India está perdiendo su carácter —me dijo mientras íbamos en un taxi camino del hotel—. Se encuentra en una peligrosa tierra de nadie, y nuestros dirigentes han llegado a impensables grados de corrupción. —Su rostro se ensombreció—. Bueno, ¿en qué hotel se aloja?

—Yo no lo llamaría hotel —repuse con tono jocoso.

Él se echó a reír.

—En un hotel miserable, cerca de Jama Masjid.

—También yo vivo por esa zona —dijo—, pero espero que mi casa le resulte más confortable. La Vieja Delhi es el corazón que sigue palpitando, que todavía vibra, vive, sufre, goza, se afana y se remansa.

—Sí —convine con él—, la vida desborda por doquier.

Con gran disgusto de los dueños del hotel recogí mis pertenencias en compañía del señor Rao, que así se apellidaba el pandit, y fuimos a su casa, a unas cuantas manzanas de allí, también cerca de la Gran Mezquita. Aunque el docto y hospitalario hombre no vivía en un palacio precisamente, al menos disponía de un minúsculo piso, limpio y agradable. Me sentí agradecido. A lo lejos, como si del quejido de las nubes doloridas se tratara, sonó la llamada del muecín a la oración. Siempre había un gran ruido de fondo, mezcla de los sonidos más variados.

—Desde que enviudé vivo solo —explicó el señor Rao.

Apenas había muebles en el piso; en cambio, la cantidad de libros era sorprendente. Aunque me resistí y me sentí avergonzado por ello, se empeñó en que yo durmiera en su cama y él lo haría en el sofá del pequeño salón.

—No se hable más —concluyó con firmeza.

Me preparó una taza de café.

—Es de Bangalore —dijo—; un café de excelente calidad. Espero que le guste.

—Es usted muy amable —comenté.

—Todos deberíamos serlo en una época como ésta. Nosotros, los hindúes, la llamamos Kali-yuga. En ella se desata la más consistente corrupción, y por todas partes afloran la deslealtad, la avidez, el odio y las disputas. Los ideales, los valores genuinos y el afán de perfeccionamiento se pierden. Es una época de absoluta decadencia durante la cual el verdadero buscador encontrará toda clase de dificultades y trabas. Esta era de negrura lleva siglos anunciada, pero ahora estamos llegando a su momento más oscuro y caótico.

Reflexionó unos instantes, en silencio.

—Claro —prosiguió— que hay un antiguo adagio que dice: «Justo antes del amanecer es el momento más oscuro de la noche». Sírvanos eso de consuelo.

Fijé la vista en la ventana y vislumbré un retazo de cielo, entre las casuchas, velado por una especie de neblina de polvo. El calor se intensificaba por momentos. El señor Rao se veía obligado a pasarse, una y otra vez, el pañuelo por la frente para enjugarse el sudor.

—Cuando Buda iba a morir —musitó— declaró: «Tú eres tu propio refugio; ¿qué otro refugio puede haber?». Ahora, dos mil quinientos años después, tendría que decir lo mismo, pero con redoblado énfasis. No hay refugio fuera de uno mismo. La avaricia más desmedida y la malevolencia tiñen el corazón de muchas personas.

—¿Por qué el mundo no cambia a pesar de las buenas intenciones que muchas personas tienen al respecto? —pregunté.

—Porque la mente no cambia —respondió, categórico.

Apuré una segunda taza de café.

—En el pensamiento está la trampa —afirmó el señor Rao—. El pensamiento engendra una codicia que no tiene fin. Para satisfacer esa codicia está dispuesto a hacer cuanto sea necesario: trafica con armas, adultera medicinas, organiza guerras y masacres... ¡Dios mío, lo que hemos hecho con nuestro hermoso planeta, y lo que haremos todavía!

Cuando acabamos de tomar el café, una luz dorada penetraba por la ventana. El atardecer envolvía la Vieja Delhi.

—Le invito a dar un paseo —dijo el señor Rao, solícito—. Amo la Vieja Delhi. La descubro y redescubro una y otra vez. Es inmemorial testigo de guerras, conquistas y reconquistas, intrigas y odios, grandeza y esplendor. Nos hallamos en una ciudad viva, ardiente, bulliciosa y colmada de dolor. Es como la cenicienta con respecto a Nueva Delhi, pero desborda vitalidad.

Nos perdimos por un laberinto de callejuelas y callejones. ¡Los olores de la Vieja Delhi! Jazmín, sándalo, pachulí, estiércol, orines, sudor, nardos... El anochecer era como un oscuro manto abrasador. La respiración se hacía lenta y pesada.

—El aire es irrespirable —me lamenté.

—Estamos en la época de mayor calor. El termómetro alcanza más de cuarenta y cinco grados a la sombra.

Un gato saltó entre mis piernas y dio un brinco. El señor Rao se echó a reír con espontaneidad, de buena gana. Un vendedor de flores nos siguió durante un buen rato ofreciéndonos guirnaldas. Había montones de basura abandonados.

A lo lejos sonaron unas campanas. Las vacas dormitaban. Había mendigos e indigentes de todas las edades. Los más ancianos resultaban hermosos, con la mirada sugerente y el cuerpo de una extrema delgadez. Por doquier se veían curanderos callejeros, vendedores de frutos secos, limpiadores de oídos y sacamuelas. Las primeras estrellas aparecieron en el firmamento y a lo lejos se divisaba la perfecta cúpula de Jama Masjid. Dado el intenso calor de la noche, muchas personas salían a dormir a las azoteas y otras lo hacían en catres en plena calle. Escuché el feo graznido de una corneja. La voz de Rao me sacó de mis reflexiones.

—Mañana por la tarde podríamos ir al Templo de Laksmi Narayan, a escuchar música religiosa, ¿le parece bien?

—Me encantará —respondí casi sin pensar.

Me sentía triste. Experimentaba la ciudad como algo ajeno a mí, como si formara parte del decorado de aquellas películas de aventuras que nos deleitaban de niños. Pero con la diferencia de que el cúmulo de sensaciones que tenía en ese momento me resultaba casi asfixiante.

—Esta hora es muy especial en esta zona de la ciudad —dijo el señor Rao, orgulloso—. Observe, observe.

Serpenteábamos por callejuelas que se entrecruzaban. Había hombres preparando chapatis; algunos hacían manteca clarificada que vertían en tacitas de loza; otros transportaban tinajas de leche... Todavía los zapateros remendones callejeros seguían arreglando los zapatos de los transeúntes y algunas pordioseras de avanzada edad mostraban la palma de su mano temblorosa solicitando unas paisas.

—¡Cuánto dolor hay en el mundo! —dijo el señor Rao, hablando para sí.

—Cuesta creer que todo sea un sueño del Divino, como dicen ustedes. Más bien parece una pesadilla atroz —respondí.

—¡Hum! —exclamó él.

Nos cruzamos con una mujer bellísima. Sus ojos eran como luciérnagas en la oscuridad de la noche, y lucía llamativos pendientes de oro. Tenía una boca perfecta. No pude por menos que seguirla con la mirada.

—Dirige un burdel —comentó Rao—. Una mujer muy bella, ¿verdad? Hace unos años la apuñalaron y estuvo a punto de morir.

—¿Quién lo hizo?

—Su amante, en un ataque de celos.

—¿Y qué fue de él?

—Murió consumido en prisión.

Cenamos en un pequeño restaurante. El señor Rao eligió por mí algunos platos, demasiado condimentados, picantes y especiados para mi paladar, pero que tomé por cortesía.

—Si la mente no cambia, el mundo nunca lo hará —dijo de repente—. Hay un antiguo libro que explica más de cien métodos y claves para modificar las estructuras de la mente. El secreto, amigo mío, está en la no mente. Cuando los pensamientos se inhiben, surge la experiencia del ser y nos sentimos parte de todo lo creado.

¿Y la miseria desgarradora que reinaba en la Vieja Delhi? ¿Y los focos de guerra que salpicaban todo el planeta? ¿Y la explotación de la gran mayoría por una minoría sin alma?

—Está muy pensativo —añadió—. ¿Se encuentra bien? Es lógico, echa de menos su país, su gente, sus costumbres…

—Cuando la soledad se agarra a mi corazón —añadió el señor Rao con un tono de amorosa humanidad—, ¿sabe usted qué hago?

Negué con la cabeza. Había vislumbrado una sombra de tristeza en sus cansados ojos.

—Cuando me ocurre eso, y me sucede muy a menudo desde que mi mujer murió, mi mente se queda absorta en la recitación del vocablo sagrado Om. Dejo que toda mi mente se diluya en el Om como el azúcar se funde con el agua. Libre de pensamiento, más allá de lo tuyo y de lo mío, me sé en unidad con mi mujer con todas las criaturas de la Tierra.

—Es hermoso —dije.

—Om es el sonido cósmico, la primera pulsación o vibración de lo inmanifestado al manifestarse. La recitación de Om es como un ojo de buey abierto al infinito.

Cuando abandonamos el restaurante, había oscurecido por completo. Olía a queroseno, fritanga y agua estancada. La temperatura era ahora más suave.

—Si pudiésemos escuchar el inaudible sonido del universo —agregó el señor Rao en voz baja, como si no quisiera molestar a la ciudad dormida—, oiríamos Om, como una vibración continuada hasta lo infinito, sin comienzo ni final. Sólo cesa cuando el universo se disuelve y todo lo creado se sumerge en lo Inconsciente, como si una araña absorbiese la tela que ella misma ha tejido. ¿Me entiende?

Una paloma yacía reventada en el suelo. De repente, un hojalatero comenzó a dar golpes que resonaron por todo el entramado de las tortuosas callejuelas que recorríamos.

—Es una verdadera lástima que el mundo vaya como va y se esté perdiendo toda alegría, toda celebración de vida —se lamentó.

Pasamos junto a un anciano que se debatía en sonoros estertores, que yo supuse eran de agonía.

—¿Qué anhela usted en realidad? —me preguntó de repente, sin ambages.

—Algo que parece estar muy pasado de moda —respondí—. Supongo que es la paz interior. Quizá un sentimiento que me haga sentir más completo, menos divorciado de mí mismo y de los demás.

—Le comprendo.

Muchas tiendas habían cerrado ya. Una ráfaga de olor a nardos llegó hasta mí y pensé en mi madre, que siempre utilizaba ese perfume.

—Hallar reposo en mi interior, eso es lo que quiero —confesé—. A veces, me invade una terrible sensación de soledad y casi me paraliza; como si las atroces fauces del universo fueran a engullirme.

—El encanto y el desencanto de la vida —dijo él arrastrando las palabras—. El encuentro y el desencuentro. Un día, de golpe, brutalmente, nos damos cuenta de que somos viejos, inservibles, y que la vida ha pasado como una oscura noche sin esperanza. ¡Qué no daríamos por comenzar de nuevo y vivir de un modo diferente, o por lo menos enfocar nuestra existencia de una manera distinta! Pero ya es tarde. No hemos sabido vivir, tampoco sabremos envejecer y mucho menos morir.

—Usted es un gran erudito —dije, admirado—. Seguro que ha leído cuanto se pueda leer y ha investigado en filosofías y metafísicas cuanto sea posible investigar. Permítame hacerle una pregunta muy directa: ¿ha hallado respuestas?

Se hizo un silencio. Tal vez no debería haber preguntado de ese modo a una persona que parecía tan cortés y recatada. Pero al fin me respondió:

—He hallado más y más interrogantes. La enjundia de la existencia, su *sustratum*, no podemos percibirlo con el saber impreso ni la erudición, ni con metafísica alguna, por sagaz que se sea.

Llegamos a la casa. Varias personas dormían en un patio que había en la planta baja, no sé si por necesidad o por protegerse del calor. Subimos por las escaleras de madera.

—Necesitamos comprender este juego que se repite sin cesar, claro que sí —añadió.

Supuse que se refería a la existencia.

Se había hecho tarde. Su expresión denotaba cansancio.

—A veces —prosiguió—, cuando me despierto de madrugada, siento la muerte próxima y me espanta. Me avergüenza decirlo, pero me espanta. Ojalá Shiva me conceda un tiempo todavía. Aunque ahora sé, después de muchos años de meditación y estudio, que no hay respuestas lógicas, debo empezar a buscar respuestas por otro lado.

Mientras me acompañaba a la habitación, dijo:

—Lo más sagrado escapa a las palabras. Tenemos que poner toda nuestra pasión en hallar el tesoro de la lucidez y de la benevolencia.

Dormí de un tirón hasta el amanecer. Con los primeros rayos del sol vi los milanos volando gozosos por el aire. Escuché lejano el simpático mugido de una vaca.

De repente me di cuenta de que nunca, desde hacía años, había captado tantas sensaciones, tal vez porque todo mi afán se dirigía hacia lo más burdo, lo más improcedente, lo más insustancial, por mucho que la sociedad en que me desenvolvía lo sobrevalorase.

El señor Rao se había pasado la vida reflexionando. Era un hombre de excepcional cultura y, sobre todo, de grandes conocimientos espirituales. Había sido profesor en varias universidades, aunque ya estaba jubilado. Por eso me sorprendió al decirme:

—El verdadero intelectual es aquel que comprende que el intelecto debe sacrificarse para llegar más lejos. El mismo intelecto entiende que necesita suicidarse para hallar otro modo más elevado de conocimiento. Hasta que el saber ordinario no cesa y nos vaciamos de él, no podemos aspirar al saber intuitivo y liberador.

Me miró con sus elocuentes y profundos ojos.

—Mi problema —agregó— es que estoy demasiado cargado de conocimientos. El trastero de mi mente rebosa de inservibles cachivaches. —Se echó a reír y añadió—: Supongo que si usted ha tomado la decisión de retirarse de la vida ordinaria que llevaba, es porque ha llegado a su punto de saturación.

—En efecto —repuse.

—Todos tenemos un grave problema, ya sea en Europa, en la India o en cualquier parte del mundo. Bueno —sonrió, para luego añadir—: Tenemos dos: uno es nuestra propia mente ofuscada: el otro, los gobiernos y las instituciones.

»Son poder, y el poder siempre supone corrupción. Aquellos que detentan el poder son quienes avivan el odio y la división, porque así abonan su ganancia. Es triste la situación del ser humano. Se habla mucho de calidad de vida, pero nadie se ocupa de la calidad de consciencia.

Con su envidiable gentileza, el señor Rao me propuso acompañarme a visitar a algunas personas que despertarían mi interés y así, de paso, les preguntaríamos acerca del tratado. Cogimos un taxi y nos trasladamos a varios kilómetros de Delhi, cerca de Qutub Minar.

—¡Cuánto amo esta ciudad! —dijo durante el trayecto—. Ya sabe usted que al menos hay siete Delhis. Una historia larga, conflictiva y a menudo cruel, pero está llena de vida y energía. Oligarcas y reyes la codiciaron. Era más ansiada que la mujer más fascinante.

—¿Siete ciudades? —pregunté interesado.

—Y tal vez más. Algunos dicen que nueve, o incluso diez. A lo largo de los años ha sido invadida, expoliada, destruida y reconstruida numerosas veces. ¡Mi amada Delhi! Es el corazón de la India. Usted y yo nos hallamos ahora situados entre el valle del Indo y el valle del Ganges, en el escenario de conquistas, intrigas y feroces contiendas. La ciudad más deseada de la tierra, ¡figúrese! Al menos siete veces se convirtió en capital del reino. —Lanzó un emocionado suspiro y, con desatado entusiasmo, añadió—: Pero yo amo sobre todo la Vieja Delhi: ¡la fascinante Shahjahanabad!

El cielo se había encapotado. Un finísimo polvillo se filtraba por la nariz.

—Visitaremos al yogui Amrita —me explicó Rao—. Vive en una modestísima casita y desde hace años se dedica a la meditación, la alquimia y la investigación de las potencias que desencadenan los mantras.

La casita se hallaba en un descampado. Desde luego, era más que modesta, casi una cabaña. Dejamos el taxi y caminamos por el campo. Algunas cabras triscaban por allí mientras otras dormitaban en el suelo. A lo lejos vi una bandada de buitres, con su largo cuello como una tubería retorcida.

—La alquimia india —dijo el señor Rao— trabaja de adentro hacia fuera. O sea, si el alquimista no transmuta primero su interioridad, no obtendrá éxito alguno en transmutaciones externas. Antes que nada debe fabricar el oro espiritual, que es la Sabiduría. Los antiguos alquimistas indios llegaron a poseer una excepcional pureza interior. Un alquimista codicioso no es un verdadero alquimista. El trabajo comienza con la consciencia. Hay que transformar la consciencia de baja calidad en consciencia adamantina.

Mi mirada se cruzó con la de una anciana que se acercaba en dirección opuesta. Sus ojos estaban marchitos, pero eran hermosos y sugerentes.

—Las mujeres forman parte de lo mejor de nuestro país —dijo Rao—. Siempre han sido el gran potencial de la India. Ni las hemos apreciado ni las hemos valorado lo suficiente, como el joyero ignorante que no es capaz de distinguir un brillante de un vulgar cristal.

Penetramos en la casita y encontramos al yogui Amrita sentado en una postura de meditación, charlando con algunos devotos.

—El Amrita —me susurró al oído el señor Rao— es el néctar, el soma. El amrita es una sustancia vital que tenemos en la concavidad central del cerebro y que en algunos estados de éxtasis se derrama, purificando física y espiritualmente al yogui. Cuando se derrama deja un sabor muy dulce en la garganta. Los yoguis alquimistas lo consideran un valioso elixir para superar enfermedades.

El señor Rao, muy respetuoso, se acercó al yogui y tocó sus pies en señal de veneración. Éste era un hombre mayor, de abultado vientre, rostro redondo de luna llena y pequeña estatura. De ojillos vivos y expresivos, nada había en él que llamara la atención, ni su apariencia era agradable.

—Mi amigo Hernán viene de Europa —me presentó Rao al yogui Amrita—. Ha reencontrado el sentimiento místico de la vida y desea pasar una larga temporada en nuestro país.

El yogui movió la cabeza con un gesto de aprobación, que evidenció su complacencia por mi resolución.

El señor Rao se me acercó mucho y me susurró, con un hilo de voz:

—Puede hacerle las preguntas que quiera.

Aquello me cogió por sorpresa. Ninguna pregunta acudía a mi mente. Se hizo un gran silencio, quebrado de vez en cuando por el graznido de los cuervos.

—La vida es una ilusión, una farsa —dijo el yogui, remarcando pausadamente las palabras—. Sufrimos porque nos identificamos, y entonces nos convertimos en personajes hipnotizados de la farsa, dejando así de ser los testigos imperturbados de la misma. —Se volvió hacia mí—. Deja de identificarte y dejarás de sufrir. Tú formas parte del espectáculo, pero puedes aprender a ser también el espectador sereno, inconmoviblemente sereno, del espectáculo, ¿de acuerdo?

Asentí con la cabeza.

—No digas que sí por inercia —me reprendió.

Me sentí ridículo, y sin saber qué responder. El señor Rao sonrió, percibiendo mi azoramiento.

—El verdadero alquimista —agregó el yogui— no es aquel que se convierte en un miserable avaro hacedor de oro. ¡Vaya tiempo perdido! Es aquel que conquista la muerte. Escúchame bien: el que conquista la muerte.

Un joven devoto, pulcramente vestido con un inmaculado kurta crema, intervino:

—El yogui Amrita comenzó a trabajar con mercurio cuando era muy joven. Hay un gran poder en el mercurio si se sabe utilizar con precisión matemática porque, de no ser así, puede resultar mortal. El mercurio proporciona gran vigor al cuerpo y potencia las sustancias de la sangre.

El joven devoto me enseñó un frasquito.

—Mire, esto es mercurio solidificado por el maestro. ¿Sabe cómo lo ha conseguido?

—Nunca lo había visto; lo ignoro —dije dubitativo.

La verdad era que jamás me había preocupado por saber si el mercurio se podía solidificar o no.

—Lo ha conseguido —explicó el joven, orgulloso de su mentor— mediante la recitación de mantras. Las vibraciones del mantra adecuado han solidificado el mercurio.

El joven sostenía el frasquito como la reliquia más preciada. Yo no sabía qué objeto tenía solidificar el mercurio, pero me abstuve de hacer cualquier comentario.

—Los antiguos alquimistas —me contó otro devoto de más edad— dominaban las «cinco respiraciones» para controlar las cinco energías en el cuerpo. Eran conocedores de los veinticinco sonidos místicos, incluido el que tiene lugar cuando la muerte se aproxima, y que va apagándose a medida que uno va muriendo; podían morir a voluntad y dominaban la ciencia de entrar en un cuerpo ajeno; podían expandirse como el universo o hacerse minúsculos como una simiente de banano; sabían del poder de los minerales y de las plantas, y conocían todos los secretos y las funciones de su propio cuerpo.

—¿Los sonidos místicos? —pregunté sin saber a qué se refería.

—Sí, son los sonidos que las energías espirituales emiten en nosotros. Hay sonidos como el de una campana, el trino de un pájaro, el silbido de una flauta o el aleteo de una bandada de pájaros. El yogui medita en esos sonidos y accede así a superiores e intuitivos estados de consciencia.

—Los alquimistas indios —dijo el yogui Amrita con un delicado tono de voz, nada afectado— no buscaban el oro para enriquecerse. Además, por aquel entonces había mucho en la India, y les bastaba con extraerlo de la tierra. El oro lo trataban con plantas, otros minerales y sangre de animales, y utilizaban esa preciosa composición terapéutica para sanar males, incurables en apariencia.

—¿Se sigue utilizando esa terapia hoy en día? —pregunté.

—Algunos yoguis lo hacen, y algunos sanadores tibetanos también. Existe una terapia que consiste en ingerir oro molido, e incluso hay una operación mediante la cual se introduce oro en la cabeza y se purifica el cerebro.

El silencio que siguió no resultó denso, sino apacible. Después el yogui Amrita prosiguió.

—Los antiguos yoguis alquimistas se afanaban en conseguir que, al morir el cuerpo, la energía emergiera por la abertura en la cima de la cabeza (y no escapara por los otros orificios del cuerpo) para así hallar la instantánea y definitiva liberación. Pero muchos yoguis alquimistas no lograban tal poder; entonces, la energía no salía por los orificios comunes del cuerpo, pero tampoco lo hacía por la abertura de la cabeza, en cuyo caso sus discípulos les quebraban el cráneo para liberarla. Había yoguis alquimistas que lograban la incorrupción de su propio cuerpo y otros que, tras morir, se disolvían en éter y no quedaba ni rastro de su envoltura carnal.

—¿Por qué han ido desapareciendo muchas de esas prácticas que me menciona? ¿Es que no quedan maestros que las enseñen?

El joven devoto, impulsivamente, se precipitó a responderme.

—Los ingleses. Ellos, peores aún que los árabes, aniquilaron maestros, monjes errantes, lugares sagrados... No lo hicieron con la impúdica violencia de los árabes, sino de forma más sutil. Arremetieron contra nuestras creencias, se mofaron de ellas y las ridiculizaron.

Con un apacible gesto de la mano, el yogui pidió al joven que se tranquilizase. Luego se dirigió a mí.

—¿Qué le falta? —me preguntó—. Percibo un inmenso vacío en usted que le produce angustia y desolación.

—Paz, sentido, consuelo.

—En el centro del cerebro, por detrás de los ojos, tenemos una concavidad en la cual, créame, hay un reflejo de los innumerables rostros del Ser Infinito. Medite fijando la mente en esa zona y deje que el mantra Om reverbere en la misma. Si usted persevera, y el Ser Infinito lo quiere, un día notará que por su garganta se desliza el más embelesante, dulce y maravilloso de los néctares: el Amrita. No viva contraído. Medite para ser libre. El día que sienta al Ser Infinito palpitando en cada poro de su cuerpo, en cada célula, en cada gota de sangre, en cada respiración..., ese día usted se sentirá tranquilo dondequiera que esté; se lo aseguro. Ya sea en una oficina, un bazar, un palacio o una choza.

»Para efectuar esta práctica se dirige la mente al entrecejo, hacia lo más hondo de la cabeza, y allí se repite el mantra Om. Paulatinamente, uno va concentrándose en el mantra y se funde con toda la Creación. Hay yoguis que cuando entran en éxtasis sienten que el néctar, de un dulzor insuperable, empapa su garganta y su paladar.

Tuve una rara impresión de desconcierto. ¡La paz estaba tan lejana!

Entonces el señor Rao, anticipándose a mí, se dirigió al yogui.

—Yogui Amrita, ¿ha oído algo acerca de un tratado titulado *El hombre feliz en la cueva del corazón*?

El yogui entornó los párpados, como para reflexionar. Reinaba un silencio perfecto. El yogui despegó los labios para decir:

—¡Hay tantos tratados! No conozco ninguno con ese título, pero es posible que tenga otras denominaciones. Los ochenta y cuatro *siddhas* dejaron una ingente cantidad de enseñanzas de las cuales muchas se pusieron por escrito, pero también es cierto que muchos manuscritos y tratados se perdieron o fueron destruidos u ocultados para su protección.

Nos despedimos del yogui y de los devotos. Al atardecer, nos dirigimos al templo de Laksmi Narayan para escuchar música sagrada. De repente me asaltaron tantos miedos que fui incapaz de apreciar la gran belleza del atardecer. Una ligera brisa secaba el sudor del rostro. Dejamos los zapatos a la entrada del templo y dimos un paseo por sus diferentes salas y santuarios. Había gran número de personas, entre ellas muchos niños, algunos con los ojos pintados de negro, inquietos y divertidos, ajenos a la santidad del recinto.

En una de las salas, un sacerdote tocaba el armonio y entonaba cánticos sagrados. Nos sentamos en una esterilla, cerca de él. Me sentía desconcertado y triste, y todo mi pasado se agolpaba en mi mente. El señor Rao se sentó con una estoica inmovilidad y entró en meditación. Olía a sándalo y a jazmín.

—Nada a que apegarse —musitó el señor Rao de repente—. Nada a que agarrarse. Nada en que detenerse. Nada en que hallar seguridad.

Sus palabras, justo en ese momento, me parecieron una flecha directa a mi corazón.

—La energía del universo fluye y fluye —añadió en un susurro.

Un anciano mutilado penetró en el santuario y se arrojó a los pies de la imagen sagrada. Trémulo, tendió los brazos hacia ella. El fervor más intenso se reflejaba en su feo rostro; mientras, un niño de pocos meses no dejaba de llorar y una anciana encorvada no cesaba de gimotear, aunque, por recato, se esforzaba en sofocar sus sollozos. La pobre mujer parecía en la antesala de la muerte, pero en sus ojos había un destello de bendita resignación.

—La energía fluye y fluye, sin límites, sin orillas... —repetía el señor Rao, abstraído, como si hubiera caído en un trance místico.

¡Qué solo, desamparado y triste me sentí en aquellos momentos! Sin poder impedirlo, las lágrimas comenzaron a brotar. Empezó a llover, y la brisa se hizo más fresca y reconfortante. Un hombre joven, arropado con un lienzo blanco, el cuerpo muy delgado, barba negra y ojos febriles, entró en el santuario. Con un sentimiento que sobrecogía comenzó a cantar. Su voz era como la de un pájaro trinando al amanecer.

—Es un *baul* —me dijo el señor Rao—. Los *bauls* son trovadores de Dios, nómadas que van de acá para allá, y siempre están cantando el nombre de Dios.

Una soberbia energía se desprendía de aquel hombre que se extasiaba cantando al Divino.

—Está expresando todo su anhelo de fundirse con Dios —me explicó el señor Rao—. Quiere ser uno con el corazón del Divino y poder robarle su misterio supremo. Canta: «En lo infinito y en lo infinitesimal, Señor, soy uno contigo. ¡Oh, rey de reyes, padre de padres! En tu océano sin límites, vida y muerte nada son. No hay encuentro ni desencuentro; sólo tu amor. Sin Ti el mundo es un abismo de tenebrosa oscuridad. Amado mío, sólo hallo consuelo en tu mansión sin muros ni soportes. Ábreme la puerta de tu sublimidad y disipa de mi alma la angustia de estar separado de Ti. Al cantarte a Ti, Amado mío, a mí me canto, porque yo no tengo existencia fuera de Ti».

La lluvia había arreciado cuando abandonamos el templo. Me sentía impresionado por la borrachera de amor divino del *baul*. Con nostalgia, dolorosa pero fecunda, sentí que también yo era un *baul* buscando en el insondable misterio de la existencia. El pesado caminar del señor Rao hizo que me acordara de mi padre. Nunca se sobrepone uno a la muerte de los seres queridos. En aquel momento había muchas dudas e incertidumbres hirviendo en mi corazón, por ello no pude menos que agradecer las palabras del señor Rao.

—Nos despertamos de un sueño para sumergirnos en otro, pero al final siempre hallamos el despertar. Si alimentamos el sentimiento de que todo es sagrado, el Amado nos hará llegar la respuesta.

Tomamos un taxi, que nos dejó en la Vieja Delhi. Iluminándose con un farolillo, un leproso sin apenas mandíbula tendió la mano pidiéndonos una rupia. En la semioscuridad destacaba la Gran Mezquita. Un borracho maltrataba a su mujer en una de las azoteas, sin que los despavoridos gritos de la esposa lo detuvieran. En plena calle, tres niños se apoyaban en el regazo de su madre. A la luz de un farolillo, dos muchachos jugaban a las cartas. Un culí dormitaba en su *rickshaw*. «Desde luego —pensé—, la vida no es un jardín iluminado..., pero es la vida.»

2

El tren hacia Simia partía al amanecer de la estación de Nueva Delhi. El señor Rao me acompañó hasta el andén; era un hombre más afectuoso de cuanto pueda decirse.

—Aquí tiene, *La Reina del Himalaya* —dijo frente al convoy—.

La máquina estaba en marcha y los viajeros se lanzaban a los vagones, pues en unos minutos el convoy partiría para Kalka, pueblo (me explicó el señor Rao) en que yo debería transbordar y tomar un minitrén hasta Simla.

—No tengo palabras para expresarle mi gratitud —dije, emocionado.

—Sólo he hecho lo que debía —repuso Rao, escueto, quitando importancia al asunto.

La estación estaba a rebosar. Recordé que Federico me había escrito en una ocasión: «Hernán, amigo mío, si no has visto una estación en la India, no has visto nada». Había un gran número de familias repartidas por el suelo, apiñadas, con sus escasas pertenencias, colchones y cacharros de cocina incluidos. Algunas de aquellas familias pasarían varios días allí en espera de su tren. También vi un considerable número de mozos desaliñados, con una chaquetilla roja que los distinguía, precipitándose hacia el viajero para cogerle el equipaje y ganarse unas rupias. Algunos mendigos exhibían sus deformaciones o mutilaciones. Los altavoces no dejaban de sonar. En la semipenumbra, la estación tenía un aspecto fantasmagórico. Con exasperante insistencia, uno de los mozos quería ayudarme con mi maleta, a pesar de que yo me oponía a ello.

Había bastantes vendedores de refrescos, té y comidas con muchas especies. El espectáculo era insólito. Los hombres mayores, sobre todo los que procedían de los pueblos, vestían a la tradicional usanza india, con un lienzo blanco metido entre las piernas. Las mujeres lucían sus saris multicolores, llamativos, como manchas en la lúgubre semipenumbra de la estación. La ciudad comenzaba a despertar; la India empezaba un día más la denodada lucha por la supervivencia.

Espontáneamente me abracé al señor Rao. Hacía años que no me encontraba con alguien tan humano, hospitalario y sencillo. Tuve un destello de enorme cariño hacia aquel casi desconocido con quien el destino me había cruzado.

—No deje de llamarme cuando pase por Delhi —dijo con afabilidad—. Intercambiaremos noticias acerca de lo que cada uno haya descubierto sobre el tratado.

—Lo haré sin falta. Le echaré de menos.

Él se puso la mano derecha sobre el pecho.

—Estaremos en contacto, de corazón a corazón —aseguró.

Subí a mi vagón. Como pude, me abrí paso entre la multitud que lo abarrotaba. El silbato del tren se impuso al murmullo sordo que reinaba en la estación. El señor Rao movió la cabeza, despidiéndome. La locomotora se puso en marcha. El día empezaba a clarear y yo tenía ocasión de ver cómo las gentes de Delhi se desperezaban. A las afueras de la ciudad, el espectáculo de sordidez, miseria y hacinamiento resultaba sobrecogedor. Alborozados, muchos niñitos saludaban al convoy a su paso. Los niños de la India celebran la vida con una jovialidad contagiosa. Fundí mi mente con el monótono rugido del tren y me dejé mecer por su nada delicado balanceo. Poco después, el anciano que tenía a mi lado dormitaba con la cabeza plácidamente apoyada en mi hombro. Parecía un pájaro indefenso, tal era su delgadez, la inocencia de su ajado rostro y la sosegada sonrisa de sus labios. Aquel hombre parecía feliz y tal vez no tenía más que lo que llevaba puesto y la fiambrera que sostenía en las manos; bastaba ver la expresión de su rostro para darse cuenta de que disfrutaba de esa paz interior que yo tanto anhelaba. A pesar de que poseía riqueza material, mi caudal espiritual era muy pobre. Con toda naturalidad, dos niños se sentaron sobre mis rodillas, y gran cantidad de bultos desordenados apenas me permitían mover las piernas. Frente a mí, un hombre de edad mediana, con una envejecida cartera, me miraba desde detrás de sus gruesas gafas. Esbozó una sonrisa, abrió la cartera y se puso a ojear papeles. Los niños se limpiaban las pringadas manos en mi camisa y tomaron cada una de mis rodillas como un fortín desde el cual presentarse batalla. Olí el aroma de las comidas excesivamente especiadas. Dejé vagar mis pensamientos, de nuevo consciente de lo absurda e insustancial que había sido mi vida en los últimos años. La incertidumbre me asaltó, pero la contemplación de la dulce expresión en el rostro del anciano fue como un bálsamo que aplacó mi mente.

En Kalka, tal como me indicó el señor Rao, dejé *La Reina del Himalaya* para tomar un tren que parecía de juguete. El minúsculo vagón casi lo llenaban un grupo de estudiantes juguetones y parlanchines, que iban de excursión a las montañas. Me extasié observando el frondoso follaje que atravesaba el tren. El olor era delicioso y cada vez la vegetación se hacía más exuberante. El tren burlaba precipicios y acantilados mientras los estudiantes se lo pasaban en grande. La velocidad media del convoy era de unos veinte kilómetros por hora. Pese a ser forastero, aquellos muchachos me trataban con gran familiaridad. Me gustó la ausencia de artificio que había en ellos, su alegría y sus modales. En esos momentos, mi espíritu se sentía lozano y distendido. Pero la verdad es que no tenía ni idea de qué me depararía el destino (o el azar) en un país tan distinto del mío y donde había descubierto ya hasta qué punto fluctuaban mis estados de ánimo, pasando de la euforia al abatimiento en cuestión de segundos. Me hacía preguntas tales como si encontraría un guía que me orientara o me conectase con una escuela de autoconocimiento genuina, si hallaría una atmósfera adecuada para caminar hacia mi propia esencia, si alguna vez tendría entre mis manos el tratado del que nadie había oído hablar...

Como un animal herido de muerte que apenas puede arrastrarse, así avanzaba el tren, ganando altitud en su empeño por alcanzar Simla. El día anterior había enviado un telegrama al coronel Mundy para anunciarle mi llegada. ¿Tendría noticias de Federico? ¿Podría aquel militar, que tanto tiempo llevaba en la India, ponerme en contacto con algún mentor fiable? Las preguntas inquietaban mi ánimo.

Cuando llegamos a la estación de Simla, uno a uno, los muchachos me estrecharon la mano, casi como si de un rito ineludible se tratara. Un coche me esperaba en la estación. El conductor, un sikh de elegante presencia que me saludó con aire marcial, cogió mi maleta con su fornida mano y me pidió que lo acompañara.

—El coronel le está esperando —dijo, escueto.

Desde la parte trasera del coche contemplé la espalda, llamativamente ancha, del conductor, así como su turbante, de un azul intenso.

Bajé el cristal de la ventanilla. El día estaba neblinoso, pero la brisa resultaba reconfortante y perfumada.

—Anoche diluvió —me informó el conductor—. ¿Es su primera visita a la India?

—Sí —respondí—. Y espero que no sea la última.

Obviamente, la nuestra era una conversación trivial. Me deleitaba contemplando los pinos himalayos.

—Me gustaría conocer la zona en que vivió Kipling —dije.

—Yo mismo se la enseñaré encantado —repuso el conductor.

Recordé que en mi niñez había leído con entusiasmo las obras de Kipling, así como las de Tagore.

El automóvil ascendió por una estrecha carretera bordeada de enormes árboles. Éramos unos intrusos en la espesura del bosque.

A lo lejos, en un paraje idílico, divisé una mansión de estilo colonial, con amplios ventanales y rodeada de un frondoso jardín. Un hombre con bastón paseaba por el porche. Vestía una sahariana. Sin duda se trataba del coronel. Por lo que en seguida pude ver, era un hombre de edad avanzada, debilitado por los años.

El coche se detuvo a unos metros de la casa. El hombre vino hacia mí.

—Es un placer que nos visite —dijo cuando se halló junto al vehículo—. ¿Qué tal el viaje, mi buen amigo? ¿Cómo le ha recibido este país?

Esbozaba una sonrisa franca y cordial. Era un hombre delgado, y en su juventud debía de haber sido bastante apuesto. Tenía el rostro anguloso, la mandíbula poderosa y las cejas hirsutas y encanecidas.

—Me cuesta ordenar las ideas —respondí sonriente—. Uno va de impacto en impacto. Desde luego, creo que no hubiera podido escoger un país más sorprendente. Es una especie de operación quirúrgica de la mente..., y sin anestesia.

El coronel se echó a reír ante mi comentario.

Unos criados se acercaron y me cogieron el equipaje.

—Por favor, sígame —dijo el coronel con amabilidad—. Le acompañaré a su habitación. Así podrá asearse y descansar. Luego tomaremos un té en el salón y le presentaré a mi nieta Isabel. Siéntase como en su casa.

—Muchas gracias por su hospitalidad. Espero no perturbarles demasiado.

—En absoluto —aseveró el coronel.

Se trataba de una espléndida mansión de dos plantas situada en medio de una exuberante vegetación. Mi habitación, que se hallaba en la de arriba, era un acogedor cuarto con chimenea y una galería muy luminosa, decorado con plantas y muebles coloniales. Había un escritorio donde podría tomar mis notas.

A lo lejos se veían los picos himalayos. Reinaba en la estancia un silencio perfecto y una atmósfera de paz. Un contradictorio sentimiento de infinitud y de miedo me asaltó. Estuve perdido en mis pensamientos hasta que alguien llamó a la puerta.

Abrí. Una mujer sonriente, muy obesa y mofletuda, estaba ante mí.

—Perdóneme si le molesto, sir. Permítame que le ponga toallas limpias.

Sonrió de tal modo que sus ojos quedaron casi ocultos por las abultadas mejillas. Llevaba una especie de chaqueta de lana multicolor con bordados. Su voz era cantarina y dulce.

Me disponía a ducharme, cuando alguien llamó a la puerta de nuevo. Se trataba de un hombre de edad indefinida y aspecto acobardado, que dejó un ramo de espléndidas y perfumadas flores silvestres en la galería.

—Perdón, perdón... —balbució.

Un sentimiento de indescriptible vitalidad me embargó, y aprecié la belleza y el simbolismo de aquellas flores como antes jamás lo hubiera hecho.

Cuando entraba en la ducha por segunda vez, llamaron de nuevo a la puerta. Envuelto en una toalla, abrí y me encontré con las frondosas barbas y los ojos de noche profunda del sikh.

—¿Puedo robarle un par de minutos, sir? —preguntó.

—Por supuesto —respondí.

En los pocos días que llevaba en la India había aprendido varias cosas curiosas: allí no existía un sentido de la intimidad, ni una percepción lineal del tiempo; tampoco imperaba la lógica, o a lo sumo la lógica paradójica de lo irracional; el orden estribaba precisamente en el desorden, y no recurrían a artificio alguno al abordar a los demás con toda suerte de preguntas. Había comprendido asimismo que Gandhi sólo podía haber sido indio, con una milenaria cultura de infinita paciencia e incomparable resistencia pasiva a sus espaldas. Entre los hombrecillos que había visto en las callejuelas, y que exhibían la equívoca resistencia del lirio flexible, había muchos Gandhis.

El sikh extendió un plano ante mí. Era de Simla.

—En este punto —dijo, señalando en el plano— vivía Kipling.

¿Eso era todo? Asombroso. Allí estaba yo, envuelto en una toalla y con polvo hasta las cejas, en compañía de un fornido sikh, enterándome del punto donde había vivido el autor de *Kim*.

—Gracias, muchas gracias —dije.

—Siempre a su disposición, sir —repuso cortés el sikh, y abandonó la habitación.

En la India también había aprendido que todo, hasta lo más sencillo en apariencia, puede lucir con brillo propio, y que incluso lo más urgente para un occidental puede suscitar una sonrisa. En una ocasión, el señor Rao me dijo con gran sentido del humor: «Si usted dispusiera de cien vidas, tampoco tendría prisa en resolver todos los problemas durante ésta». Pensaba en ello cuando, por fin, el agua de Simla empezó a deslizarse por mi cuerpo, tan zarandeado por los trenes de la India.

Nos reunimos en el salón. Era una confortable pieza, con las paredes y el techo de madera, una buena biblioteca, cómodos sillones de piel, lamparillas para la lectura...

—Tomaré un té —dijo el coronel, que me esperaba en el salón—. ¿Y usted, Hernán?

—Un té me parece bien, coronel —repuse—, muchas gracias.

—El té nos lo envían de Darjeeling. Es el más aromático y sabroso del mundo.

En las paredes colgaban acuarelas del Himalaya; algunas de ellas representaban monasterios tibetanos.

Estábamos los dos solos, casi frente a frente, en el silencioso salón. Mi mirada recorrió la biblioteca.

—Está a su disposición —dijo el coronel, dándose cuenta de ello—. Hay obras en varios idiomas. —Me miró escrutador, pero irradiando hospitalidad—. Algunas de ellas —añadió— son muy antiguas e interesantes. Mi abuelo comenzó a crear esta biblioteca.

—Pasaré buenas horas consultando los libros —dije—, y espero no desordenárselos.

Se hizo un prolongado silencio. Uno de los criados entró en el salón con el té y unas pastas caseras, que tenían un aspecto muy apetecible.

—Seguro que ha leído usted más de cuanto pueda decirse —comenté.

El coronel tomó mis palabras como un cumplido y una sonrisa de complacencia asomó a sus labios.

—¿Ha oído comentar algo sobre un tratado denominado *El hombre feliz en la cueva del corazón*? —pregunté.

Se quedó pensativo, esforzándose por recordar.

—¿*El hombre feliz en la cueva del corazón*? Pues... —vaciló— no, no lo conozco, y tampoco he tenido noticias sobre el mismo. Sin duda sabrá que muchas enseñanzas hindúes y del yoga insisten en que el corazón es la morada del Señor.

—¿No le habló Federico de ese tratado?

El coronel cerró los ojos, como para concentrarse mejor.

—Sí, sí —dijo de pronto, expresivamente—, ahora recuerdo que Federico me comentó algo sobre un antiquísimo tratado, de yoga arcaico, que mostraba las claves para conquistar la no mente y conectarse con la presencia del Ser en el corazón, que es lo único capaz de hacer feliz al hombre.

Hizo una pausa y yo saboreé la exquisita infusión.

—Este té despeja las fosas nasales y la mente —comentó divertido el coronel—. Es té de hoja entera. Siempre he detestado el de picadura, de pésima calidad y peor sabor.

Tomé una de las pastas caseras, con ligero sabor a jengibre.

—¿Y qué sabe usted de Federico? —pregunté.

Un toque de tristeza o de nostalgia, no sabría cómo definirlo, apareció en los cansados ojos del coronel.

—¡Ah, Federico! —exclamó en tono melancólico—. A menudo me pregunto qué será de él. Un gran muchacho, un verdadero buscador de lo Eterno. Tal como había llegado, un día se marchó. Le adorábamos, tanto mi nieta como yo. Era un alma noble. ¿Dónde estará? Partió en busca de un maestro que según le habían dicho vivía en una cueva del Kailash Kinnaur, en el valle de Baspa. Es un lugar maravilloso. Yo mismo lo visité hace años. Quizá pueda usted hacerlo en alguna ocasión. Merece la pena. Tiene su propia fuerza telúrica. Recibí un par de cartas de su amigo Federico, pero en ellas no me decía que hubiese hallado lo que anhelaba. No he vuelto a tener noticias suyas.

—Al parecer, la vida es una búsqueda continua —dije con pesadumbre.

—Pero eso representa su gran aliciente —repuso el coronel, ofreciéndome otra pasta.

Luego se incorporó, fue hacia las estanterías, cogió un libro encuadernado en piel y me lo entregó.

—Es una obra anónima, pero habla sobre la sabiduría del corazón. Dónde mora el Ser nadie puede decirlo, porque el Ser lo impregna todo, pero los místicos siempre han hecho referencia a un corazón espiritual que es el refugio del Ser en el individuo.

Yo le escuchaba con suma atención, y eso le animó a seguir hablando.

—Y la potencia o energía del Ser danza en los centros psíquicos del individuo, en sus ruedas de poder. Los hindúes los llaman chakras.

Sentí el peculiar sabor del té en la boca. Me di cuenta de que desde mi llegada a la India mis sentidos estaban cada vez más agudizados. El coronel cambió de tema y se puso a hablar de sí mismo.

—Llevo muchos años, muchísimos, en este país. Estoy casado con la India. Siempre ha despertado en mí un sentimiento cósmico y metafísico, también lo han hecho las espléndidas montañas que nos rodean, y que mañana podrá contemplar. Mi tío abuelo fue un notable orientalista y uno de los primeros occidentales en viajar por el Tíbet.

Al comprobar que le escuchaba con fervorosa atención, prosiguió:

—Se dice que llegó a ser uno de los tutores del decimotercer Dalai Lama, aunque no tengo la certeza de ello. ¡Qué época aquella! Se hacían peligrosos y largos trayectos a lomos de mulas y ponys. ¡Imagínese! Hoy todo se ha vuelto tan fácil, tan sencillo..., al menos en apariencia.

La noche había caído sobre Simla. A lo lejos sonaba el ladrido de un perro. El coronel había encendido las lámparas de lectura y el salón estaba sumido en una lánguida semipenumbra. Un sentimiento de angustia, muy intenso pero indefinido, me embargó.

—Necesito ayuda —dije sin el menor pudor.

Como si fuese él quien sintiera la vergüenza que yo no había experimentado, guardó silencio.

—¿Qué ser humano no necesita ayuda? —preguntó al cabo de un instante. Su expresión adquirió la belleza de la ternura y la compasión humanas—. El ser humano es tan frágil, tan desvalido... —comentó con serenidad—. Todos nos enfrentamos a una pavorosa soledad hasta que percibimos intuitivamente lo que somos en realidad.

—¿Lo que somos en realidad? —repetí entre dubitativo e incrédulo.

—En efecto —aseveró él—. Pero debe de estar demasiado cansado para que nos extraviemos en acrobacias metafísicas, ¿no es así?

—En absoluto —respondí con sinceridad—. Ante todo, no sabe cuánto le agradezco su hospitalidad.

Se sirvió una copa de brandy.

—Joven —se había puesto muy serio—, quiero decirle algo con toda franqueza. Cuando una persona se da cuenta de veras de que su forma de vida anterior ya no vale y que la búsqueda comienza, emprende un tortuoso camino que no tiene marcha atrás. En ocasiones, la angustia resulta tremenda y se pregunta, una y otra vez, si no debería abandonar toda búsqueda. Pero créame... —Guardó unos instantes de silencio—. ¡No hay marcha atrás! Nunca pida a un ciego que ha gozado de un instante de visión que olvide lo contemplado. ¡Imposible! Sin embargo, el viaje de una orilla a otra, mientras nos encontramos a medio camino, es una tierra de nadie que causa espanto.

Se levantó y comenzó a pasear por la estancia. A pesar de su avanzada edad, su aspecto era saludable.

Como perdido en hondas reflexiones, comenzó a hablar, aunque más para sí mismo que dirigiéndose a mí.

—El gran problema consiste en ser capaces de dar un vuelco, un verdadero vuelco, a la mente. No caemos en la cuenta de que esta misma mente, que por un lado busca, es la que nos impide progresar en la búsqueda. Es el acertijo dentro del acertijo.

—Pero sin duda habrá encontrado a muchos hombres santos y espiritualmente notables durante su estancia en este país.

—Algunos —afirmó lacónico—. El verdadero hombre santo habla poco, pero ofrece mucho.

Pensando que tal vez no habría entendido bien lo que quería decir, especificó:

—Al elevar su umbral de consciencia, el verdadero hombre santo contribuye a la evolución espiritual de la humanidad. Aunque parece que nada hace, es el que en verdad hace y da. Al igual que el pabilo de la vela emite luz, el hombre santo irradia un aura de bendita quietud. Nada hay tan consolador en una humanidad fragmentada, donde todos somos artífices y víctimas de la violencia y el desorden.

—¿Podría conocer a alguno de esos hombres? —pregunté esperanzado.

—Son como agujas en un pajar —repuso él—. Los verdaderamente realizados no se exhiben en un escaparate ni tienen afán de notoriedad; es más, ni siquiera desean ser reconocidos. ¿Me entiende? —Asentí—. Pero uno de estos días, si quiere, le acompañaré a hablar con un gran sabio que vive en Almora. Iremos en coche. En verdad merece la pena.

—Esperaré ese momento con impaciencia. He venido a este país para eso precisamente, no con la idea de embelesarme con el Taj Mahal, pasear a lomos de elefante en Jaipur o vivir una aventura exótica o una trivial experiencia seudoespiritual. Aprovecharé todas las oportunidades que se me presenten.

Entonces, ignoro por qué razón, me sentí lleno de decisión e incluso de euforia.

—Voy a explicarle algo —dijo el coronel con sequedad no disimulada, como si quisiera refrenar mi exaltación—. Se arrepentirá muchas veces de haber dejado su anterior forma de vida. ¿Por qué? Porque sus antiguos hábitos y condicionamientos lo asaltarán y querrán esclavizarle. Su mente anterior echará de menos la comodidad, la aparente seguridad y la existencia muelle y disipada. Pero no desfallezca.

Estaba tratando de seguir el razonamiento del coronel, cuando unas pisadas denotaron la presencia de alguien más en la estancia. Mi anfitrión ladeó la cabeza y se levantó. Yo hice lo mismo. Una joven había entrado en el salón.

—Aquí tiene a mi nieta Isabel —dijo el coronel.

La joven se acercó al anciano y le dio un beso. Después me tendió la mano, con gesto cortés.

—¡Hola! —dijo—. ¡Bienvenido! Nos alegra tenerle en casa.

—Gracias —repuse estrechándole la mano—. Me alegro mucho de conocerla. Espero no ser una molestia para ustedes.

Nos sentamos. Me llamó la atención el intenso olor a ámbar que exhalaba la joven. Se hizo un silencio que me resultó incómodo. No debía de tener más de veinticuatro años. No parecía inglesa, debido a su redondo rostro, con unas bonitas mejillas, negros ojos expresivos y una mandíbula firme. Yo la hubiera tomado por una mujer de los Balcanes o quizá del centro de Europa, pero nunca por inglesa. Se sintió observada y me dirigió una mirada indefinida. Sus negros ojos contrastaban con la palidez de sus mejillas.

—Ha llegado usted a la India en una época de gran calor —dijo el coronel, reanudando la conversación.

Isabel vestía un punjabi (pantalón estrecho y blusa holgada) y llevaba el cabello recogido en una trenza. Mientras su abuelo hablaba, yo la miraba con disimulo porque me producía una extraña impresión. En ella había una inquietante mezcla de sensualidad, autocontrol, jovialidad y contenida feminidad.

—El mejor tiempo del año para visitar la India —explicaba mi anfitrión— es, sin duda, el mes de octubre. La época anterior a las lluvias resulta demasiado calurosa.

A mi pesar, la miré con mayor insistencia. Una sonrisa muy leve persistía en sus labios, pero fui incapaz de interpretarla. De pronto se levantó, fue hacia uno de los ventanales y lo abrió. No era especialmente hermosa, pero sí esbelta y graciosa en sus movimientos. No había pronunciado una palabra más desde que me saludó. Sin embargo, el coronel seguía hablando. La joven despertaba mi interés y, hasta cierto punto, me intrigaba. Aunque yo trataba de seguir la conversación, mi atención estaba puesta en Isabel.

—Deberíamos cenar —dijo ella entonces.

No fue una sugerencia, sino casi una orden. Pensé que se trataba de una mujer contradictoria. Por un lado resultaba muy femenina, casi tímida, y por otro parecía bastante enérgica. En los pocos minutos que había tenido ocasión de contemplarla, comprendí que era una joven muy rica en matices. Se sabía observada y no le desagradaba, pero simulaba no darse cuenta de ello.

—Tienen ustedes una casa maravillosa —comenté mientras pasábamos al comedor.

—Se ha quedado anticuada —repuso Isabel con desenvoltura—. Tendríamos que hacer algunos cambios.

—Mi nieta está empeñada en modernizar la casa —dijo el coronel en tono resignado mientras se sentaba a la mesa—. Pero a mí me gusta como está.

A aquella hora tardía, una expresión de cansancio se reflejaba en el rostro del anciano. Parecía de salud frágil, pero su temperamento hacía que se esforzara en mantener la prestancia.

—Abuelo —dijo Isabel una vez nos hubimos sentado—, sabes que las tuberías están hechas un desastre, las chimeneas no tiran y tenemos goteras en el desván.

La expresión de la muchacha cambiaba con gran rapidez. En un momento pasaba de la seriedad a la sonrisa, de la dulzura a la crispación, incluso a una irritación contenida. Cuanto más la observaba, más intensamente me atraía algo en ella, aunque no sabía qué. Quizá fuera aquella sorprendente combinación de femenina ternura y de carácter indómito.

—No debemos importunar a nuestro huésped con problemas domésticos —dijo diplomáticamente el coronel; luego añadió—: Estas casas tienen más de cien años. No podemos esperar que se encuentren en el mismo estado de conservación después de tanto tiempo.

—No se preocupe, coronel —respondí, más por seguir la conversación que por interés—. Los problemas domésticos forman parte de nuestra existencia. He vivido solo muchos años y sé lo molestos que resultan, por insignificantes que parezcan.

Isabel sofocó la risa. Yo no comprendí qué le había hecho tanta gracia. Su abuelo la miró con expresión desaprobadora, pero en silencio. Me sentí ligeramente turbado. Así como la presencia del coronel me producía una sensación de familiaridad y sosiego, la compañía de la joven me inquietaba. De vez en cuando la miraba a hurtadillas, aunque siempre tenía la impresión de que se daba cuenta. Sus expresiones resultaban de lo más femeninas, pícaras en ocasiones, y aun divertidas. Por un lado, parecía una mujer adulta, y por otro, una niña mimada, incluso caprichosa.

—Tengo un hambre atroz —dijo sin la menor afectación.

Cuando miré sus ojos, los vi brillar a la luz de las velas que alumbraban el comedor. No aparté la mirada y noté que se sentía insegura, pero lo disimuló con un comentario.

—El abuelo estaba deseando que viniera. A ver si usted consigue que ordene la biblioteca.

—Cotejaremos textos —dijo el coronel, animado—. Isabel se queja de que ningún libro está donde debería, pero ella misma se los lleva a su habitación y cuando los repone, los deja en el primer lugar que le viene a mano.

—Ya me estás regañando —protestó Isabel, medio en broma.

—Es una lectora empedernida —prosiguió el anciano—. Ha heredado de mí el amor a la lectura.

La mesa estaba primorosamente puesta. Varias criadas fueron sirviendo los alimentos. La conversación transcurría con desenvoltura, si bien en un tono de gran trivialidad. Pero de repente dio un vuelco inesperado cuando Isabel, muy seria, dijo:

—El abuelo y yo vivimos solos desde hace mucho tiempo. Casi nunca tenemos huéspedes. Sin embargo, esperamos que todo lo encuentre de su agrado.

Me disponía a hacer algún comentario de cortesía, cuando la joven añadió:

—Mi madre murió cuando yo tenía cinco años.

Su inesperada confesión me cogió por sorpresa. Sabía que cualquier cosa que dijese resultaría ridícula, así que guardé silencio.

—Mi hija Mary murió de malaria —intervino el coronel—. En aquellos tiempos esa enfermedad acababa con la vida de muchas personas. Era un mal terrible. Entonces vivíamos en el sur de la India, cerca de Kodaikanal. En unos días, la enfermedad se la llevó de este mundo.

El tono de su voz me impresionó. La temblorosa luz de las velas esmaltaba el rostro de Isabel. Su expresión era grave pero sosegada. Presentí que no se trataba de una mujer corriente. Cuando me estaba preguntando qué habría sido del padre de Isabel, ésta dijo:

—La muerte brota como un relámpago en cualquier momento. —Y añadió, como si hablara consigo misma—: Papá murió en el acto al caerse de un caballo.

Se quedó pensativa unos instantes; parecía que ni su abuelo ni yo estuviéramos allí. En ese momento era una adolescente desvalida. Sólo duró unos segundos, en seguida recobró el autodominio.

—La muerte se empeña en tomarnos al asalto —dijo con firmeza—, pero ya que estamos vivos, debemos empeñarnos en burlarla.

Bajo aquella cálida luz, sus negros cabellos brillaban como el azabache. Parecía inquieta y apacible a la vez. El cansancio, sin embargo, se reflejaba en el rostro del anciano. Me entretuve deleitándome con la tarta de manzana.

—Estamos en la tierra de las manzanas —comentó Isabel en tono alegre, como si hubiera adivinado mis pensamientos—, ¿lo sabía?

Sin responder, esbocé una estúpida sonrisa.

—En Himachal Pradesh las manzanas son únicas.

Me sorprendía la facilidad con que aquella joven pasaba de un estado de pesadumbre a otro de desenfado y contento.

—Pero no se preocupe —añadió—, no pensamos darle tarta de manzana todos los días.

La luz amarillenta marcaba aún más las arrugas del rostro del anciano. «Una singular pareja», pensé.

—Cuando el padre de Isabel murió —dijo de repente el coronel, recuperando la anterior conversación ante mi extrañeza—, me planteé muy seriamente volver a Inglaterra...

—Eso era absurdo, abuelo —lo interrumpió Isabel resueltamente.

—Todavía me quedaba algo de familia allí —agregó él como si no la hubiera oído—, pero al final sentí que no podía separarme de este país que tantas cosas me ha dado y tantas me ha quitado.

Un destello de nostalgia relampagueó en los apagados ojos del anciano. De repente pensé en mis padres, ya fallecidos. La prolongada y angustiosa agonía de mi madre, vomitando día a día su propio hígado hasta morir. Recordé la primera niña a la que quise, y que murió por causas desconocidas a la edad de doce años.

—Los seres humanos sufren —musité para mí.

—¿Cómo dice? —preguntó Isabel.

Me miré en sus negros y voluptuosos ojos. La sonrisa desapareció de sus labios. Tuve la certeza de que había captado mi amargura. Sin parpadear, mantenía su mirada clavada en la mía.

—Que los seres humanos sufren es uno de los hechos incontrovertibles a que Buda hacía referencia.

El coronel, que estaba acabando su tarta con suma lentitud, levantó la vista. Pero nada dijo. Casi con descaro, Isabel seguía con los ojos suspendidos en los míos; me sentí como hechizado.

—Nadie puede evitar el sufrimiento —sentenció mi anfitrión, arrastrando las palabras.

—Nadie ha dado respuestas válidas al sufrimiento —repliqué—. Nadie.

—¿Y de qué servirían las respuestas si sigue habiendo sufrimiento? —preguntó Isabel con insospechada ligereza.

Su comentario me sumió en un extraño estupor.

—La vida es la respuesta —dijo Isabel antes de que yo lograra salir de mi asombro—. Se vive, se goza y se sufre: ésa es la respuesta.

—No todo resulta tan sencillo —protesté, conteniendo un repentino sentimiento de rabia.

—He leído todos los libros del abuelo —observó ella, como si no me hubiera oído—. Filosofan y filosofan, pero no llegan a parte alguna. No necesito las respuestas que ellos se empeñan en hallar.

—¿No? —pregunté como un necio, confuso por la rotunda seguridad con que se expresaba aquella joven, que cada vez me parecía más insolente.

—Pues no —replicó ella cortante—. Por supuesto que no. Todos los días tengo respuestas.

—¡Ah!

—Corro por los campos, huelo las flores, me empapo de lluvia y me abraso con el sol, doy de comer a las vacas y contemplo el anochecer mirando las montañas... ¿Le parecen pocas respuestas?

«Eres una niña mimada, caprichosa, contradictoria y quimérica», pensé, pero no lo dije.

—Cada uno trata de hallar respuestas a su modo —comenté en cambio.

Me miró como si no me tomara en serio, cuando poco antes parecía haberse identificado plenamente con mi dolor.

—Mi respuesta, mi única respuesta —dije—, se halla en la paz interior.

Me miró con tal expresión de incredulidad que a punto estuvo de sacarme de quicio.

—Hernán —dijo el coronel, ignorando intencionadamente las discrepancias que se ponían de manifiesto entre Isabel y yo—, le aseguro que muchos hombres han encontrado la paz interior. Esa paz sólo es posible hallarla cuando todo rastro de avidez y de odio ha desaparecido. No sé, créame, si existe ese tratado que usted querría tener entre las manos y examinar, pero hay seres que han hallado la completa felicidad en esta vida.

—Abuelo —le interrumpió Isabel—, ahora tu felicidad consiste en acostarte y descansar.

En ese momento sus palabras me parecieron inoportunas y triviales.

—Mi nieta —comentó mi anfitrión, resignado— es como una implacable ama de llaves.

—No son horas de filosofar —replicó la joven con un encogimiento de hombros.

El coronel se levantó. Me fijé en su extrema delgadez, aunque conservaba un porte digno. En un gesto espontáneo, Isabel se le acercó y le abrazó con indecible ternura.

—Abuelo, abuelo —susurró.

Con cierta ceremoniosidad, el anciano me estrechó la mano.

—Señor —dije—, le estoy muy agradecido. Me encanta haberle conocido.

—Espero no defraudarle —repuso con cordialidad—. Bien, ahora voy a retirarme.

Isabel salió con él, y regresó en seguida. Estaba de pie frente a mí, altiva pero serena. Desde que la conocía, me daba la sensación de que en ocasiones se asustaba, pero tenía una gran capacidad para sobreponerse y mostrarse desenvuelta. Sin embargo, fingía una seguridad que no era tal.

—Estará usted cansado —dijo.

Me levanté de la silla, me planté frente a ella y pude ver como su pecho palpitaba. Fijé la mirada en sus ojos. A la luz de las velas resultaban misteriosos y parecían no tener fondo. Seguí mirándola, en silencio, y noté que se encogía. Numerosos matices de expresión desfilaron en segundos por su rostro: inquietud, curiosidad, desconfianza, diversión, temor, ansiedad... Tenía los labios entreabiertos y parpadeaba con una lentitud que me llamó la atención.

—Y usted, ¿está cansada? —pregunté.

Se la veía inquieta, pero esforzándose por aparentar tranquilidad.

—¿Cansada yo?

No pudo evitar morderse el labio inferior en un gesto instintivo. En esos instantes me pareció una mujer sumamente atractiva, una perfecta combinación de encanto carnal, timidez disimulada, joven arrogancia y prodigiosa sensibilidad.

—Usted también sufre —dije en tono seco, sin dejar de mirarla.

Apartó su mirada de la mía. A pesar de estar encolerizada, esbozó una cálida sonrisa.

—Nadie debe avergonzarse de reconocer su sufrimiento —insistí.

Se quedó desconcertada, inmóvil, pensativa. De súbito reaccionó.

—Ha llegado a esta casa hace tan sólo unas horas. Es un desconocido para nosotros. ¿Qué derecho le asiste para hablarme de ese modo?

Estaba tensa. Su expresión reflejó toda la rabia contenida que sentía. Era evidente que la estaba importunando.

—Usted se hace tantas preguntas como yo —aseguré—. Y al igual que yo, anhela unas respuestas que no encuentra.

La indignación la hizo palidecer. Me miró con una rabia que le resultaba difícil dominar. Sus negros y profundos ojos echaban fuego. Noté que quería dar media vuelta y retirarse del comedor, pero eso habría supuesto una rendición por su parte, algo que su orgullo no le permitía.

—Si no anduviese en busca de respuestas —me aventuré a decir—, no habría leído todos los libros de la biblioteca. Ambos las buscamos. Hay diferencias entre los dos, por supuesto; usted es instintiva, yo, estúpidamente racional. Usted vive la existencia con intensidad, yo no logro vivir más allá de mis ideas.

Había sido sincero y ella pareció apreciar mi franqueza, porque su expresión se dulcificó. Pero era difícil averiguar qué pasaba por su mente.

—Me considera una sentimental —dijo con frialdad—. Por supuesto que busco respuestas. Mis antepasados también lo hicieron, y muchos de ellos murieron a causa de esa búsqueda. Sin embargo, mis lecturas y estudios me demuestran que hay personas que a medida que buscan van perdiendo el gusto por la vida, o quizá sólo ven su lado amargo.

No le contesté. Isabel había recuperado su aire de seguridad y la expresión de su rostro era magnífica. Tenía ante mí a una mujer bella y deseable, y ella sabía que lo era. El color había vuelto a sus mejillas.

—Desde que ha llegado —prosiguió—, he visto en usted la expresión de un hombre atormentado por algo. Me da la sensación de que piensa mucho, pero le cuesta demasiado sentir. Soporta la vida, mas no vive.

—¿Cómo es posible que crea conocerme tan bien en unas horas? —repuse, fingiendo indiferencia—. ¿Juega a ser mi psicoterapeuta?

Ella se echó a reír.

—Unos piensan mientras otros viven. Usted y mi abuelo deben de tener muchos puntos en común.

—¿He de tomar sus palabras como un halago o como una ofensa?

Cogió una bandeja con bombones y me la ofreció.

—¿Ahora trata de endulzarme? —pregunté, bromeando.

—Acompáñeme al porche —dijo—. Estaremos más cómodos, allí la temperatura resulta más agradable.

La seguí. Su largo cabello trenzado le caía por la espalda. Ignoraba el porqué, pero aquella mujer ejercía un raro efecto sobre mí. Su presencia me resultaba acariciadora y perturbadora a la vez. Además, conseguía que me sintiera inseguro; en ningún momento sabía cuál sería su forma de reaccionar. Sólo había comprendido que con ella no iba a resultarme fácil la comunicación.

En el porche, el aire estaba impregnado del olor de las flores. El silencio era perfecto. Yo escuchaba la respiración de Isabel.

—Dígame su nombre —pidió de repente.

—Hernán, Hernán... —vacilé estúpidamente—. Creí habérselo dicho ya.

—Sabía cuál era, pero no porque usted me lo hubiera dicho.

A lo lejos se oyó el ulular de un búho. No sé por qué, noté como mi ánimo se ensombrecía. Me sentía desconcertado y extraño en aquel remoto lugar de la Tierra, tan lejos de mis actividades cotidianas. El cielo estaba encapotado y no se veían las estrellas. Me dije que la vida era un gran misterio, demasiado abrumador, un juego frenético de luces y sombras. La tristeza y la soledad me embargaron. Isabel, que percibió mi pesadumbre, me miró fijamente y en sus ojos vi una prodigiosa ternura, que contrastaba con la frialdad que asomaba a ellos poco antes.

—¿Cree que en la India encontrará lo que busca? —preguntó, y luego agregó—: ¿Y por qué en la India precisamente?

Isabel me desconcertó de nuevo.

—Necesitaba venir a este país —argüí—. Y no me pregunte la razón. ¿Azar..., destino? ¿Una decisión acertada..., equivocada? No lo sé. ¿Cree en el destino?

—Sí —aseguró—, de algún modo creo en el destino.

—Y ama este país, ¿verdad?

—¿Acaso podría no amarlo? No olvide que soy india... Bueno, digamos que angloindia, pero sobre todo india.

—Es difícil ver con claridad las situaciones de la vida —comenté, sin que el tema tuviera relación con sus anteriores palabras.

—Yo las vivo —dijo, y de nuevo hubo un cambio en ella, pareciéndome una mujer de insufrible arrogancia.

—Resulta usted desconcertante —aseveré sin ningún tipo de comedimiento—. A veces da la sensación de que pretende comprenderlo todo, y...

—Y soy demasiado joven para que sea así, ¿verdad? —me interrumpió.

—Yo no he dicho eso; además, ignoro qué edad tiene.

—Cumpliré veinticinco años dentro de unos días. ¿Acaso eso me descalifica?

—¿Cómo dice?

—Me ha oído perfectamente; pero creo que es incapaz de dar una respuesta sincera, en el supuesto de que la sepa.

—Tengo entendido que las mujeres indias son más...

—¿Prudentes? —me interrumpió de nuevo—, ¿recatadas, sumisas...?

El prolongado aullido de un perro llegó hasta nosotros. Guardé silencio. No me apetecía hablar.

—No hace más que dar rodeos y sigue sin responder a mi pregunta. ¿Acaso el hecho de que sea joven me descalifica para comprender las situaciones de la vida? —insistió.

Me levanté del sillón de mimbre en que estaba sentado y comencé a pasear por el porche.

—Hábleme de Federico —le pedí, cambiando de conversación.

Ella se levantó a su vez y se acercó a mí. Mis sentimientos eran muy contradictorios con respecto a una mujer a la que había conocido hacía apenas unas horas. De buena gana hubiera abandonado en aquel mismo instante la mansión del coronel.

—¿No me cree lo bastante madura para mantener una conversación interesante conmigo?

—No he dicho nada de eso —repliqué con una acritud que no traté de disimular.

—Pero lo piensa, seguro —se quejó—. Me ve como a una niña, y está muy equivocado. El problema radica en que no comprende nada de lo que sucede.

La miré y entonces me pareció muy madura. Ella, irritada, prosiguió:

—Le gustaría ponerme una etiqueta, cualquier etiqueta, y como no lo consigue, se muestra casi antipático conmigo en una especie de autodefensa que, en verdad, no comprendo.

Dio media vuelta, dispuesta a marcharse. Su acariciadora mirada de momentos antes había desaparecido.

—No se vaya así, por favor. Hace que me sienta incómodo. Al fin y al cabo, usted es mi anfitriona.

Se volvió hacia mí. Sus ojos parecían más grandes, más profundos y expresivos si cabe.

Estábamos muy cerca. Aquella joven me tenía desconcertado. Me parecía infantil y adulta a un tiempo; candorosa e intrépida, inocente y apasionada, insegura y osada. Su olor a ámbar conseguía embriagarme. Nos miramos, sin recato, artificio ni timidez, durante un lapso prolongado. Ambos guardamos silencio. En su mirada creí ver alegría, sufrimiento, soledad, esperanza, pasión, miedo, vitalidad, recelo... Entonces comprendí que su vida no debía de haber sido nada fácil, y que tampoco lo sería convivir con un anciano.

Dio media vuelta y se dirigió hacia el interior de la casa. La seguí en silencio. Cruzamos el vestíbulo y subí tras ella por la escalera.

—Tal vez no sea una buena anfitriona después de todo —dijo, una vez me hubo deseado las buenas noches.

—Quizá yo sea un pésimo huésped —repuse.

—Ahora —añadió, al tiempo que se alejaba—, se preguntará si soy frívola, trascendente, voluble, insustancial...

—Tal vez —respondí con una sonrisa.

—Mañana le acompañaré a visitar los alrededores —dijo como si acabáramos de conocernos y hubiéramos mantenido una charla trivial.

Me sentía extenuado. Aquella joven me enfurecía y me divertía a la vez. De pronto comenzó a llover.

3

Aquella noche apenas logré conciliar el sueño. Amaneció un día apacible y con el cielo despejado. Me levanté y abrí la ventana. Los primeros rayos del sol bañaban montañas y valles. Olía a leña quemada, un olor habitual en las montañas de la India. A lo lejos se divisaba la ciudad, extendiéndose entre dos cerros. Había casas edificadas en las faldas de las montañas y otras en las cimas. A pesar de haber dormido poco me sentía lúcido y con gran vitalidad. Vi pasar a una joven de mejillas sonrosadas y, más allá, a la entrada del jardín, reconocí al chófer del coronel, en mangas de camisa, lavando con esmero el automóvil. Por delante de mi ventana cruzó el jardinero, un hombre encorvado, muy viejo, que movió la cabeza en señal de saludo al verme. La neblina matutina, de un tono azulado, se agarraba a los campos como si se negara a separarse de ellos.

Cuando me hube aseado, me dirigí a la biblioteca y empecé a consultar libros. Había distintas versiones de los *Vedas y los Upanishads*. En cuanto se percató de mi presencia, una de las criadas me sirvió una taza de té. Cogí un libro de poemas de Kabir y comencé a leerlos a media voz. Desde mi juventud, Kabir me había tocado el corazón con sus poemas místicos, anhelantes de amor divino. Era un personaje singular. Tejedor y místico, cuando se dirigía a sus discípulos para exhortarles, les decía: «Miradme a mí. Soy un esclavo de mi intensidad en la práctica». Los hindúes llaman *sadhana* a la práctica espiritual. El *sadhana* forma parte de la vida de un buscador. Es el entrenamiento espiritual, y comprende la ética genuina, la meditación y el enfoque correcto. La meditación es el cultivo metódico de la mente para liberarla de la ofuscación, la avidez y el odio. Se detiene el cuerpo para calmar la mente.

Absorto en la lectura, el tiempo transcurrió sin darme cuenta, hasta que la criada entró en la biblioteca para anunciarme que el coronel me esperaba en el comedor.

Al verme, el anciano se levantó de su silla para estrecharme la mano. Se notaba que había descansado bien, y daba muestras de un humor excelente. Isabel estaba ya sentada a la mesa. Se había recogido el cabello en una cola de caballo y parecía más joven aún.

—¡Hola, Hernán! —me saludó con familiaridad.

—Buenos días, Isabel —le contesté, para luego añadir una trivialidad—: Hace un día magnífico.

—Sí, hace un gran día —intervino mi anfitrión, eufórico—. Sin duda, luego apretará el calor, pero ahora la temperatura es un regalo de los dioses.

Con matemática precisión, el coronel extendía la mermelada sobre sus tostadas. Los rayos del sol bañaban el rostro de Isabel. Como no se había puesto nada de maquillaje, su piel relucía fresca y tersa. Me senté a la mesa y me serví una taza de café. A diferencia del día anterior, la joven no se había vestido con prendas indias; llevaba ropa occidental, de tipo deportivo. El cabello recogido ensanchaba su rostro y lo hacía más personal. La observé. Isabel me inspiraba un extraño sentimiento: al tiempo de parecerme muy cercana, también la notaba fría y distante.

—El abuelo sugiere que lo lleve a pasear por Simla —dijo Isabel con cierta displicencia—. Si a usted le apetece, por supuesto.

—Y si le apetece a usted —repuse—. No es necesario que estén pendientes de mí.

Ella esbozó una leve sonrisa. ¿Acaso había esperado que no le pidiera que me enseñara la ciudad y sus alrededores? ¿Me consideraría un estorbo?

—Si se lo propone, Isabel será una excelente guía —intervino el coronel con voz grave.

—Estoy seguro de que será la guía ideal para mí —dije, no con ánimo de halagarla, sino con un marcado tono de ironía. Me miró algo despectivamente. Era de esas mujeres que cuanto más las observa uno, más atractivos descubre en ellas.

Exhalaba inocencia y sensualidad.

De repente, Isabel me miró a los ojos.

—Hernán, ¿cree usted que la vida es una farsa?

La pregunta me cogió por sorpresa.

—Pues... —vacilé, sintiéndome como un estúpido.

—¿Acaso ha venido a la India a descubrirlo? —me preguntó ella con fingida ingenuidad.

—Eso no es muy cortés, Isabel —dijo el coronel, tras limpiarse la boca con la servilleta.

—Sería un tópico decir que he venido a este país en busca de mí mismo, ¿no cree? —repuse—. Pero la India siempre me ha atraído. Creo que nunca llega uno a comprenderla del todo. Quizá ahí resida parte de su atractivo.

Se puso seria.

—Si usted quiere, puede aprender mucho de la India —dijo ella con cierto tono de severidad—. Sólo si lo desea de verdad.

Había recobrado el aire de mujer mayor. No sé por qué. Me di cuenta, aunque ignoro la razón, de hasta qué punto podía ser obstinada.

—No intento persuadirle de nada —añadió sin perder aquella expresión de seriedad—, pero la India puede ofrecerle mucho, con la condición de que también usted esté dispuesto a dar mucho.

—Ésa es mi intención —repuse de manera mecánica, como si ella me estuviera poniendo en un atolladero del que yo debía salir.

Una de las criadas entró a retirar el servicio.

—Isabel es una verdadera india —reconoció el coronel— en muchos sentidos; en otros, sin embargo... —se interrumpió. Él mismo no sabía cómo definir a su nieta.

Yo estaba mirando al anciano y, de repente, advertí que Isabel me observaba con detenimiento. Ladeé la cabeza y nuestras miradas se encontraron. Sus ojos tenían una vivacidad extraordinaria.

—Mi nieta Isabel —dijo el coronel— pertenece a una organización no gubernamental que apoya a los adivasis. Ella ama con verdadera pasión las raíces de este país.

—¿Los adivasis? —pregunté.

—Son los aborígenes —me explicó el coronel—; los habitantes autóctonos de la India.

—No creo que eso interese a nuestro invitado, abuelo —recriminó Isabel.

—Por supuesto que me interesa —la contradije, y encarándome a la joven con tono enérgico aunque amable, añadí—: ¿Por qué se empeña usted en determinar qué me interesa y qué no?

Sus mejillas se encendieron. Yo acababa de revolucionar sus autodefensas. Cuando iba a responderme, no se lo permití.

—No sólo quiero descubrir si la vida es una farsa o no. Tengo además un interés real por todo lo que se refiere a este país, se lo aseguro.

—Se trata de un gran país —dijo el coronel—; sin duda desmesurado en todo, incluso en su geografía y su naturaleza. En general, la India es muy poco conocida. La gente ni siquiera sabe que los indios fueron los primeros en concebir la noción del cero y del infinito; los primeros en operar de cálculos en la vesícula y de cataratas, los inventores de…

—La gente viene a la India —lo interrumpió Isabel— para pasar unos días y llenarse de exotismo. ¿Sabía usted que en este país de novecientos millones de personas, más de treinta millones son adivasis?

—Desconozco casi todo de la India —reconocí antes de que Isabel utilizara otros argumentos contra mí—; lo desconozco todo en realidad.

La expresión de su rostro se suavizó.

—La gente viene a la India —prosiguió ella—, y cuando vuelven a su país, ¿qué cuentan de éste? Explican que las vacas están sueltas por las calles, que se desprecia a las viudas o incluso se las sacrifica en la hoguera, que hay innumerables pordioseros y que algunos de nuestros monumentos son dignos de ser tenidos en cuenta. ¡Y eso es todo! Ésa es la manera de ver y sentir este país.

El coronel, que se había levantado de su silla y se había colocado de espaldas a los cortinajes azules del salón, miraba a su nieta con atención.

—Mi abuelo se siente incómodo cuando me expreso así. Él es más condescendiente que yo.

—Bueno, bueno, Isabel, no acapares la conversación. Hernán y yo tenemos que hablar de muchas cosas y...

—Los ingleses maltrataron a los aborígenes —prosiguió ella, como si no le hubiera oído— y, en el mejor de los casos, los ignoraron. Miles de años antes, los invasores arios los calificaron despectivamente de «negritos achatados». En la actualidad siguen siendo unos grandes desconocidos, incluso para la mayoría de los habitantes de este país. No son respetados, no se les reconocen sus grandes valores y no se les apoya cuando defienden sus tradiciones y creencias.

La joven se expresaba con ardiente fervor y una conmovedora firmeza. Poco antes se había mostrado superficial y ahora manifestaba unas ideas profundas, apasionadas y viscerales. Tenía enrojecidas las mejillas y su mirada era más intensa y profunda.

—Les hemos hecho promesas que no hemos cumplido —aseguró con ardiente convicción—. No hemos puesto remedio alguno para ayudarles con sus problemas y desvelos; les hemos cristianizado o hinduizado sin respetar sus cultos ancestrales...

En la joven, la serenidad se había tornado de repente desasosiego. Se mostraba casi enfurecida, y un brillo de enérgica pasión brillaba en sus profundos ojos. Pero en un instante consiguió un sorprendente dominio de sí misma.

—Hernán —dijo, dirigiéndose a mí con voz suave y actitud solícita—, voy a prepararme. Unos minutos y en seguida nos iremos, ¿le parece bien?

El coronel y yo pasamos al salón biblioteca.

—Hernán —dijo el anciano apenas nos hubimos sentado—, usted debe conocer a Sri. Es necesario —enfatizó— que le conozca. Es un hombre mayor y un verdadero sabio, créame.

Yo seguía con atención las palabras del coronel. De hecho, estaba impaciente por contactar lo antes posible con alguna persona que pudiera impartirme algún tipo de instrucción espiritual.

—Me gustaría muchísimo conocerle, y lo antes posible —repuse, evidenciando mi impaciencia.

—Vive en Almora —especificó el coronel—, una localidad en el estado de Uttar Pradesh. Es un lugar muy hermoso. Grandes yoguis han vivido y meditado en Almora.

Yo iba a hacerle alguna pregunta acerca de cómo llegar a Almora, cuando el coronel añadió:

—Isabel y yo le acompañaremos. Sentimos gran cariño y respeto por Sri.

—¿No será demasiada molestia para ustedes?

El coronel negó con la cabeza.

—En absoluto. Una vez al año por lo menos nos desplazamos a Almora para visitarle. No es sólo por lo que Sri sabe y puede decirnos; es también lo que su presencia misma transmite. —Hizo una pausa y después agregó—: En la India, Hernán, se asegura que un hombre espiritualmente evolucionado puede proporcionar darshán. ¿Sabe a qué me refiero?

—¿Dar su energía, su gracia?

—Así es, así es —dijo el coronel con satisfacción—. Sri exhala paz y benevolencia. No sé cómo explicárselo, pero es como si su energía de evolución diera un «toque» a la energía de evolución de los otros.

—¿Como una vela encendida puede prender otra vela apagada? Ya sé que no es un buen ejemplo.

—Pero muy ilustrativo —añadió él sonriente—. Esa capacidad sólo la tienen aquellos que han expandido su consciencia y han fundido su ego en la Fuente.

—¿La Fuente? —pregunté entre desorientado y escéptico.

—Es un simple término —dijo el coronel sin dudarlo un momento—. El pensamiento proyectado hacia afuera es el ego —me explicó—, pero cuando se vuelve hacia dentro, se funde en su Fuente.

El coronel se mostraba locuaz y muy interesado con nuestra conversación. Yo lo escuchaba con gran interés. Sin duda, aquel militar retirado, después de tantos años en la India, estaba muy familiarizado con la espiritualidad hindú. Así pues, lo animé a seguir hablando.

—Me interesan mucho sus puntos de vista, coronel —dije con sinceridad.

Él se sintió muy complacido por mi comentario.

—A propósito del tratado por el que usted tiene tanto interés, debo informarle que muchos santos y yoguis en la India hacen referencia al corazón espiritual, un centro de energía que está a la derecha del corazón. Es un foco de energía, aseguran, que conecta con el corazón del universo. Mi hija Mary tenía predilección por recitar el mantra experimentando su vibración en el corazón espiritual. Hasta los últimos momentos de su vida, Mary estuvo recitando el mantra.

Una de las criadas entró en el salón a preguntar al coronel qué disponía para el almuerzo. En el idioma de la mujer, mi anfitrión le dio las instrucciones oportunas. Después, la sirvienta se marchó.

—En mi adolescencia —expliqué—, yo soñaba con la India. Leí varias biografías de Gandhi y los escritos de Hesse sobre este país... También las vidas de Ramakrishna, Vivekananda y Ramana Maharshi. Si algo me atraía de manera irresistible de la India, era su corriente espiritual, su...

—Este país jamás volverá a ser lo que era —me interrumpió el coronel, casi con brusquedad—. Mire, Hernán, aquí, como en todas partes del mundo, la gente sólo anhela riquezas materiales. La codicia es tan desorbitada en Asia como en cualquier otro país de Europa o de América. Me duele confesarlo, mas la India vive de talentos pasados. El legado espiritual de la India es incomparable, de acuerdo, pero la India actual se desertiza.

Hizo una pausa. Estaba muy serio.

—Se desertiza —repitió, acentuando las palabras.

El coronel se levantó y descorrió las cortinas. Los rayos del sol penetraron generosamente por los amplios ventanales y fueron a estrellarse contra su circunspecto rostro. El día no podía ser más claro, máxime cuando la noche anterior había llovido. Se disponía a seguir hablando, cuando Isabel entró en la biblioteca.

—¿Nos vamos, Hernán? —me preguntó sin más preámbulos.

—Cuando usted quiera —dije levantándome de la silla. Nos despedimos del coronel y salimos de la casa.

—La ciudad está a poco más de un kilómetro de aquí —me informó Isabel—. ¿Le agrada pasear?

—Me gusta mucho —respondí, siguiendo su trivial conversación.

Había una ligera brisa, siempre perfumada. Isabel andaba con paso más bien rápido. Avanzábamos por un camino que serpenteaba entre la vegetación, en la ladera de una montaña, con el valle a nuestros pies. El paisaje se perdía en el horizonte. A nuestro alrededor todo eran cerros y colinas; pero en la distancia, se vislumbraban picos descomunales recortándose contra el cielo, de un azul intenso. Pasamos un riachuelo y nos sumergimos en un bosque. Cuando salimos de éste, nos encontramos con un mirador y nos detuvimos en él, silenciosos, unos minutos. Desde allí contemplé valles, gargantas, desfiladeros y, a lo lejos, montañas que superaban los cinco mil metros de altura. Algunos de sus picos se perdían entre las nubes. Un mendigo, con un bote en la mano, se nos acercó y nos pidió unas monedas; siguió insistiendo en su petición hasta que Isabel le habló en su idioma y entonces el pordiosero desistió. Reanudamos nuestro camino y nos cruzamos con varias mujeres tibetanas, vestidas con gruesas chaquetas de lana. La más anciana daba vueltas con una de sus manos al molinillo de oraciones entonando lo que me pareció era una plegaria.

Vimos muchos manzanos. Hombres y mujeres cultivaban los campos. De repente Isabel me sorprendió preguntándome:

—¿También siente usted a veces un inmenso vacío? Aunque lo había preguntado con una gran naturalidad, sus palabras me cogieron por sorpresa.

—¿Inquietud? —balbucí.

—No sólo inquietud —repuso ella—. Un inmenso vacío.

Habíamos llegado a las afueras de Simla. Se detuvo de súbito y se volvió hacia mí. Su mirada parecía ausente, pero la expresión de su rostro era seria, casi cerrada. Me sentí como si estuviera ante una severa maestra que me exigiera una contestación. Pensé que la suya no era una actitud agradable, ni siquiera educada.

—Si usted es un buscador —insistió ella—, tiene que sentir ese inmenso vacío.

¿Quería desconcertarme? ¿Se empeñaba en desafiar mi grado de seguridad o acaso en probarlo? La miré con fijeza insolente, pero no apartó la mirada. A la luz de un día tan claro, sus ojos parecían más profundos e insondables que nunca.

—Sí, tiene razón. Es mucho más que inquietud —reconocí—. Se trata de un inmenso vacío, y a menudo desolador, que casi me paraliza —confesé, superando mi pudor—. Es (no sé si dramatizo) una rara pesadumbre la que siento en mi interior.

Las nubes habían bajado y velaban casi por completo las montañas lejanas.

—Un inmenso vacío —repetí.

Ella había apartado la mirada. Escuché un rumor de pasos: unos militares pasaron por nuestro lado y nos observaron con descaro. Se hizo un gran silencio, quebrado sólo por el murmullo de las hojas agitadas por la brisa. En ese momento, Isabel me resultó irresistiblemente atractiva. No me acostumbraba a su expresión, mezcla de candidez y voluptuosidad ardiente.

—Usted no puede seguir engañándose más a sí mismo —dijo—. Sin duda, ha llegado el momento en que tiene que reaccionar o se ahogará en su inmenso vacío.

—Y usted, ¿siente o ha sentido ese vacío inmenso, tan desconsolador, tan oprimente?

—Angustias, incertidumbres, zozobras... ¿Qué persona sensible o con inquietudes no las experimenta?

—Pero mucha gente parece no tener inquietudes y...

—Yo no me lamento —me interrumpió, como si yo estuviera lamentándome a menudo—. Actúo —dijo después, con esa arrogancia que me resultaba insoportable en aquella joven—. Si algo no me gusta, me esfuerzo por modificarlo, aunque eso me cueste sacrificios y contrariedades.

—¿Hay muchas cosas que no le gustan? —pregunté, casi sin ser consciente de ello.

Me miró como si recelara de mí.

—Muchas, no; muchísimas. Quizá usted, como un necio, piensa que mi vida ha discurrido siempre por un camino de rosas. Pues le aseguro que se equivoca.

—Yo no he dicho nada semejante —protesté; pero como me pareció que no me prestaba demasiada atención, añadí—: Hago todo lo que está en mi mano para modificar aquello que no me gusta.

Era una mujer inteligente, sin duda alguna. Perspicaz e ingenua a la vez, lo cual le proporcionaba aquel encanto tan especial. Pero, traté de explicarme a mí mismo, su aire de superioridad hacía que en ocasiones la detestara.

—No me venga con cuentos; también usted sufre —le dije, en lugar de: «Usted cree saberlo todo a su joven edad», que era lo que quería decirle.

Se quedó desconcertada. Movió los ojos en varias direcciones, evitando que su mirada se encontrara con la mía.

—Todos los buscadores tenemos fiebre —proseguí casi colérico—. La fiebre de la duda, de la inquietud, de los interrogantes sin respuesta.

Usted es una buscadora. De otro modo, ahora estaría en Delhi, luciendo saris a la última moda, o viviría en Londres o quizá trabajaría como relaciones públicas en un hotel de lujo de Madrás.

Ella guardaba silencio.

—Usted me hace mucha gracia —añadí—. Aunque apenas la conozco, sé que se atrinchera tras un talante de inocencia y prepotencia a la vez.

La rabia relampagueó en sus ojos y los músculos de su rostro se crisparon. Iba a despegar los labios, pero me anticipé:

—Usted simula seguridad y hace esfuerzos increíbles para aparentar un sosiego del que carece. Desde el primer momento he sentido que está llena de turbulencias internas, al igual que yo.

Un tinte de melancolía apareció en sus ojos, pero, como si recobrara su perdida autoconsciencia, replicó casi con grosería:

—¡Qué se ha creído! ¡Usted no es nadie para hablarme de ese modo!

—¡No me venga con argucias! —me aventuré a decir—. Ha hecho referencia al inmenso vacío. ¿Sabe por qué? Porque usted y yo sentimos ese inmenso y sobrecogedor vacío. Sin duda, usted es una persona mucho más alegre y vital que yo; pero el vacío está ahí, en los dos, y en millones de seres que lo experimentan como nosotros. No quiera confundirme. Ambos anhelamos un pasadizo de claridad en la bruma. Usted a su manera y yo a la mía somos compañeros de viaje; en distintos trenes, pero compañeros de viaje.

Vaciló por un instante. Llevábamos un buen rato parados. Su sensual figura se recortaba contra el despejado cielo.

—Tiene razón, en trenes muy distintos —dijo, y se mordió el labio inferior. Luego agregó—: Mi tren es el del sentimiento, el suyo, el del pensamiento. —Se interrumpió para, tras una pausa, añadir—: Yo siento; usted piensa. Yo vivo; usted reflexiona.

Había un tono despectivo en su comentario. Reanudamos nuestro camino y nos dirigimos hacia el centro de la ciudad. Había gente asomada a las ventanas, todo tipo de viandantes, muchos sikhs con su inseparable turbante, ancianos, ociosos, puestos callejeros atendidos por indolentes vendedores, tibetanos vendiendo chales...

—Usted también piensa —dije de pronto, cuando ella parecía haber dado por finalizado aquel tema—. No es sólo la nieta modosita que prepara mermeladas para su abuelo.

Ella se echó a reír, sin poder evitarlo. Nos cruzamos con varias muchachas montañesas que, divertidas, volvían la cabeza una y otra vez para mirarnos y susurrar algunos comentarios sobre los dos... Nos detuvimos de nuevo a la sombra de unos árboles. Cerca de nosotros, unos jóvenes estudiantes consultaban sus libros y trataban de imponer sus opiniones los unos a los otros. De repente, Isabel se me encaró.

—Usted intenta superar ese vacío de cualquier forma; pero siempre lo hace pensando en sí mismo; yo, sin embargo, me esfuerzo en superarlo, pero siempre pensando en los demás.

Me sentí indignado ante su tono de hiriente soberbia. Ya me había juzgado y culpabilizado demasiado durante años para encima tener que soportar los ligeros juicios de aquella arrogante joven.

—¿Acaso se cree mejor que yo porque pertenece a esa organización no gubernamental? —pregunté entre irritado y sarcástico—. ¿Es usted una reformista? —Mi tono fue intencionadamente mordaz.

Ella apretó las mandíbulas con tal rabia que fue incapaz de disimular. En ese instante me pareció más atractiva que nunca, con el rostro casi desencajado por la furia y la mirada saturada de desprecio.

—¡Su falta de sensibilidad resulta intolerable! —exclamó casi a gritos, y en ese momento pareció mucho mayor de lo que era—. Usted y yo nada tenemos en común; y jamás lo tendremos si continúa dominado por ese ego soberbio y egoísta que sólo le permite pensar en sí mismo. Me hace perder la paciencia y las buenas maneras que definen a la anfitriona que debo ser.

Estuve tentado de disculparme, pero no lo hice.

—¿Quiere usted que la gente coma en la palma de su mano? —pregunté con estudiada insolencia.

Sentí que de buena gana me hubiera abofeteado. Sin embargo, hizo un esfuerzo casi sobrehumano y esbozó una sonrisa indefinida. Sonaron las campanadas del reloj de la iglesia. La indignación hacía más interesante la expresión de su rostro. De repente cambió y pareció abatida, como si nuestras diferencias de pareceres debilitaran su energía y su firmeza. Pero se recuperó de inmediato.

—Yo no necesito ir a parte alguna a buscar mi paz interior —replicó, hiriente.

Jugaba a hacerme daño. Sus palabras me conmovieron y sentí que el ánimo me flaqueaba. Unos policías pasaron junto a nosotros; iban cogidos de la mano, como es habitual entre los hombres en la India, algo que no ocurre entre hombres y mujeres. Un niño se deslizó por una pendiente con un patinete hecho en casa. Las nubes seguían bajando y llegaban a los valles, envolviéndolos como si quisieran ocultarlos.

—Lloverá —comentó Isabel en tono sosegado e intrascendente; luego, con picardía, añadió—: ¿Se ha enfadado conmigo?

Sus negros y profundos ojos sonrieron. Los músculos de su rostro se habían relajado.

—¿Me permite que le invite a un zumo de manzana? —inquirió, sin darme tiempo a responder su anterior pregunta.

Tuve la rara sensación, o la intuición, de que aquella mujer y yo habíamos emprendido una representación de encuentros y separaciones, de afectos y recelos. Despertaba en mí inciertas sensaciones de amor y sensualidad, pero también crispación y mal humor.

Llegamos al centro de la ciudad. Muchas casas eran de estilo colonial británico. Entramos en una especie de taberna, nos sentamos y nos miramos en silencio. Isabel pidió dos zumos de manzana con miel.

—¿Qué edad tiene usted? —me preguntó de repente.

—Treinta y nueve años —respondí; después saboreé el jugo de manzana.

Pasaron dos *sadhus* con aspecto sumamente desgreñado, uno de ellos llevaba el rostro pintarrajeado como un clown.

—Los *sadhus* llaman toda mi atención —comenté—. Es un fenómeno insólito. Creo que sólo se da en este país.

—La gente los respeta y a la vez los teme —dijo Isabel—. Algunos tienen verdaderas inquietudes espirituales; casi todos son indigentes, e incluso pueden ser maleantes.

Después de tomar el zumo, salimos de la taberna y seguimos paseando. Abandonamos la ciudad y en las afueras nos sentamos en la hierba. Olía a flores silvestres. También el aroma que exhalaba Isabel era más intenso.

—Me gusta su perfume —dije, sin intención aduladora.

—Ámbar —especificó ella—. De algún modo, el ámbar tiene un carácter sagrado, como la vida. Es balsámico. Algunas personas aseguran que previene contra las enfermedades y que tiene propiedades mágicas.

Se mostraba como una adolescente jubilosa hablando de las misteriosas cualidades del ámbar. Era dulce y refinada. Una anciana se acercó a nosotros y me ofreció un hermoso collar de flores diciéndome que se lo pusiera a Isabel. Le di algunas rupias y se alejó, agradecida.

—¡Vamos, no dude! —exclamó Isabel risueña—. No pienso morderle si me pone las flores.

Coloqué alrededor de su cuello el oloroso y fresco collar. Sonrió con delicadeza. En ese momento era la representación de la más pura inocencia y la sencillez. Me miró en silencio.

—Isabel —dije—, me gustaría preguntarle algo: ¿por qué dice que cree en el destino y, sin embargo, se esfuerza en modificar lo que a uno no le gusta?

Me miró con extrañeza.

—No veo la menor contradicción en ello —repuso con seguridad—. Cada uno tiene marcado su propio destino, lo cual no implica que no intentemos mejorarlo. —Hizo una pausa y comentó—: Estoy segura de que usted ha tenido una juventud atormentada.

Esbocé una sonrisa burlona.

—Se ha empeñado en hurgar en mi interior. ¡Eso no es muy británico que digamos!

—Soy india, Hernán, no lo olvide —repuso ella con coquetería, y una tenue sonrisa apareció en sus labios—. A pesar de eso, puede contarme sus desvelos.

—¿Quiere oír mis desventuras juveniles? —pregunté, irónico.

Nos pusimos a caminar. El aire provocaba la caída de las hojas.

—Algunas mujeres tienen necesidad de mostrarse maternales con los hombres que casi le doblan la edad —insinué.

—No es mi caso —dijo ella en tono decidido.

Nos encaminamos hacia un templo que se encontraba en las afueras de la ciudad. Estaba suspendido al lado del valle y rodeado de una innumerable cantidad de monos.

—Es el templo de la Diosa —dijo Isabel—. Mire qué hermoso paraje. ¿No siente usted como la energía divina lo inunda todo?

—¿De verdad lo cree así? —inquirí.

Su rostro, luminoso y lleno de vida, parecía casi transparente.

—Pensé que era más pragmática.

—Lo soy cuando debo serlo —repuso con frialdad—; pero también cuando es necesario sentir, siento. Y ahora siento la energía divina que impregna estos campos, el valle, las montañas, los arbustos...

—Es usted una mística —la interrumpí, un poco jocosamente.

—Tal vez lo sea —replicó ella con tono grave y cortante—. Lo cierto es que percibo la Unidad en todo lo que veo, huelo, toco, oigo y siento. ¡Y no se haga el incrédulo! Hay mucho más de cuanto vemos y, por supuesto, mucho más de cuanto pensamos. Los aborígenes me han hecho sentir que todo es bendito. ¿Le suena eso a misticismo de pacotilla quizá?

—Nada de eso —me apresuré a decir—. Si a veces experimentamos el inmenso vacío al que antes hacíamos referencia, es porque se nos escapa esa Unidad.

—Ya le he dicho que usted piensa mientras que yo siento y vivo...

¡Abusa del intelecto! —me soltó de repente. Tenía la mirada perdida en la bruma violácea que ocultaba las montañas.

—Sus afirmaciones son descaradamente audaces —repliqué—, por decirlo con cierta cortesía.

—No hace falta que se muestre cortés conmigo. No se tome esa absurda molestia. —Aunque pareció regañarme, enfadada, había una voluptuosa dulzura en su expresión—. Sea natural —dijo, casi como una orden.

Visitamos el interior del minúsculo templo donde moraba la imagen de la Diosa, y luego nos sentamos en la baranda que daba a un profundo e inmenso valle.

—¿Qué le parece Sri? —pregunté.

—Una persona maravillosa —respondió ella sin pensarlo—. Le aseguro que es un alma grande.

Un anciano *sadhu,* con el tridente de Shiva en la mano, entró en el templo. Arrastraba los pies desnudos y parecía estar casi ciego.

—Usted ha sufrido, ¿verdad? —dije a Isabel de sopetón.

—Es tarde. El abuelo nos estará esperando. Volvamos.

—Aunque intenta disimular su sufrimiento —aseveré—, no lo consigue. Tal vez engañe a otras personas, pero no a mí.

Me miró desafiante, pero la noté nerviosa. Cuando se veía obligada a contener la indignación, aparecía excepcionalmente bella y sus mejillas se sonrojaban al punto.

—Por supuesto que he sufrido —respondió, ansiosa.

En aquel momento parecía estar dominada por la melancolía. Se sobrepuso y comenzó, con gestos traviesos, a imitar a los monos. Su cuerpo era ondulante, fuerte y flexible a la vez.

—Diviértase —me dijo—. No se tome tan en serio.

Volvimos dando un rodeo, pero a paso rápido. La lluvia de la noche anterior había proporcionado gran verdor al follaje.

—Le ruego que no se lo tome como una frivolidad —dije, para prevenir su reacción—, pero me gustaría que un día me hablara de los aborígenes.

No contestó. A lo lejos divisamos el jardín de la mansión y, en el mismo, al fornido conductor haciendo ejercicios gimnásticos. El coronel salió a recibirnos.

—¿Lo ha pasado bien? —me preguntó.

—Magníficamente.

—Abuelo, hemos pasado todo el tiempo discutiendo —intervino Isabel, divertida—. Y eso que Hernán se empeña en ser cortés conmigo.

Se echó a reír con descaro ante la severa expresión del coronel, quien, al parecer, no terminaba de acostumbrarse a lo que tal vez consideraba salidas de tono de su indómita nieta.

Al anochecer, el coronel me hizo saber que en unos días partiríamos para Almora y que ya había enviado aviso de nuestra visita a Sri. Me sentí muy complacido, pues quería comenzar de verdad a trabajar espiritualmente conmigo mismo. El coronel me leyó algunos versículos de los *Upanishads*.

—Ya sabe que para Schopenhauer —comentó luego—, y según él mismo declaraba, estos textos eran el consuelo de su vida y de su muerte.

El denso cantar de las chicharras resultaba casi ensordecedor.

El coronel se había tomado con mucho interés buscar pistas sobre el tratado que me interesaba. Con ese pretexto había releído muchos textos sobre la espiritualidad del corazón, pero en ninguno de ellos encontró referencias al tratado titulado *El hombre feliz en la cueva del corazón*.

4

Los días transcurrían de modo apacible. Como las primeras lluvias habían caído ya, la naturaleza se mostraba en todo su esplendor. A menudo paseaba por los bosques de la localidad aprendiendo así a disfrutar no sólo de la naturaleza, sino también de mi propia interioridad.

Había tenido ocasión de conocer mejor a Isabel. Iba descubriendo en ella una personalidad compleja e impulsiva, muy fuerte, casi irritante a veces, aunque sabía contenerse. Era una mujer llena de inquietudes, pero tenía un sentido menos dramático que yo de la existencia y una asombrosa capacidad para pasar de una intimidante seriedad a una jovialidad casi impúdica y contagiosa. Cuanto más la observaba, más matices y rasgos reveladores descubría en ella, pero que me confundían y turbaban a la vez. Se expresaba con tal franqueza y desnudez que en ocasiones resultaba hiriente; asimismo, tenía momentos de incomparable ternura. Pasaba por los más distintos y extremados estados de ánimo. Desde luego, no era ni mucho menos una mujer común, y cada día que transcurría me daba más cuenta de ello. Pasaba parte de su tiempo leyendo, escribiendo cartas, investigando la situación de los aborígenes en distintas áreas del país y preparando informes. A menudo, incluso a pesar de ambos, nos sumergíamos en discusiones que ponían a flor de piel nuestros muy distintos pareceres. Comunicarnos a través de las palabras no era nada fácil. Isabel se lamentaba de que yo quisiera filtrarlo todo a través de una lógica excesiva; yo me quejaba de que ella quisiera reducirlo a la esfera de lo anímico. Sus cambios de carácter me desconcertaban, aquella rara facilidad que tenía para pasar en pocos minutos de la acritud a la ternura, de una exasperante actitud impositiva a otra apacible y sumisa.

Una tarde, Isabel y yo estábamos tomando el té en el porche. Me miraba con gravedad, y pensé que en sus profundos ojos parecían resumirse todas las edades del mundo. Era algo que en ella llamaba la atención: ¡cómo podía ser tan infantil y tan adulta a la vez! Cuando uno menos lo esperaba, hacía las preguntas más intempestivas.

—¿Por qué no te has casado?

—¿En algún momento he dicho que no estoy casado? —Me eché a reír.

—Por favor, contéstame. Siempre evades hablar de ti.

—Eso es porque no quiero desilusionarte —dije bromeando.

Su encogimiento de hombros fue despectivo.

—De acuerdo, contestaré a tu pregunta —añadí—. El matrimonio no entra ni ha entrado nunca en mis planes.

Me miró con escepticismo.

—No creo que lleves tu soledad tan bien como intentas aparentar. ¿O me equivoco?

—¿Te gusta imitar a Ana Freud? —pregunté a mi vez con tono irónico.

—¿Te das cuenta? En cuanto se toca algún tema que te concierne, te evades.

No contesté.

—Eres muy introvertido —me reprochó—. Te falta naturalidad cuando se habla de ti.

Sonreí, intentando no sentirme presionado por sus palabras.

—¿Lo ves? ¿Lo ves? —dijo impulsiva, como una niña traviesa que quisiera salirse con la suya—. Te refugias en el silencio, rodeándote de una coraza que te convierte en inaccesible para quienes se interesan por ti.

—No quiero meter la cabeza en la boca del león —repuse.

—¡Ah! —exclamó ella—. ¿Te refieres a mí? ¿Tan peligroso es para ti abrirte un poco y dejar que estos sentimientos, positivos o negativos, afloren a la superficie, liberándote así de ansias y frustraciones?

Nos miramos. La sentí como una mujer sumamente deseable. Ella pareció percibirlo y apartó la mirada. Noté que, a pesar de sus palabras, se sentía insegura. De súbito cogí una de sus manos y la acerqué a mis labios. No hubo reacción alguna por su parte. Seguía sin mirarme, pero presentí que su corazón se aceleraba. Con mucha lentitud fui aproximando mi rostro al suyo y apoyé mi mejilla contra su sien, tibia y palpitante. Permanecimos así unos segundos. Entonces me pregunté si había recorrido diez mil kilómetros para dejarme llevar ahora por la atracción hacia aquella joven llena de contradicciones.

—Esta mañana he bajado hasta el fondo del valle —dije con naturalidad—. Antes he pasado por el templo de Hanuman.

La expresión de sus ojos era indefinida.

—¡Me apetece comer pasteles! —soltó de pronto—. Vayamos a la ciudad. Hay allí un lugar donde los hacen exquisitos.

Se levantó del sillón de mimbre y me hizo un gesto para que la siguiera. Obedecí su sugerencia y comenzamos a caminar a buen paso. De súbito se detuvo, y me miró como si quisiera atravesarme.

—¿Por qué lo has hecho? —inquirió con seriedad.

Era la pregunta que menos me hubiera esperado en aquellos momentos, y me desconcertó. Antes de que yo fuera capaz de perfilar una respuesta, declaró:

—Di: «Porque me apetecía». Deja que tus sentimientos afloren; concédete la libertad de ser tú mismo, sin ataduras de ningún tipo.

No respondí. Entonces ella, tras aguardar unos instantes, reanudó el camino. El cielo se había encapotado. Cuando llegamos a la pastelería, sólo estaba la dependienta. Isabel me hizo probar un pastel de limón.

—Son mis preferidos —dijo, con gesto alegre. De nuevo había pasado de la madurez adulta a la ingenuidad infantil en unos instantes.

El sol había desaparecido tapado por las nubes. El olor de las mazorcas asadas llegó hasta mí. Isabel comenzó a tararear algo.

—Es una canción de los montes de Kumaon —dijo—. Me gustan mucho las canciones montañesas.

Siguió canturreando.

—Voy a llevarte a un lugar que te parecerá fantástico.

Recorrimos diferentes calles hasta salir a la arteria principal. Isabel me hizo entrar en una angosta librería. Había tantos libros allí que apenas podía uno moverse.

—Cuando los ingleses abandonaron la India —me informó—, muchos de ellos vendieron sus bibliotecas. Algunas eran extraordinarias. Y casi todas esas obras se encuentran aquí.

Con denodada avidez me puse a revisar libros y encontré verdaderas joyas. Algunas eran primeras ediciones muy raras. Había obras de muchos de los grandes orientalistas de Occidente que, a la caza de hombres santos, habían viajado a menudo por el norte de la India, visitando templos y monasterios, entrevistándose con maestros y guías de las diversas religiones.

Entusiasmada, Isabel me mostraba libros y más libros; me hacía comentarios sobre algunos de ellos y se exaltaba cuando se refería a los grandes viajeros que, intrépidamente, habían recorrido las tierras del norte de la India.

—Una de mis antepasadas —dijo— fue abadesa de un monasterio de Sikkim. Hubo gente, se dice, que la vio levitar. —Se echó a reír—. No me la imagino, con lo gruesa que era, levitando.

Tenía entre mis manos una de las primeras ediciones de Tucci sobre toda el área del Mustang.

—Uno de mis tatarabuelos —agregó Isabel—, o quizá fue uno de mis bisabuelos, no estoy segura... Bien, el caso es que cuando se dirigía hacia el lago de Manorosovar, se despeñó con su mula y murió.

—Por tus venas corre sangre de grandes exploradores —comenté medio en broma, pero sin dejar de hojear la obra de Tucci.

—Aunque la gran mayoría de la gente lo ignora —dijo ella—, quienes demostraron valor y coraje fueron los primeros jesuitas que viajaron a Oriente. No admiro en absoluto su labor evangelizadora (más bien todo lo contrario), pero sí sus incursiones en zonas apenas visitadas por occidentales. Fueron los verdaderos pioneros.

—¿Por qué detestas su labor evangelizadora? —inquirí mecánicamente.

Sentí que se estremecía, indignada. Levanté la mirada del libro y vi su expresión contrariada.

—¿Cómo eres capaz de preguntarme esa estupidez?

Sin responderle, seguí rebuscando entre los libros.

—¿Qué derecho tenían para imponer sus creencias a los aborígenes? ¿Por qué un Dios es más verdadero que otro? ¿Por qué es mejor adorar un trozo de arcilla o de madera esculpido que una roca o un árbol?

Su irritación aumentaba por momentos, e intenté calmarla.

—También los hindúes los han adoctrinado, ¿no? —añadí.

Mi comentario terminó de exasperarla.

—Nadie tenía por qué adoctrinarlos —protestó, elevando el volumen de voz y haciendo que los otros clientes se volvieran a mirarnos—. ¿Por qué los hombres se empeñan en imponer sus estúpidas creencias a los demás?

Guardó silencio un instante intentando controlarse y añadió:

—Es como los juicios que los administradores y funcionarios británicos se permitían celebrar contra los santals, por ejemplo, una apacible tribu que ellos presentaban como ladrones, e incluso asesinos.

—Siempre se deforma la realidad —dije.

—No me vengas con frases hechas —protestó ella—. ¿Es que no te interesa nadie que no seas tú mismo?

—Por supuesto que me interesa la gente; pero, por favor, cálmate. No te exaltes de esa manera.

Isabel esbozó una sonrisa cargada de desesperación y tristeza.

Un matrimonio de indios nos miraba con asombro mientras cuchicheaban entre ellos. El dependiente estaba azorado.

—Tiene usted unos libros estupendos —le dije—. Son verdaderas joyas.

El vendedor se sintió complacido y empezó a enseñarme mapas antiguos.

—Por favor —interrumpí sus explicaciones—, ¿ha oído algo sobre un tratado titulado *El hombre feliz en la cueva del corazón?*

Dudó unos instantes. Murmuró entre dientes el título del libro intentando recordar algo.

—No, lo siento —respondió—. Nunca hemos tenido esa obra.

—¿Está seguro?

—Lo recordaría. No la hemos tenido.

Salimos a la calle. Había comenzado a lloviznar. De repente, un hombre muy obeso y mal trajeado me abordó. Era un quiromante y estaba empeñado en ver la palma de mi mano.

—Sólo son cien rupias, señor; sólo cien rupias.

—No, gracias, no —repuse.

Pero el hombre insistía, andando a mi lado.

—No creo en estas cosas —dije, dirigiéndome a Isabel.

Avivamos el paso, pero el hombre nos seguía sin cesar de ofrecernos sus servicios.

—Sólo son cincuenta rupias, señor. Le leeré las dos manos. Cincuenta rupias.

Supuse que la única forma de desembarazarnos del hombre sería dejarle que me leyera la palma de la mano, y así se lo dije a Isabel.

—Veinticinco rupias —medió la joven.

—Veinticinco rupias —aceptó el hombre.

—Lo hubiera hecho lo mismo por cinco —me dijo ella, muy divertida con la situación—. Ahora me enteraré de si verdaderamente no sirves para hombre casado. —Y se echó a reír.

El quiromante cogió una de mis manos entre las suyas.

—Morirá a los ochenta años de edad, de un infarto. Ha nacido innumerables veces en la India. Le espera mucho sufrimiento, pero conseguirá lo que desea.

Con minuciosidad rastreó las líneas de mi mano. Veinticinco rupias eran veinticinco rupias.

—Su vida correrá varios peligros. Una mujer le robará el corazón. En una existencia anterior usted hizo matar a muchos hindúes y ahora tendrá que compensar aquella grave falta. Hay muchas personas dentro de usted, y no será feliz hasta que una de ellas venza.

Hizo una pausa muy breve para añadir después:

—No se tome mis palabras a la ligera. Créame. Su vida corre peligro.

Luego se empeñó en leer las manos de Isabel, pero ésta se lo quitó de encima con gran habilidad.

—Una mujer te robará el corazón, ¿eh? —dijo entre risas Isabel—. Bueno, corramos, empieza a diluviar.

El día anterior a nuestra partida hacia Almora, los criados prepararon con suma atención las cestas de comida que llevaríamos para el viaje. Durante horas, el chófer revisó minuciosamente el viejo jeep del coronel que iba a trasladarnos.

—Sir —me dijo cuando pasé por su lado—, si alguna vez necesita que le arregle el reloj porque se ha parado, lo haré con gran placer.

Su proposición me pareció curiosa y divertida. Pero antes de que pudiera darle las gracias, añadió:

—Si se le estropea la máquina de afeitar, también puedo arreglársela.

Mientras hablaba, seguía revisando el motor.

—Muy bien, muy bien —dije.

—¿Tiene usted hornillo? —me preguntó inesperadamente.

—¿Hornillo? —inquirí, extrañado.

—Un hornillo donde preparar el té, el café...

—¡Ah, entiendo! No, no tengo hornillo.

—También hubiera podido arreglárselo —dijo como si lamentara que no tuviera un hornillo, y como si no disponer de uno fuera algo inexplicable.

—Gracias de todos modos —repuse, y le dejé enfrascado en la revisión del motor del jeep.

Después de la cena me reuní con el coronel en el salón biblioteca. El anciano tenía entre las manos el *Rij Veda.*

—Sin duda, sabe que, según dicen, éste es el libro más antiguo del mundo.

—¿Y lo es? —pregunté.

—Sí..., seguramente.

Nos habían preparado una sabrosa infusión de diferentes hierbas.

—Mi abuela ya tomaba la misma infusión —dijo el coronel—. Es muy digestiva y además, aunque no lo crea, ayuda a dormir.

Me tendió el libro y comencé a hojearlo.

—Mañana nos levantaremos temprano —añadió el anciano—. Ojalá las lluvias no hayan cortado la carretera. Los desprendimientos son frecuentes durante la estación de los monzones.

Leí diversos párrafos un poco de pasada. El coronel dijo:

—Los vedas fueron escritos por los grandes *rishis,* los sabios más antiguos de la India. En este país siempre, con mayor o menor fortuna, eso desde luego, ha fluido una espiritualidad viviente. Siempre ha persistido y se ha perpetuado el espíritu de la búsqueda.

—Siempre he pensado, coronel, y no sé si usted estará de acuerdo conmigo, que si buscamos es porque necesariamente algo debe de haber.

—¡No lo dude, amigo! —exclamó el anciano—. Al buscar, antes que nada nos buscamos a nosotros mismos; pero además, según los hindúes, si buscamos, es porque ya hemos encontrado antes.

—Los hindúes siempre tienen sutiles salidas —dije en tono jocoso—. Se manejan muy bien con las paradojas.

—Así es —afirmó convencido el coronel—. Son metafísicos por naturaleza. Y sin embargo, todos sus métodos son extraordinariamente prácticos.

Dejé el libro sobre la mesa y luego tomé un sorbo de la infusión.

—Federico decía que, de tanto buscar, corremos el riesgo de no encontrar.

—O de incluso no saber qué estamos buscando —repuso con buen humor el coronel—. Los hindúes son ambiguos, pero intencionadamente ambiguos, para así abrir vías de reflexión, ¿me entiende?

—Creo que sí —afirmé—. De hecho, resultan sorprendentes, aunque también muy significativas, sus declaraciones de que somos un sueño (o un pensamiento) en la mente de Dios o nos estamos soñando a nosotros mismos o somos la Mente Única que sueña nuestras propias existencias o somos un juguete en manos del Divino.

El coronel esbozó una sonrisa que tenía algo de traviesa.

—Yo siempre he estado mucho más cerca del budismo que del hinduismo —aseveró el coronel—. Pero fíjese, Hernán, en algo que no deja de ser muy significativo en el hinduismo: hay seis sistemas espirituales, y cada uno de ellos afirma algo diferente. Uno, por ejemplo, declara que todo es Dios; otro, que no hay Dios; otro, que todo son átomos y no hay ningún principio fijo superior...

—¿Adónde quieren llegar?

—A ninguna parte —declaró el coronel—. Porque es el buscador quien tiene que llegar a algo.

—Comprendo.

—Cuando uno pregunta cuál de los seis sistemas tiene razón o nos dice la verdad, responden que todos. Son seis puntos o enfoques diferentes. Complementarios incluso, pero muy diferentes.

En ese momento, Isabel entró en el salón y se sentó con nosotros. Por primera vez desde que yo la conocía se había puesto sari. Llevaba el cabello recogido en un moño y sus ojos parecían más grandes. Como único adorno se había pintado un punto rojo en el entrecejo. Estaba muy hermosa.

—Continuad hablando —dijo—. No quiero interrumpiros.

—Los hindúes —prosiguió el coronel—, con sus metafísicos juegos de palabras, llegan a afirmar que Dios se está buscando a Sí mismo a través de nosotros.

—Es una hermosa metáfora —intervino Isabel.

Yo había descubierto que la joven, aunque muy pragmática, tenía profundos sentimientos místicos. Pero al ser una mujer muy independiente, sus convicciones místicas no se ajustaban a ningún modelo conocido.

—Toda metafísica es inútil si no va refrendada con la práctica —dijo con buen juicio el coronel.

Cogí un trocito de azúcar cristalizado, me lo llevé a la boca y lo saboreé con deleite.

—Toda filosofía sin método, sin praxis —agregó el coronel—, es un desierto; aunque a todos nos gusta filosofar.

Asentí con la cabeza. Isabel me ofreció una pasta de pasas. De repente el coronel se levantó de su silla.

—Bien, ha llegado el momento de irse a la cama. —Cuando ya estaba saliendo por la puerta, se volvió hacia nosotros—. Nos veremos a las siete en punto. ¿Me has oído, Isabel? A las siete en punto.

Isabel hizo un mohín indefinido. Cuando el coronel se hubo marchado, el silencio nos rodeó. Al cabo de un momento, Isabel me miró.

—Ahora que no llueve, salgamos al jardín.

La seguí en silencio. Caminaba detrás de ella cuando preguntó:

—Hernán, ¿crees que la vida tiene un sentido?

—El día que decidí venir a este país, lo hice porque lo único que yo percibía de un modo abrumador y aplastante era el sinsentido de la vida.

Salimos al jardín. No hacía frío. De repente me di cuenta de que la presencia de Isabel me inquietaba. Su atractivo era irresistible. Desde detrás de las nubes, la luna clareaba el firmamento.

—Hay cuestiones que la lógica no puede investigar —dijo Isabel—. La vida misma no parece lógica.

Eso también formaba parte del carácter de la joven: unas veces era fríamente lógica y otras tan sólo emocional e intuitiva.

Caminábamos sobre la hierba húmeda. Observé a Isabel de soslayo. Mi mirada recorrió su perfecto y voluptuoso talle, sus gruesos y sensuales labios.

—Estaremos algún tiempo sin vernos —comenté cuando nos detuvimos bajo un gran magnolio, en uno de los rincones del jardín.

Nos hallábamos frente a frente. La noche era oscura y la luz de las farolas apenas alumbraba aquella zona. Aunque nos encontrábamos muy cerca, no podíamos vernos los ojos. Permanecíamos en silencio. Isabel no olía como era habitual en ella, a ámbar, sino a lavanda. Con movimientos casi imperceptibles me fui acercando. Mi nariz y la suya casi se tocaban y un milímetro separaba nuestros cuerpos.

—Hay que madrugar —dije en ese momento, como un estúpido.

Ella nada repuso. Yo no veía la expresión de su rostro. La tenía tan cerca que su aliento rozaba mi barbilla.

—Me da la sensación de que el coronel es muy puntual —susurré.

—Muy puntual —repitió ella.

—No debemos hacerle esperar.

—No debemos hacerle esperar —sonó su eco.

Aproximé más mi rostro al suyo y su pecho se apretó contra el mío. Sentí cómo latía su corazón. Así permanecimos unos instantes hasta que me retiré ligeramente.

—Hay que madrugar —dije de nuevo.

Sin pronunciar una palabra, Isabel me rodeó el cuello con los brazos y pegó sus labios a los míos, con suavidad y ansiedad a un tiempo. Nos besamos con pasión. Rodeé con fuerza su cintura con mis brazos y la atraje hacia mí tanto como pude. Por primera vez en mucho tiempo, en mi mente no había ni un solo pensamiento. Únicamente pasión.

Nos abrazamos y besamos durante unos minutos. Luego, Isabel se apartó.

—Tenga o no un sentido, la existencia necesita ser vivida. Los hindúes decimos —se incluyó entre ellos— que lo importante es la acción correcta. Es el dharma. La acción correcta y carente de egoísmo. Cada uno puede dar a la vida su propio sentido.

Me extrañó escuchar esas palabras de sus labios.

Entramos en la casa, subimos juntos por las escaleras en silencio y cada uno se retiró a su habitación. Me dormí sin que en mi mente dejara de repetirse un versículo de Buda: «Pocos seres humanos cruzan a la otra orilla. La mayoría se limita a subir y bajar por la misma orilla».

Con militar puntualidad, el coronel y yo estábamos desayunando a las siete de la mañana, mientras el chófer se empeñaba en sacar brillo a la vieja carrocería del jeep. Era un día muy luminoso, lo cual indicaba que no llovería y no tendríamos problemas en el viaje.

—Con el monzón uno no puede fiarse —dijo el coronel, como si hubiese leído mi mente—. Ahora hace un día claro, pero en unos minutos se cubre el cielo y comienza a diluviar.

Isabel se hacía esperar. Acabamos el desayuno y salí al jardín. Los criados terminaban los últimos preparativos. Me acerqué al mirador y fui contemplando uno por uno los picos himalayos. No había ni una sola nube. El coronel se me acercó.

—Por fortuna, nunca me acostumbraré a tanta hermosura —murmuró.

—Todo ser humano debería contemplar estas montañas —dije—. Ayer hablábamos del sentido de la vida. Cuando uno mira esos picos, todo se llena de sentido.

Aproveché esos momentos para preguntar al coronel por Sri, el sabio de Almora.

—Durante muchos años fue médico del ejército —me explicó—. Estaba casado y tenía hijos. Cuando éstos se hicieron adultos y ya no lo necesitaron, decidió abandonar la vida mundana. Renunció a su puesto en la milicia y dejó hogar y posición social para dedicarse por entero a la vida espiritual y prepararse para la última etapa de su existencia.

Me miró para comprobar que seguía sus palabras.

—Como usted seguramente sabe, Hernán, el hinduismo divide la vida de un ser humano en cuatro etapas: la primera es la adolescencia y la juventud, dedicada al estudio y la preparación para la vida de hogar; la segunda, la vida de hogar y trabajo; la tercera, la preparación para la renuncia definitiva, y por último, la renuncia propiamente dicha. Ni que decir tiene que la mayoría de las personas se queda en la segunda etapa. Pero Sri sí llevó a cabo la etapa de renuncia o *sannyas*. Después de abandonar la vida de hogar, peregrinó por toda la India, conoció a muchos maestros y se sometió a ejercicios espirituales. Finalmente observó un prolongado retiro de dos años con el maestro que él consideraba idóneo para su evolución.

—Es un hombre mayor, ¿no?

El coronel asintió con la cabeza.

—Tiene más de ochenta años. Pero le sorprenderá la lucidez y el considerable grado de evolución de ese hombre, se lo aseguro.

En ese momento llegó Isabel y nos saludó con entusiasmo.

—Saldremos con retraso —dijo el coronel, dirigiéndose hacia el jeep.

—¿Qué prisa tenemos, abuelo? —replicó Isabel—. Aunque he de reconocer que también yo estoy deseando visitar de nuevo a Sri. Hay infinidad de cosas que me gustan de él, pero una en especial: jamás intenta imponerte creencia alguna, y las respeta todas. Es más, asegura que las creencias son velos que nos impiden captar los fenómenos como son.

El coronel se sentó junto al conductor e Isabel y yo nos acomodamos detrás. Todos de buen humor emprendimos el viaje. El sikh conducía muy erguido, casi como si estuviera rindiendo servicio militar. Atravesamos bosques, valles y desfiladeros. A veces debíamos detenernos porque estaban asfaltando la carretera. Las mujeres llevaban a cabo el penoso trabajo con el cuerpo cubierto de brea.

—Muchas de ellas son adivasis —me explicó Isabel—. Dejan sus aldeas y se dedican a trabajos muy duros. Ganan una verdadera miseria.

Los hijos pequeños de las mujeres estaban sentados al borde de la carretera. Niñas de corta edad cargaban rocas o espuertas llenas de asfalto o de piedras.

—Viven por debajo del nivel de la miseria —dijo Isabel. En sus palabras no había tristeza, sino rabia contenida—. Ya me dirás qué pueden comer con lo que ganan. Apenas un puñado de arroz, lentejas, chapatis...

A medio camino empezó a lloviznar y luego se puso a llover copiosamente. Resultaba difícil ver a través del parabrisas. Pero el chófer estaba muy tranquilo, conocía muy bien las rutas montañesas. El coronel estaba traspuesto y yo me dediqué a mirar a Isabel en silencio durante el viaje a través de las montañas. Dejamos el estado de Himachal Pradesh y después de pasar un puesto donde tuvimos que pagar las tasas, penetramos en el de Uttar Pradesh.

Seguimos viajando a través de valles, colinas, montañas, gargantas y bosques, a menudo por carreteras pésimamente asfaltadas y, por supuesto, sin ningún tipo de señalización. Pero el conductor era muy hábil y disfrutaba con su ocupación. El viaje fue largo y agotador. La vegetación se había hecho menos densa. Llegamos a las afueras de Almora y nos alojamos en una modesta casa que un oficial indio, amigo del coronel, acostumbraba prestarle. Sólo cenamos una sopa de tomate y algunas piezas de fruta; el cansancio nos había quitado el apetito.

—Mañana visitaremos a Sri —dijo el coronel con un tono de voz que reflejaba su agotamiento—. Voy a dormir como un niño —añadió bostezando—. Ni siquiera echaré de menos mi cama.

Me encontraba dolorido y tenía un tirón en el cuello. Isabel me dio un masaje tan fuerte que casi me resultó doloroso.

—Has llevado una vida demasiado cómoda —comentó, riéndose luego de mis aspavientos.

—Tienes unos dedos muy firmes —repuse—. Eres una mujer muy fuerte —añadí con cierto tono de ironía.

—Ahora estás en mis manos. Ten cuidado con tus palabras —dijo divertida—. Este masaje es ayurvédico, aunque con algunas aportaciones personales. Es una pena que no tengamos crema con clavo y menta, porque así resultaría mucho más eficaz.

—¿Cuántos días os quedaréis?

—Un par, supongo —dijo Isabel con parquedad.

—¿Y yo deberé permanecer algún tiempo con Sri? —pregunté, confundido.

—Él te lo hará saber.

Se hizo el silencio entre los dos. La noche había entrado de lleno. Se sentía la humedad propia de las noches monzónicas.

—¿Te quedarás en Simla? —inquirí.

—Viajaré a Delhi para asistir a una reunión de trabajo —respondió Isabel—. Luego volveré a Simla. Aprovechando la estación de las lluvias prepararé un detallado informe sobre las condiciones de vida y las costumbres de diferentes tribus en el estado de Orissa. Llevo a cabo una investigación acerca de una de las tribus más antiguas: los bondas. Se niegan a incorporarse a la tradición hindú. Y hacen bien. Los aborígenes deben defender su modo de vida, sus costumbres y creencias. No tenemos ningún derecho a uniformarlos.

Estuvimos hablando durante casi una hora. Nuestra conversación derivó finalmente a mi búsqueda en la India. Ella, con sagacidad, la había decantado hacia ese tema.

—Sé que suena a ambiguo, indefinido e incluso casi infantil asegurar que busco la paz interior —argumenté—, pero es que realmente no hallo otra forma más clara de decirlo. Siempre me ha quemado la insatisfacción.

Hice una pausa intencionadamente larga, clavando mi mirada en sus ojos.

—Como a ti —afirmé de repente.

—¿Qué sabes tú? —replicó ella, desabrida.

—Lo mismo que tú: que la vida adquiere tintes de una insoportable insatisfacción, y que ni a ti ni a mí nos sirve ni ilusiona lo que a la mayoría de las personas.

La atraje hacia mí y la besé en el cuello. Bruscamente se retiró.

—Los dos hacemos un viaje —dijo—. Pero es probable que vayamos por vías distintas y éstas nunca logren encontrarse.

—¿Te defiendes de mí? Tienes miedo de tus sentimientos, tú que tanto me censuras el que yo no sea capaz de sentir.

Se acercó a mí y me besó frenética, casi con rabia, en los labios.

—Ahora quiero dormir —declaró.

—Si está en el destino, las vías terminarán uniéndose, aunque sean paralelas.

—Confío en la misericordia de Dios para que no sea así —dijo en tono jocoso.

—Te gusta hacer frases. En algunos sentidos eres más criatura pensante que yo. No sé qué necesitas demostrarme. Te tienes por espontánea, pero te pones toda clase de frenos.

Me miró casi con desprecio y se retiró a su cuarto. Estuve tentado de llamar a su puerta, pero no lo hice, aunque el deseo de sus abrazos me devoraba.

Sri vivía a varios kilómetros de Almora, en un lugar conocido como Kasar Devi. Tenía su casa en la cima de una colina, en un paraje solitario en la inmensidad himalaya. El sikh nos acercó con el jeep tanto como fue posible a la ermita de Sri. Luego emprendimos el resto del camino a pie. El cielo estaba despejado y el aire era muy puro. El coronel andaba a buen ritmo. Por fin llegamos a una minúscula casa de piedra, con un ventanuco y una puerta de madera. Ésta se encontraba cerrada y el coronel llamó con los nudillos. El mismo Sri abrió la puerta de la ermita. El coronel e Isabel le saludaron efusivamente pero con respeto. Sri esbozó una cariñosa y paternal sonrisa, aunque no dijo una sola palabra. Puso una de sus manos sobre la cabeza de Isabel y, durante unos instantes, la miró sin parpadear, como si quisiera leer en las intimidades de su alma.

Sri vestía una túnica anaranjada. A pesar de la avanzada edad, sus ojos conservaban el brillo de una persona joven y sus movimientos eran tranquilos y elegantes.

—Éste es el buen amigo de quien le he hablado en mi carta —dijo el coronel, refiriéndose a mí.

Sri me saludó primero al estilo indio, juntando sus manos de abultadas venas a la altura del pecho, y luego cogió mis manos entre las suyas y las mantuvo así durante un tiempo, mientras clavaba la mirada de sus sabios y profundos ojos en los míos. Sentí como si mi mente se detuviera de súbito y todos mis recuerdos, proyectos e incertidumbres se parasen.

El eremita hizo un gesto con la mano para que entráramos en la pieza. En los muros de la misma había algunos grabados hindúes y pinturas con diagramas espirituales cargados de simbolismo iniciático. Todo era de una llamativa sencillez. Un estrecho jergón, dos pequeñas alfombras tibetanas en el suelo, un hornillo, una tinaja de barro, unas sandalias y poco más. Nadie hubiera deducido al ver aquello que ese hombre había sido un importante oficial médico del ejército.

—Nos sentimos muy felices de estar aquí —dijo Isabel en voz muy baja, como si no quisiera perturbar la atmósfera de paz y silencio que reinaba en el interior de la ermita.

Sri preparó, sin prisa y con meticulosidad, una limonada, que nos ofreció en tazas de loza. Degustamos en silencio la refrescante bebida. No era un silencio que resultara pesado, sino todo lo contrario, reconfortaba. Todavía el eremita no había pronunciado ni una sola palabra, pero todo era natural e íntimo. Una atmósfera de paz nos impregnaba. De repente sus labios se entreabrieron.

—¿Qué tal está su salud? —preguntó al coronel.

—Magnífica; desde luego, no puedo quejarme. A veces la artritis casi me paraliza, pero el corazón bombea a las mil maravillas.

Sri y el coronel se echaron a reír. Por un rato hablaron de aspectos cotidianos, pero de pronto, y de modo inesperado, Sri se volvió hacia mí.

—La energía fluye sin cesar —me dijo—, como un océano sin orillas configurando infinitas olas, que son seres que sienten. Esta energía nos anima y es una. Nos toma y nos deja, aunque en realidad somos ella y sólo en apariencia puede tomarnos y dejarnos. Debemos permitir que esa energía fluya libremente por nosotros y, más aún, aprender a reorientarla y no fragmentarla. Utiliza nuestros dos instrumentos vitales: el cuerpo y la mente. Quien sabe apoyarse en esa energía se expande en lugar de contraerse; y en vez de enquistarse, vive cada momento con intensidad.

Hizo una pausa y luego agregó, sin dejar de dirigirse a mí:

—Ábrase. —Fue como una orden, como si le brotara su capacidad de mando militar—. Ábrase. Despliéguese, querido amigo. No se contraiga, no se enquiste, no se extravíe en una enrarecida atmósfera interna de temor.

Me sentí inseguro y nervioso, sin saber qué replicar; también, quizá, herido en mi orgullo. Esa sensación era más intensa porque Isabel estaba presente. Sri siguió hablando con lentitud; era como si no quisiera que yo perdiera ni una sola de sus instrucciones.

—Evite poner diques a la energía primordial que nos anima. Nosotros la llamamos Shakti, y ella es todo lo existente. Hace y deshace. Construye y destruye para luego construir de nuevo. Aprenda a fluir con ella. La Shakti conforma todos los fenómenos. Pues bien, ábrase a la vida en sus infinitas configuraciones espontáneas. Relaciónese con usted mismo desde el silencio que captamos entre los pensamientos y desde ahí fluya hacia el exterior, con la misma espontaneidad con que la luna se refleja por las noches en las apacibles aguas de un lago. Trate de percibir el intervalo de paz y silencio entre los pensamientos y apóyese en ese vacío sin mácula para abrirse a la totalidad que lo inunda todo, incluido usted mismo.

Bebió un poco de la limonada que había preparado y me miró, por si yo quería hacer algún comentario, de un modo que me resultó tan cortés y afectuoso que disipó mi sentimiento de orgullo herido.

—Todos somos reflejos de la Shakti, fotogramas innumerables proyectándose en una única pantalla. Tenemos que aprender a canalizar, orientar y ennoblecer la energía, a no utilizarla perversamente ni crear conflictos inútiles con ella. Sienta esa energía, establézcase con firmeza en ella y utilícela como punto de apoyo para vivir, expandirse y comunicarse con todas las criaturas. No se ponga tantas murallas. Así también su semilla de iluminación irá creciendo y madurando.

—Sri, ¿está esa energía en todos? —intervino Isabel.

—Por supuesto que sí, querida, ¿podría ser de otro modo? —respondió Sri con ternura—. Está en todas las criaturas, como el olor en las flores, como en la naturaleza del fuego está el arder, como una estación sigue a otra o como las cigarras emiten su canto. Esa energía es la que hace posibles el pensamiento, la respiración y la palabra, pero no puede ser pensada ni hay palabra capaz de expresarla. Vivimos de espaldas a ella, cercenándola, tan ignorantes de su existencia como la perla lo está de la concha que la cobija, cuando sabemos que la perla no sería posible sin la ostra.

Preparó otra limonada. Reinaba una gran quietud en la pequeña estancia. Yo trataba de captar la esencia de la enseñanza que Sri se veía obligado a trasladarnos en palabras sencillas.

—Cuidado con las palabras, suelen traicionarnos —nos avisó, como si hubiera leído mis pensamientos—. Tenemos que percibir el signo más allá del signo.

»Quiero que entiendan algo importante. La Shakti, la energía primordial, es como una bailarina que impone un ritmo muy especial donde las dualidades, los opuestos, terminan siempre por armonizarse y complementarse. Lo más esencial para la vida es conectar con el ritmo de esa energía y aprender a fluir con el mismo. Quien se establece en ese ritmo puede experimentarlo todo desde el equilibrio, comprende que todos los fenómenos se complementan y va más allá de la vida y de la muerte.

»Para experimentarla y verla en todas partes fuera de nosotros hay que sentirla antes dentro de uno. Al verla dentro, la vemos fuera; al contemplarla fuera, la contemplamos dentro. Entonces deja de haber dentro y fuera y caen todas las barreras.

Guardó silencio. Nos observó uno a uno. A lo lejos se oyó el sonido envolvente y sutil que emiten las caracolas con que los lamas tibetanos llaman al culto.

—Cuando en meditación nos detenemos —prosiguió Sri—, nos remansamos, volvemos la mente hacia el interior, hacia su fuente, y viajamos más allá del ego, comenzamos a conectar con esa vibración sutil y a danzar a su ritmo. Si siempre estuviésemos instalados en esa pulsación, toda la vida sería una danza, como lo es para Shakti, la Diosa. En lugar de extraviarnos, confundirnos y atormentarnos con las apariencias, estaríamos siempre en la energía que configura esas apariencias. Es decir, y para que me entiendan, estaríamos en la primera causa y no en la segunda. Se pondría término a la esclavitud.

Sri cerró los ojos. Se hizo un silencio total que absorbía la mente. Cuando Isabel y el coronel también cerraron los ojos, yo los imité. No sé con exactitud cuánto tiempo transcurrió; pero, de súbito, las palabras brotaron de nuevo de los labios del sabio.

—La naturaleza está en constante renovación, pero la memoria nos mantiene anclados; es nuestro cementerio particular. No tiene objeto seguir hurgando en el pasado, como el buitre escarba en la carroña. Lo que hicimos fue acorde con nuestro nivel de comprensión en ese momento. ¿De qué sirven las lamentaciones y los sentimientos de culpa?

¿Hablaba de mí? De repente, las lágrimas afloraron a mis ojos y comenzaron a deslizarse por mis mejillas, pero no me sentí avergonzado por ello.

De nuevo Sri guardó silencio. Era un silencio conmovedor, profundo, casi abismal. En ese instante me sentí tan insignificante, tan débil, tan desvalido que acerqué mi mano a la de Isabel y la puse sobre la suya.

—Hay que conocer al conocedor —musitó Sri.

Un olor a sándalo emanaba del cuerpo del sabio. De repente puso su mano, anciana pero poderosa, sobre mi hombro.

—¿Quiere saber por qué tomé el sobrenombre de Sri? —me preguntó.

Asentí con la cabeza.

—Sri es lo más secreto de lo más secreto y a la vez lo más revelador. Es la luz que palpita en lo más íntimo del corazón. Es el corazón del corazón; el núcleo del núcleo, la simiente de la simiente. Es el secreto de la Diosa que ella oculta en su propio corazón y que hay que arrebatarle espiritualmente. Es la energía de espontánea belleza, el aroma de lo Eterno.

—¡Qué hermoso! —exclamó Isabel.

—El secreto está en el corazón de toda mujer —prosiguió Sri—. Por eso la mujer es más sensible e inquieta en el terreno espiritual y, a la vez, por paradójico que parezca, más sabia en los asuntos cotidianos.

Al hacer referencia al corazón, aproveché la ocasión para preguntar a Sri sobre el tratado *El hombre feliz en la cueva del corazón.*

—He oído, claro que sí, referencias a ese tratado, pero ni siquiera sé si existe —respondió—. Tal vez sólo sea un grupo de enseñanzas muy antiguas que nunca se pusieron por escrito. El hombre feliz que yace en el corazón es lo que se conoce por «persona» interna. Algunos maestros hablan de la persona azul, que incluso puede verse durante el éxtasis del yoga y que se presenta en los ojos internos y danza ante nosotros con todo su radiante esplendor. El ser humano se convierte sólo en real cuando se establece en su auténtica e intemporal naturaleza y entonces el hombre es feliz, porque ninguna otra cosa puede reportar ese tipo de felicidad sin tacha.

—Pero ¿se puede ser feliz? —pregunté, incrédulo.

—De lo que se trata es de entrar en contacto con lo que hemos sido y somos, pero que hemos perdido de vista. Lo que fuimos hace diez o veinte mil años y lo que seremos después de miles de años, tras la muerte del cuerpo y de la mente. Casi todos los seres viven obsesionados por metas, sin darse cuenta de que la única meta que merece la pena alcanzar es descubrir lo que siempre fuimos, somos y no dejaremos de ser. Por esta razón, la conquista de objetivos, por muchos que sumemos, no satisface a aquel que tiene la intuición, aunque sea solapada o tibia, de su Origen.

»Pero la mayoría de los seres humanos son como máquinas, títeres compulsivos sin verdadera consciencia, exiliados de su propio ser, náufragos espirituales.

Por primera vez en todo el tiempo que llevábamos con él, una sombra de melancolía apareció en los profundos ojos del sabio. Pero siguió hablando:

—En la fuente del pensamiento hay un espacio de máxima quietud. Cuando uno conecta con ese espacio, está preparado para llevar a cabo la acción diestra, consciente y desinteresada. Pero cuando se está desterrado de ese espacio, uno se convierte en víctima de sus pulsiones primarias y ciegas, ávidas, espantosamente ávidas, y destructivas.

El coronel, que estaba sumamente atento para no perderse ni una palabra del sabio, intervino.

—¿Por qué nos hemos disociado de la unidad cósmica?

Sri movió varias veces la cabeza denotando una honda preocupación.

—Hemos perdido nuestro espacio de equilibrio y armonía. Hemos cerrado, una por una, las ventanas a la energía que todo lo anima. El pensamiento, cada vez más sofisticado y falaz, ha ido apartándonos de la vibración cósmica, de la energía del ser. Nuestros instrumentos vitales se han vuelto torpes, lerdos, casi insensibles. El pensamiento ha usurpado el papel del sentimiento. Nos hemos traicionado a nosotros mismos.

Hizo una pausa. Su mirada estaba fija en los ojos del coronel, que miraba muy atentamente al ermitaño mientras yo paseaba mi vista por aquellas tres personas cuya existencia jamás hubiera sospechado unas semanas antes. Hacía calor y gotas de sudor cubrían la frente de los cuatro. A pesar de su avanzada edad, Sri mantenía una postura impecable, siempre erguido.

—Hemos convertido la mansión de la felicidad —prosiguió el anciano maestro— en el erial de la incertidumbre y el odio. Somos como peregrinos perdidos por la Vía Láctea. ¿Adónde vamos? La mayoría de las personas, en su ceguera o estupor, ni siquiera se lo preguntan.

Hubo un silencio. Ninguno de nosotros se aventuró a responder. Después, el coronel habló a Sri de mí y de mis inquietudes y le preguntó si querría ser mi mentor espiritual o que, de no ser así, me recomendara uno.

—Intuyo que este amigo no es a mí a quien necesita —aseguró Sri sin vacilar—. Yo sólo podría acompañarle durante un tramo de su larga búsqueda, pero eso resultaría insuficiente para él.

Enarcó una de sus canosas cejas y me miró. Sus palabras me hicieron desfallecer y me encogieron el corazón. ¿Estaría yo capacitado para proseguir aquella larguísima búsqueda?

—Ahora no se me ocurre quién podría ayudarle —dijo—, pero trataré de averiguarlo si permanece unos días conmigo. Tengan por cierto, queridos amigos, que no quiero parecerles descortés, y que por eso voy a explicarles por qué no puedo asumir el papel de mentor.

Entonces, se dirigió a mí.

—No cabe duda de que usted ha sentido (porque de no ser así, no estaría aquí) la añoranza y el anhelo de completarse. Pero ha vivido muchos años instalado en una psicología muy estructurada, apuntalada por moldes y códigos muy poderosos.

—Seguramente así es —convine.

—Creo que usted no necesita un maestro que sólo le proporcione palabras o silencios —dijo con asombrosa certidumbre.

Yo lo observaba con atención. Me enjugué el sudor de la frente y tomé el resto de limonada que quedaba en mi taza.

—Usted es un hombre culto —prosiguió Sri—, preparado; ha leído, ha investigado, está buscando... Pero intuyo que ha llegado a tal punto de saturación que no necesita pequeños cambios, sino un cambio total. Precisa que alguien le dé la vuelta del revés, como si de un calcetín se tratara.

Se echó a reír abiertamente. También lo hicieron el coronel e Isabel al contemplar la expresión circunspecta de mi rostro.

—Yo no soy la persona adecuada para usted —reconoció—. Soy demasiado apacible y bondadoso..., y demasiado viejo. —Volvió a reír—. Usted necesita un hermano espiritual que no le haga concesiones y lo zarandee cuando lo necesite. Pero ahora no se me ocurre a quién recurrir, ni tampoco le conozco a usted lo suficiente como para emitir un juicio. Le propongo que se quede unas semanas conmigo. Trabajaremos juntos, así podré conocerle y tal vez, sólo tal vez, le recomiende alguna persona que lo ayude en la senda hacia su paz interior.

—Nada deseo más —dije con sinceridad.

—Por fortuna —añadió—, he conocido a muchos maestros a lo largo de mis peregrinaciones por toda la India. Algún mentor se me ocurrirá, al menos eso espero; aunque un día descubrirá que lo único que necesita es confiar en su maestro interior, la energía primordial que se manifiesta en usted con el sentimiento desnudo de «soy», pero que se encuentra más allá de ese sentimiento aún individualista y egocéntrico.

No sé si era porque estaba muy atento o por el calor que hacía, pero tenía la cabeza a punto de estallar. Entonces decidí que pasaría un tiempo con Sri.

Una vez nos hubimos despedido, Isabel me propuso dar un paseo por Almora. El coche nos dejó en la ciudad y partió sólo con el coronel. A lo lejos se divisaban, espléndidos, como imperturbables testigos mudos, los picos himalayos.

—Te echaré de menos —dijo Isabel.

Comenzamos a pasear por una calle muy larga, llena de bazares, en línea con las elevadas cumbres del Himalaya. Con jovialidad, Isabel examinaba y revolvía la mercancía de uno y otro puesto. Yo no podía apartar la mirada de ella. Me regaló un collar de rudraska, la simiente sagrada. Ella misma me lo colgó al cuello y luego me besó en la mejilla.

—Ojalá encuentres lo que buscas —musitó, como si no quisiera quebrar la apacible atmósfera de la tarde—. Ojalá.

Nuestras miradas se encontraron.

—Hernán... —dijo, sin dejar de mirarme.

Pronunció mi nombre con una ternura que hasta entonces no había sospechado en ella.

También en su corazón moraba Sri, el secreto de la Diosa, y una parte de mí se negaba a separarme de ella.

—¿Cuándo os iréis? —pregunté.

—Dentro de uno o dos días —respondió Isabel.

Nos quedamos pensativos. Era como si los dos tomáramos en esos momentos consciencia de la inutilidad de las palabras. Pasamos horas recorriendo Almora y sus alrededores.

—Muchos yoguis han venido a meditar por estas tierras —dijo Isabel—. ¿Conoces algo de Vivekananda?

—Fue uno de los primeros autores indios que leí —repuse.

—Él estuvo también meditando en Almora. Vivekananda decía que hay que llevar trabajo a la India y espiritualidad a Occidente. También comentaba que no pueden darse mantras a quienes pasan hambre.

—¿No tienes interés en conocer Occidente? —pregunté.

—Realmente, no —dijo Isabel—. ¿Para qué? Aquí tengo mi vida y mi trabajo. —Y luego añadió—: Cuando el abuelo muera, quizá venda la casa y me marche un tiempo a vivir entre los adivasis. Yo no busco, como haces tú, un sentido metafísico a la existencia. Cada momento que vivo es mi sentido.

Nos sentamos sobre unas rocas. El sol iba declinando.

—Tú y yo no queremos atarnos a nada —dije de repente—. Ni siquiera quieres atar a tus aborígenes. Aunque a veces nos fallan las fuerzas a ambos. Entonces dudamos, vacilamos... Pero toda atadura nos resulta intolerable.

Guardó silencio. El sol se ocultaba tras las montañas. En los valles reinaba un silencio perfecto.

—Y a pesar de eso, también nosotros necesitamos cariño —agregué—, quizá más que otra persona cualquiera.

Cogió mi rostro entre sus manos y me miró desde muy cerca, a los ojos. La abracé impulsivamente, la atraje hacia mí y sentí sus senos contra mi pecho.

—Eres una mujer muy deseable, y lo sabes —susurré sobre sus labios.

Nos besamos con verdadera pasión.

Dos días después, Isabel y el coronel subían al jeep para partir hacia Simla. Me acerqué a la ventanilla del vehículo y no pude despegar los labios. Pensé que la vida era un cúmulo de separaciones hasta que llegara la separación final.

Sentía una enorme tristeza. Isabel lo notó y dejó unos instantes su mano entre las mías.

—Gracias por todo, señor —me despedí del coronel.

Había alquilado una habitación en un hotel de la ciudad. A pesar de ser un hotelucho miserable, mi cuarto tenía espléndidas vistas a los picos del Himalaya. Me tomé una cerveza en el sórdido salón del hotel, con la televisión a todo volumen y un penetrante olor a orina. Como me sentía deprimido, pasé parte del día en mi habitación. Para que no me molestaran, puse un cartel en la puerta: *No molesten, por favor. No necesito toallas, ni cerveza, ni DDT, ni papel higiénico. Sólo necesito que no me molesten.*

Pero ya era de noche cuando alguien llamó a la puerta. «¿Será posible?», me pregunté. Abrí. Un hombre de avanzada edad, con un frasco amarillento en las manos, me dijo:

—*¿Masaje? Sólo son diez rupias. ¿Masaje balsámico?*

—No —rechacé.

Le obsequié con cinco rupias. Luego salí al pasillo y añadí en el cartel: *No necesito masaje. No molesten, por favor.*

5

Unos días después abandoné aquel hotel y alquilé una habitación en una casa próxima a la de Sri. La dueña, una tibetana casada con un indio, tenía buen carácter, no era entrometida, y sólo hablaba cuando lo consideraba necesario. Para mi trabajo interior yo necesitaba ser molestado lo menos posible. Aquella solícita mujer me atendió siempre con esmero y yo, para corresponderle, aunque a mi pesar, me tomaba las tostadas que me preparaba con una rancia y nada apetecible manteca de yak. Cuando se enteró de mis inquietudes espirituales, me regaló una lámina de Tara Verde y me dijo: «Ella lo protegerá».

Con el alba me acercaba todos los días a visitar a Sri. Cambiábamos impresiones, investigábamos espiritualmente y meditábamos juntos. Poco a poco me fui dando cuenta de la perspicacia espiritual del amable anciano, así como de su profunda humildad y de la inmensa paz de su espíritu.

—¿Por qué tanta insatisfacción, tanta angustia? —le pregunté un día.

—La mente ordinaria no quiere paz. El pensamiento, inmerso en su voracidad, se niega a detenerse. Sólo aquello que está detrás de la mente procura un sentimiento de quietud. Cuando el buscador recobra un vislumbre de otra dimensión más amplia, anhela la paz. Muy pocas personas aspiran a la conquista de la paz interior. La mayoría está absorta en sus afanes y preocupaciones y nunca explora otra mente que no sea la superficial.

—¿Qué reside detrás de la mente?

El anciano se echó a reír.

—Es una buena pregunta —dijo—. Detrás del pensamiento, en su fuente u origen, está la pura sensación de ser. Y no me refiero a yo soy esto y aquello, sino a la pura consciencia de ser.

—¿Y detrás de la pura consciencia de ser? —inquirí.

Rió de buena gana, como si ya esperase esa pregunta.

—¿Le gustan los cuentos? Voy a contarle uno. Un discípulo preguntó a su maestro: «¿Quién sostiene el mundo?». El maestro le respondió: «Ocho elefantes blancos». Entonces, el discípulo le preguntó: «¿Y quién sostiene a los ocho elefantes blancos?». Y el maestro, tranquilamente, le dijo: «Otros ocho elefantes blancos».

Esbocé una sonrisa. Mi pensamiento, asfixiantemente lógico y calculador, siempre quería convertirlo todo en conceptos y palabras.

—De acuerdo, Sri, pero ¿qué está detrás, o más allá, de la consciencia de ser?

—Su pensamiento reflexivo no se da por vencido con facilidad —dijo Sri, y añadió—: Unos dirán que el Todo; otros, que la Nada.

—¿Y usted, qué me dice? ¿Cuál es su vivencia, su experiencia?

Por sus ojos cruzó un relámpago de inefabilidad. Dejé mi mirada clavada en su ancha y noble frente, surcada de hermosas arrugas.

—El vacío revelador —contestó—, pleno, eterno, que nunca se agota, que todo lo abarca; el espacio de infinitud, con su propia energía, que es orden, armonía, más allá de nuestros estrechos y burdos conceptos de ser o no ser. Es la infinitud que siempre hemos sido, que siempre seremos... En esa infinitud, hace millones de años, surgió la consciencia de ser, y luego una consciencia pensante que se mantiene unos instantes, que para nosotros son setenta u ochenta años, y después se desvanece. La consciencia pensante desaparece tras la muerte y la consciencia de ser se integra en la infinitud que siempre hemos sido, que siempre seremos. En el océano, las olas surgen y se desvanecen. Sólo el océano es.

Me observó unos instantes, como para comprobar que yo seguía su razonamiento.

—La meditación —continuó— es el ojo de buey que se abre a esa infinitud, ese vacío del que todo emerge y al que todo retorna. La meditación, al fundir la mente en su fuente, nos permite tocar ese vacío y hallar reposo, confortamiento y energía. Si logramos un hilo de conexión con ese vacío, siempre nos sentiremos renovados y nada podrá herirnos. ¿Acaso los dardos lanzados contra el firmamento logran herirlo? Conectados con ese vacío, que nunca se agota, la energía fluye armónicamente por nosotros. Cada vez que permanecemos unos instantes en el vacío primordial, recuperamos la lucidez, la ecuanimidad y la paz profunda.

Sri y yo solíamos pasear por los alrededores de Almora. El anciano poseía una gran vitalidad y a veces su paso era tan rápido que incluso me costaba seguirlo. Durante uno de esos paseos me hallaba perdido en mis pensamientos cuando, de repente, comenzó a hablar. Su voz parecía provenir de las mismas entrañas de las montañas que nos rodeaban.

—El otro día me refería a la infinitud detrás de la consciencia de ser. Cuando usted experimente esa infinitud, desdramatizará el drama.

—No le entiendo —dije.

—Casi todos los seres humanos, y sobre todo en países como el suyo, viven enredados siempre en sus reacciones ante el placer y el dolor, el éxito y el fracaso. Así ofuscados, construyen un mundo miserable y estúpido, sin sustancia. Somos un destello en la infinitud que de repente ha adquirido un cuerpo y una consciencia, pero éstos son prestados y en seguida los perderemos. La gente se debate en una dimensión de miedos, apegos mezquinos y falaces autodefensas. La gran mayoría de los seres humanos viven desconectados del vacío luminoso y revelador.

—¿Y...?

—Y la verdad, amigo mío, es que el ser humano lo está haciendo muy mal. Se ha convertido en el peor enemigo de sí mismo y de los otros seres. Una mente que podría engendrar contento produce desdicha y multiplica sufrimientos. Los pensamientos perniciosos van generando un flujo de odio, envidia, celos y malevolencia. Y esa atmósfera amenaza con invadirlo todo.

Nos detuvimos en un puesto a tomar un jugo de caña de azúcar. Las nubes monzónicas comenzaban a encapotar el cielo.

—La meditación ayuda a ser más lúcido —prosiguió el maestro—, y a disipar así las nubes y la confusión. Aquel que adquiere un vislumbre de la consciencia iluminada y percibe la energía inagotable del vacío primordial consigue una certidumbre total. Como declaraba uno de los maestros que conocí: «Podrán matar mi cuerpo, pero no mi eternidad».

—Eso es hermoso —comenté—, pero las circunstancias nos condicionan.

—¡Alto! —exclamó—. Muchas veces las circunstancias escapan a nuestro control, eso es cierto, pero también nos es dado aprender a controlar nuestra reacción ante las circunstancias.

—No entiendo.

—No quieres entender. —Su tono fue más directo y familiar, tuteándome incluso—. En nuestra estúpida arrogancia creemos que tendríamos que poder controlarlo todo. Pero la vida es impredecible, ilógica, hasta increíble. Hay un cuento que habla de una pulga que cabalga a los lomos de un elefante. La pulga piensa «a la derecha», y da la casualidad de que el elefante gira a la derecha; entonces, la egocéntrica pulga cree que controla al elefante. El elefante es la vida, tal vez seamos conscientes de sus movimientos, mas no los controlamos. Pero en nosotros está, con el entrenamiento adecuado, poder separarnos interiormente de aquello que engendra conflicto y dolor, y sentirnos como apartados o más allá de todo, como la persona que está en la cima de una montaña y observa en el valle una contienda que no le concierne.

—Pero nos vemos obligados a actuar —protesté.

—De nuevo te invaden tus modelos, tus códigos, tus esquemas... Actuemos sin actuar. La acción no es agitación. Hagamos sin hacer. Cuando logramos instalarnos en el espacio de infinitud en lo profundo de la mente, los pensamientos de superficie no nos alteran, y la acción se vuelve directa, sagaz y equilibrada. La infinitud hace por nosotros, perdiendo nosotros así el necio e innecesario sentido de hacedor.

Entonces se interrumpió. Había comenzado a lloviznar y se agradecían las ligeras gotas de lluvia sobre el sudoroso rostro.

—Pero tú has pasado muchos años sintiéndote hacedor, poseedor, el que logra esto o aquello. Eso te ha dañado gravemente.

El eremita lanzó un hondo suspiro, como si quisiera aspirar todo el oxígeno del aire, y luego dijo algo que me llegó como un dardo al corazón.

—No sé si tendrás remedio.

Sentí que el resentimiento brotaba en mí y que mi orgullo había sido herido.

—Ahora me detestas —dijo el anciano—. Así funcionas tú. No amas a las personas, sino lo bien que ellas te hagan sentir.

Me avergoncé y quise excusarme, pero se me adelantó.

—Nuestro entorno fomenta sólo las dos tendencias oscuras de la mente: la inercia o la pereza por un lado, y la agitación o voracidad por otro. Se olvida de la tendencia o cualidad conciliadora: el equilibrio. No sabemos canalizar armónicamente la energía que brota del vacío primordial y que reside en todos nosotros. Cercenamos la energía.

Sri consideró que yo necesitaba someterme a unos días de voto de silencio, ayuno y recogimiento.

—Tienes que purgarte —me señaló—. No queda más remedio. Hay que ordenar un poco ese trastero interior tuyo, lleno de inútiles cachivaches. Tu cuerpo y tu mente necesitan ayunar. A ver si logras amansar el tigre de tus pensamientos. Eres un galimatías. Has terminado convirtiéndote en aquello que dicen tus pensamientos. Tus pensamientos te duermen, te narcotizan; los utilizas para asesinar la vida. De la experiencia has hecho una abstracción. No sé si tienes remedio —repitió.

—¿Trata de humillarme? —pregunté, sintiendo herido mi orgullo de nuevo.

—En todo caso trataría de «humildarte» y no de humillarte. No tengo tiempo para perder en esas estupideces. Ni tú tampoco.

Yo estaba sorprendido. Sri siempre había sido gentil y apacible, y ahora se comportaba de modo brusco y seco.

—No me importa lo que estés pensando en este momento —dijo el anciano—. Durante años te has ganado el «respeto» de los demás, sus halagos, su admiración. En tu trabajo recibías aprobación, consideración, elogios... ¡Qué hombre tan importante, tan imprescindible! ¿Por qué no te dedicaste a hacer algo más útil, como barrer calles, por ejemplo? Sacabas fuerzas del halago, en lugar de inspirarte en tu ser interno. ¡Vaya negocio el tuyo! Así estás. Seguro que todo empezó porque querías conseguir que tu padre tuviera una buena opinión de ti. ¿Y a qué te condujo todo eso? A la insatisfacción Y al desconsuelo. Te dio una vida mísera, un aparato de televisión en cada estancia de tu casa, seguramente varias neveras que ni tiempo tenías de llenar... Estabas en una prisión externa y en un campo de concentración interno. Cambias de país, te vienes al fin del mundo, soportas a un viejo como yo y quieres seguir pensando, reaccionando y sintiendo lo mismo.

Apenas podía reprimir mi rabia. No soportaba que me hablara de aquella manera. «¡Viejo estúpido!», me hubiera gustado gritarle. Apenas podía reprimir mi sentimiento de cólera.

—Estalla si quieres —dijo—. ¿Deseas golpear a un anciano? —Se echó a reír para luego añadir—: No olvides que te tengo en estudio, en cuarentena. No voy a ser el mentor de tu búsqueda. Bastante tengo con estar en mi senda. —Hizo un gesto intencionadamente despectivo con la mano—. Pero debo descubrir si hay alguien en este descomunal país que pueda hacer algo por ti. Si no lo consigo, es mejor que te vuelvas a casa, a tu desordenada cárcel y sigas acumulando... lo que hayas acumulado hasta ahora.

En silencio regresamos a la ermita. Me sentía apesadumbrado. Sri preparó un sabroso té con clavo aromático. Y entonces, con ternura paternal, me preguntó:

—¿Estás disgustado?

—¿Ahora va a comportarse como mi abuelo? —no pude evitar responderle.

Mi comentario le hizo reír de buena gana.

—Bueno —dijo cuando su risa se hubo calmado—, no todo está perdido. Tómate una taza de té y escúchame con mucha atención. Has perdido tu propia transparencia. Debes abrir una vía hacia tu ser. Pero para ello necesitas afinar tus instrumentos vitales: cuerpo y mente. Para ello tienes que ayunar en tres niveles: el físico, no ingiriendo alimentos: el verbal, no pronunciando palabra; el mental, evitando ese charloteo que te impide sumergirte en el vacío primordial.

»Vas a someterte a ese triple ayuno durante una semana. A diario vendrás a meditar conmigo un par de horas, pero no mediará palabra alguna entre nosotros durante esos siete días. Ya te avisé de que tú no necesitas conceptos, sino experiencias. Debes profundizar en la experiencia de la meditación.

—¿Qué técnica he de seguir? —pregunté.

—Sumérgete en ti y cuando aparezca una sensación, una emoción o un pensamiento, míralo como un proceso insustancial que emerge de tu vacío interior, pasa y se diluye. Atestigua, no reacciones, no acumules, no tomes, no rechaces. Cuando te sientas cansado o te vengan estados de amargura muy marcados, siente tu respiración; observa cómo entra el aire, cómo sale, pero permanece erguido en tu vacío primordial.

»Deja de ser Hernán. ¡Qué pesadez! Deja de identificarte con tu cuerpo. ¡Qué limitación tan innecesaria! Y, sobre todo, deja de creer en tus pensamientos, opiniones, afanes, metas y proyectos. No te involucres para nada con tu mente. Mira tus procesos, sin que éstos te afecten, surgiendo del vacío y disolviéndose en el vacío.

Durante siete días mi único alimento fue té con tónicos que el sabio me había preparado minuciosamente. Me dedicaba a meditar varias horas al día, dos de ellas en compañía de Sri. Contemplaba cuanto material emergía del trasfondo de mi consciencia, pero evitaba implicarme o reaccionar. Esa semana mis labios permanecieron sellados. Refrenar los pensamientos me resultaba muy difícil, pero me empeñaba en verlos como si no me pertenecieran.

Aunque en el transcurso de mi experiencia con Sri tuve momentos de duda, desencanto y desfallecimiento, también hubo destellos de comprensión, contento y sosiego. Cuando meditaba en compañía de Sri, experimentaba, aunque fugazmente, la presencia del vacío primordial que todo lo abarca. Otras veces la sombra de la nostalgia o el intenso recuerdo de Isabel anidaba en mi corazón. Pero también empecé a ver los deseos como si no me pertenecieran. Eso me hacía sentir más libre e independiente, más centrado en la fuente de mis pensamientos y sin dejarme arrebatar por ellos.

Siete días después de comenzado el entrenamiento, me sentí más ligero, limpio y fluido. Entonces Sri me pidió que lo acompañara en una peregrinación que quería realizar a Gangotri, en los altos del Ganges. Él hubiera deseado hacerla a pie, pero como eso habría requerido mucho tiempo, optó porque fuéramos en autobús. ¡Menos mal! Respiré aliviado, a pesar de que ya sabía el infierno que suponía viajar en los atestados y destartalados autobuses de la India, y por penosas carreteras donde todos parecían tener el propósito de chocar de frente los unos contra los otros. Sri me había dicho que, de ser necesario, yo debería ser sus muletas. Si sus fuerzas físicas lo abandonaban, yo lo auxiliaría.

—¿Por qué emprende usted una peregrinación? —le pregunté la noche anterior a nuestra partida—. ¿No es una simpleza?

Siguió preparando sus escasas pertenencias para el viaje como si no me hubiese oído. Pero de inmediato me arrepentí de mi indiscreción y guardé silencio, observando la llama vacilante del candil. Pasaron unos minutos. Para mí el silencio se tornó abrumador. Me había comportado, sin duda, de una manera grosera e irreflexiva.

—Hay una diferencia entre tú y yo —dijo de pronto, con voz muy suave—. Sólo una, pero abismal. Tú y yo somos lo mismo, pero yo sé lo que somos y tú no tienes la menor idea.

Me sentí avergonzado. Sri continuó.

—Vienes aquí desde un mundo de bárbaros, y tienes la osadía de cuestionar mis decisiones. Por supuesto que si un bárbaro hace una peregrinación de este tipo, comete una simpleza, porque un bárbaro se mueve siempre en el escenario acumulativo de la mente, que busca beneficios y logros; es decir, en la mente calculadora... ¿Qué conseguiré con esta peregrinación? ¿Cuánto tardaré en llegar? ¿Me reportará algo si llego? ¿Merecerá la pena? ¿No será una superstición? Pero si una persona deja de lado esa mente voraz, la acción se convierte en un hermoso canto, una gloria, sin ninguna finalidad concreta. Es el juego del Divino. Peregrino con esa actitud. La meta es cada paso que se avanza y no alcanzar el punto proyectado. Me da igual morir en el camino porque peregrino hacia mi propio corazón. Si muero, los únicos que mueren son este cuerpo y esta mente. El cuerpo sería devorado por los buitres y la mente se fundiría con la energía. Pero cada momento de la peregrinación será un instante para el olvido del ego y el recuerdo del ser. El cuerpo se moverá, experimentará dolor, sudará, estará sucio y cansado, pero yo permaneceré en calma e imperturbable. No habrá ningún afán por llegar, porque la llegada se realiza a cada momento. Uno de tus jefes alquilaría para esta peregrinación un helicóptero y en muy poco tiempo estaría aterrizando en Gangotri. Rezaría mecánicamente una oración a Dios, consultaría su apretada agenda, calcularía los gastos de la peregrinación y tomaría el helicóptero para regresar a la oficina y enfrascarse con rapidez en su mascarada.

Cuando hubo acabado de preparar sus cosas, se sirvió otra taza de té.

—Mi cuerpo y mi mente peregrinan. Pero ¿cómo va a peregrinar mi espacio de quietud? El vacío primordial ni va ni viene, ¿lo entiendes?

Se acercó a mí, cogió mis manos entre las suyas y me miró a los ojos con una intensidad que yo jamás había visto.

—Dímelo con sinceridad: ¿qué era para ti lo importante durante esos años en que estabas más embotado que la más estúpida de nuestras vacas en la India?

No me sentí en absoluto ofendido. Reflexioné. ¿Qué era lo importante? La mente se me quedó vacía. No llegaban las respuestas. ¿Qué era lo importante?

—¡Contéstame! —me exhortó—. Cuando no debes hablar, hablas como un papagayo, y callas cuando te pregunto. ¿Has enmudecido? —Se echó a reír.

—Pues..., supongo que tener un piso más lujoso, mayor responsabilidad profesional, ser reconocido socialmente, más medios, más mujeres atractivas...

—¡Peor que la vaca más tonta! —me interrumpió—. Al menos ella no se preocupa ni se obsesiona. Come, fornica, pero no se preocupa. Bueno, ¿y qué había detrás de todos esos deseos?

Reflexioné. ¿Qué había? El silencio era completo.

—Desolación —respondí de manera espontánea.

Esbozó una sonrisa paternal.

—El problema no está en desear mejores condiciones de vida; eso me parece muy bien. El problema reside en que cuando se ha alcanzado ese nivel, en lugar de intentar cubrir otros (el psicológico, el espiritual, el de relación con los demás) y satisfacerlos, la persona se detiene en ese nivel material y no aspira a otros. Al revés, se empeña en seguir acumulando más y más; eso no tiene límites.

La noche se fue consumiendo despacio, y nos hallamos al filo del amanecer.

—Échate aquí y descansa un par de horas —me dijo Sri con cariño.

Dejó un instante su mano sobre la mía y me sentí confortado, pero emocionalmente desfallecido. Con su gran intuición, él captó mi estado de ánimo.

—Cuando la simiente de la iluminación empieza a desplegarse, uno se siente tan frágil como un niño. Pero la Shakti nos cuida. Es la Madre y sabe cómo hacerlo. Antes de que te desplomes en el vacío del sueño, donde el ser continúa despierto, quiero que adoptes la resolución de pensar en esta peregrinación como un viaje hacia ti mismo. Vas a enfrentarte con un país que desconoces, con gentes que te son ajenas y con un maestro refunfuñón que se mofa de ti con innumerables dudas. Siéntete como un turista que goza y no se identifica con nada. Todos somos meros turistas en esta existencia, y nada podremos llevarnos con nosotros.

—Sri, ¿quién se convertirá en mi guía? —pregunté.

—Eso llegará a su tiempo. Soy un vehículo que te indicará el vehículo que luego debes tomar. No te impacientes. Te encuentras conmigo y ya estás pensando en otro. Seguro que estabas con una mujer y te ponías a pensar en la siguiente, o te subían el sueldo y ya estabas pensando cuándo te lo subirían de nuevo.

Me acurruqué en el suelo sobre una esterilla. No sé cómo se sentirían las vacas de la India en esa posición, pero yo me encontraba muy incómodo. Sri sopló la llama del candil y nos quedamos en completa oscuridad. En un hilo de voz pregunté:

—Maestro, ¿es una sima oscura el vacío?

—El vacío es lo más inmenso —contestó el anciano—, luminoso, pleno y sin límites. No hay odio, ni apego, ni tiempo, ni espacio en él, ni nada constituido, ni nada que pueda decaer. Está más allá del ser y del no-ser, de Dios o de la Nada. Es innombrable, inaudible, inaprensible por el pensamiento…, pero es como un regalo para nosotros. Ahora duérmete.

—Maestro —pregunté—, ¿usted sufre?

Desde la oscuridad de la estancia, su voz surgió como el rumor de un torrente:

—En mí, querido mío, no hay un yo que pueda sufrir. Sufrirá el cuerpo, se apenará la mente, pero yo no soy este cuerpo ni soy esta mente. Cuando estaba identificado con estos disfraces había mucho sufrimiento en mí, y ansiedad y miedo, mucho miedo. Pero cuando hallé mi ser, a través del ser y de su mano invisible exploré el vacío primordial y dejé de tener memoria e imaginación (en el sentido habitual), entonces cesó toda tribulación. Dolor en este cuerpo, sí. El reuma es implacable; pero le duele a él, no a mí. Y ahora duerme. Te haces y me haces muchas preguntas desde tu limitación, que es el ego; cuando la trasciendas, no tendrás necesidad de tantas respuestas.

Pero yo todavía recordaba e imaginaba. También soñaba. A los primeros destellos del alba, sentí en mi cuerpo las cálidas manos de Isabel; entonces dejé mi cabeza sobre sus tiernos y firmes pechos.

6

El autobús nos conducía en un continuo zigzag por estrechas carreteras que atravesaban parajes de exuberante vegetación y pasaban al borde de afilados precipicios. Se divisaban maravillosos valles y ríos abriéndose paso entre la maleza. El autobús, levantando una nube de polvo, llevaba el doble de pasajeros que su capacidad permitía, apiñados los unos contra los otros; gentes de las montañas, con el rostro cuarteado por el sol y el viento; niños incansables, vitales y alborotadores, que jugueteaban entre las piernas de los pasajeros; ancianos de mirada ausente, cuyos frágiles cuerpos daban bandazos de un lado para otro con el traqueteo del vehículo.

—Te has acostumbrado a tenerlo todo calculado, lógicamente calculado —me dijo Sri—. Lo mismo me sucedía a mí, no te creas. Lo tenía todo definido y programado y me había enredado en tantas actividades que incluso me faltaba el tiempo necesario para gastar el dinero que ganaba.

—Suele ocurrir —repuse con desánimo—. A mí me ocurría lo mismo. Yo cada día ganaba más dinero y cada día tenía menos tiempo para disfrutarlo.

—Y cuando uno lo programa todo, lo calcula todo —añadió Sri, soportando estoicamente la jaula de gallos que nuestro compañero de asiento había puesto sobre nuestras rodillas—, la vida se coagula, perdiendo así su frescura y su encanto. Uno presiona, estira, se empeña en controlar..., pero sin saber soltar, ni fluir, ni hallar el punto de menor resistencia. Entonces uno se quema, agota sus más preciosas energías y se empantana en el conflicto. En suma, no es la vida. Yo cometí el mismo error que tú. Tanteaba con esto, miraba aquello y, al final, me quedé atrapado en mi propia tela de araña. Se deja uno dominar por una inútil y grotesca actividad.

Asentí con la cabeza... Luego mi mirada se perdió en el inmenso horizonte.

—De tanto enredarse en esas sórdidas actividades —dije—, uno se sale de su propio centro y se torna monótono, repetitivo y seco.

—Así es —convino Sri—. De tal modo nos involucramos en la actividad que la mente se abotarga y la percepción se embota. Se pierde el elemento sorpresa, la savia de la vida. Se hace la rutina, el tedio. Para superar ese sentimiento de aridez, recurrimos a más actividad y a conseguir más riqueza material, y entonces se genera más rutina, más tedio. El ratón, neciamente, se ha introducido en el laberinto de la pesadumbre.

—Como un ratón me sentía —admití.

Un niñito de rostro redondo y ojos achinados, cubierta la cabeza con un gorro de lana multicolor, se subió alegremente a las piernas del anciano.

—Mira este niño —dijo Sri—. Juega, se divierte, se deleita, ríe, se alboroza, vibra..., en una palabra: vive. Tú no has hecho otra cosa que simular la vida; has sido un cadáver viviente.

El sol había trepado hasta el centro del cielo. Seguía lloviendo y hacía un calor opresivo. Cerré los ojos y me quedé traspuesto, aunque era imposible mantener la misma postura porque el chófer conducía con mucha brusquedad. De repente, un frenazo me sobresaltó.

—Maestro, me espanta el vacío —afirmé sin abrir los ojos, casi en un impulso.

Soltó una gran carcajada. Los pasajeros habían comenzado a comer y una mezcla de olores diversos inundaba el interior del autobús.

—Eso te ocurre porque te aterra la ausencia del yo —dijo Sri—. No soportas la idea de perder la individualidad. Y sin embargo, no te das cuenta de que el vacío primordial es una fuente de revelación y vitalidad. Si uno se conecta con ese vacío primordial, la acción se vuelve meditación: la actividad ya no es alienante, sino diestra e integradora. Pero vosotros, los occidentales, tenéis una idea muy diferente del vacío. Os referís a él como desolación, falta de sentido, penumbra... ¡Qué absurdo! En el vacío no existe un yo para sentir; así pues, no hay ningún tipo de amargura.

—Nosotros nos referimos al vacío existencial —aclaré.

—Como tenéis tantas ideas y tanto aburrimiento, en lugar de vivir, os perdéis en abstracciones y os llenáis de angustia inútil. El vacío es la pureza y desde la pureza se ve con claridad y se actúa con destreza. Pero uno se agarra a todo cuando está lleno de condicionamientos; se aferra tanto a lo externo como a lo interno y entonces siente terror ante el vacío. Siempre has utilizado redes, salvavidas y amortiguadores. Lo presentí desde el momento en que te vi. Por eso requieres una enseñanza viva y práctica. He pensado mucho en qué hacer contigo. Te recomendaría un maestro vedantín, pero continuarías deleitándote con tus acrobacias intelectuales; te aconsejaría un largo retiro espiritual en una ermita, pero tus hábitos y tus ideas seguirían intoxicándote. No, tú no necesitas enclaustrarte en una ermita ni un maestro santurrón ni aislarte en una cueva. Tu caso es muy diferente.

Hizo una pausa y me miró para añadir:

—Por una parte, eres un buscador... —Dejó la frase inconclusa. Me sentí halagado. Luego añadió—: Por otra parte, eres un necio. Ya te he dicho que no sé si tienes remedio. ¡Estás tan obsesionado por tu angustia! No logras ver más allá. Me pregunto si incluso me ves a mí. Lo peor de todo es que no tienes ni sentido del humor. Vives como el trágico personaje de una tragedia aburrida.

Rió abiertamente. También yo me eché a reír de buena gana.

—Ríe, ríe —dijo—. Rebaja tus barreras, fluye, renueva tu densa energía. No me gusta la gente solemne, que no ríe, que siempre está apesadumbrada.

El autobús se detuvo en un mísero chiringuito de la carretera y los viajeros aprovecharon para tomar té y seguir parloteando con animación. Mucha gente volcaba el té en el platito y lo bebía de éste, en lugar de tomarlo de la taza, sin duda, pensé, para enfriarlo. Pero lo que más me llamaba la atención era el modo en que fumaban los hombres, con el cigarrillo dentro del puño cerrado y aspirando el humo sin tocar el pitillo con los labios. Algunas mujeres lucían llamativos chales bordados. Un grupo de ancianos se sentó al borde de la carretera; todos permanecían en silencio y con una expresión infantil en el rostro.

Un hombre obeso, que viajaba con su acomodada familia, se acercó a nosotros y, muy amable, nos ofreció unas galletas con sabor a piña. Su esposa, ataviada con un bonito sari verde, se empeñó en obsequiarnos con una botella de zumo de mango. El cielo había tomado una tonalidad cobriza y hacía un viento bastante fuerte.

—Éste es un gran país con buena gente —dijo Sri con palabras teñidas de cierta melancolía—. Pero estamos tan emponzoñados como cualquier otro. Los políticos nos arrojan su miseria a espuertas.

Dimos un paseo por los alrededores. De súbito, poniendo su anciana mano sobre mi hombro, clavó su mirada en mí.

—Así que te espanta el vacío. Es como si la nube dijera que le espanta el cielo en que flota. Mira las nubes. Detente un día a observarlas, con la mente vacía de todo pensamiento. Las nubes van y vienen, danzan con bella armonía sobre un fondo vacío líquido. Sin el vacío, todo sería de una fealdad compacta. El vacío es revelador. Trata de captar el vacío o un intervalo entre tus pensamientos; percibe el fugaz punto de vacío entre la inhalación y la exhalación.

Guardó silencio. A lo lejos se escuchaba el rumor de un salto de agua. El viento batía las ramas de los árboles. Olía a pasto.

Sri abrió los brazos. El viento removía sus blancos cabellos. Había un brillo especial en sus ojos de sabia ancianidad. Era como si quisiera fundirse con el firmamento.

—¿Has practicado yoga? —me preguntó después.

—Varios años cuando era más joven.

—Estirabas y soltabas, tensabas y aflojabas: ahí está el secreto. Luego perdiste el elixir. Te volviste como una estaca, de tan rígido. También en el aspecto mental. ¿Por qué te has maltratado tanto?

Su pregunta me desconcertó. Comenzó a lloviznar y el aroma del follaje era intenso. Los campesinos se resguardaban bajo los árboles. Los campos tomaban un verdor que acariciaba el alma. Un sentimiento de plenitud me llenaba.

—Te convertiste en un obediente ciego, un ser abyecto —dijo Sri—. Menos mal que tu mente iluminada se quejó como cruje la madera vieja y decidiste poner término a todo aquello. Pero debo decirte que no fallaba tu trabajo, sino tu actitud. Es cierto que no resulta nada fácil comprender esto, y mucho menos en las grandes ciudades (occidentales o indias), porque la gente se vuelve atroz, despiadada, sin tiempo para saborear el espacio de claridad y compasión más allá del pensamiento. Una ciudad es como un gran dormitorio donde todos roncan y algunos hieren a los otros desde su somnolencia insuperable. Del mismo modo que a ti te espanta el vacío, a mí me espantan las ciudades. Las emociones automáticas y perversas se adueñan de la gente. Es la contienda desenfrenada de los egos contra los egos.

—Hay miedo; las personas tienen miedo.

—Todos los seres lo tienen —enfatizó—. Es natural. Así son las leyes biológicas. La biología se empeña ciegamente en sobrevivir. Pero los egos han originado una enorme masa de miedo cruel e innecesario. Y la mayoría, para amortiguar ese miedo, se aventura por la senda de la riqueza material y desprecia la espiritualidad. Uno apuntala su ego con títulos, privilegios, exceso de medios… ¡Hemos hecho un mundo tan peligroso, tan hostil, tan carente de amor!

Regresamos al autobús. La lluvia había arreciado. Me parecía una temeridad viajar por aquellas tortuosas carreteras en tales condiciones y con un vehículo cuyo motor y frenos seguramente nunca habían sido revisados. Pero Sri estaba muy tranquilo, como el resto de los pasajeros. De hecho, la mayoría de ellos se durmió, incluido Sri. La lluvia golpeaba contra el techo del autobús. Me pregunté por qué el conductor no utilizaba el limpiaparabrisas. La respuesta era muy sencilla: no funcionaba. A veces nos acercábamos tanto al precipicio que parecía un milagro que el autobús no se despeñara. Un radiocasete sonaba a todo volumen.

La capacidad del indio para conciliar el sueño es asombrosa. Nada le perturba cuando se dispone a dormir. Puede hacerlo en el más duro de los pavimentos, en una cornisa, en una carreta de bueyes o en el atestado pasillo de un vagón de tren.

La lluvia había amainado cuando dejamos Hardwar a un lado de la carretera y seguimos en dirección a Rishiheks, en las estribaciones himalayas... Atardecía cuando el autobús se detuvo en el centro de aquella santa y concurrida localidad. Bajamos del vehículo y nos dirigimos hacia las afueras de la ciudad. Nos cruzamos con innumerables *sadhus* de todas las edades, cultos y sectas, así como con gran número de renunciantes arropados con la túnica anaranjada. Atravesamos un puente que se tendía sobre el Ganges, cuyas aguas, a esa hora del anochecer, parecían una serpiente plateada. Los cánticos sagrados eran como una ola suave penetrando por mis oídos. Yo seguía a Sri, cuyas piernas caminaban con firmeza y agilidad. Un trozo de luna fue asomando tímidamente en el firmamento. Se escuchaba el rumor de las aguas del río más sagrado del mundo. En sus orillas, algunos devotos se entregaban a una profunda meditación.

Olía a vegetación, sándalo y excrementos. Impregnando la atmósfera, el mantra OM NAMAH SHIVAIA se oía a lo lejos. Llegamos a la puerta de una casita rodeada de un recoleto jardín. Aspiré con fuerza el aire de la noche. Mis pensamientos acariciaron el cautivador rostro de Isabel. Sri llamó a la puerta y en seguida la abrió un hombre joven, con una impecable túnica anaranjada, hermosos y largos cabellos negros, ojos de mirada profunda y una leve y bella sonrisa en los labios. Era el rostro de un *sannyasin*, aquel que ha renunciado al mundo para seguir las huellas de lo Sublime e Incondicionado. En cuanto el joven renunciante vio a Sri, se postró con respeto a sus pies. Sri lo cogió de los brazos, hizo que se incorporara y juntó su rostro lleno de arrugas al del joven *sannyasin*.

—¡Cuánto me alegra verte! —exclamó Sri, afectuoso—. ¿Qué tal tu mente, mi muy querido?

El joven *sannyasin* estaba visiblemente emocionado. Se postró de nuevo a los pies de Sri y éste volvió a incorporarlo.

—Santananda me anuncio que vendrías —dijo el joven—. Ya sé que vas de peregrinación a Gangotri. En unos días yo lo haré a Kedarnath.

—Mi corazón no soportaría la subida a Kedarnath —repuso el anciano con un suspiro—. Me conformo con Gangotri.

—El año pasado estuve allí —explicó el joven—. Peregriné hasta el nacimiento del Ganges. Luego hice meditación durante veintidós días y me sometí a ejercicios de pranayama y a la recitación de mantras.

El joven nos había preparado una abundante cena. Sri empezó a sentir el cansancio del largo viaje. Después de la cena se retiró a dormir y nuestro anfitrión y yo salimos a dar un paseo. Las nubes cubrían de nuevo el cielo. Había una gran humedad en el aire.

—Me llamo Satyananda —dijo el *sannyasin* con voz cadenciosa.

—Yo, Hernán —repuse.

Nos acercamos a una zona donde se levantaban varios templos, atestados de *sadhus*, peregrinos y mendigos. Olía a curry y a masala.

—Me duelen todos los huesos —comenté.

Satyananda sonrió. Sus cabellos se habían encrespado con la humedad. Tenía un aspecto crístico y parecía un personaje salido de una novela. De mandíbula consistente y pómulos expresivos, hablaba despacio, como si temiera rasgar el manto de la noche, a pesar del vocerío de los devotos. La vida se expresaba con animación.

—Me gustaría ir hasta el río —dije.

Caminamos por una senda polvorienta que nos condujo a la orilla. Sólo se escuchaba el envolvente discurrir de la corriente. Nos sentamos en una roca al lado del río. El joven exhalaba ternura. Un destello de soledad invadió mi corazón.

—¡Qué experiencia tan extraña es la vida! —exclamé.

—Y curiosa —comentó con naturalidad el casi desconocido—. Debemos llegar a la esencia misma de la creación para robarle su misterio y su secreto. Ésa es la gran proeza, y no importa si morimos, enfermamos o enloquecemos en el intento.

—¿Por qué a veces resulta todo tan difícil? —pregunté en tono confidencial y amistoso, como si aquel hombre y yo nos conociéramos hacía años.

—Mutilamos lo mejor de nosotros mismos. No sabemos degustar la enjundia de la existencia... —Se interrumpió, quedándose pensativo, yo diría que un poco triste.

—Me pregunto si cuando llegue el momento sabré morir —dijo como si hablara consigo mismo. Y su comentario me extrañó, dada su juventud. Luego añadió—: Me gustaría morir con plena lucidez y así viajar hacia la libertad. ¿Sabré hacerlo?

No me preguntaba a mí, sino a sí mismo. Y yo, en aquel momento, también tuve el ferviente anhelo de morir con lucidez y, más aún, hacerlo a voluntad, de una manera consciente, cuando llegara el momento, como había escuchado que algunos yoguis eran capaces de hacer... Mi mirada se posó en las oscuras aguas del río. El *sannyasin* se había sentado muy erguido, con recia disciplina, mirando el horizonte. La expresión de su rostro resultaba impresionante, casi sobrecogedora.

—¡El nirvana! —susurró.

—¿Cómo?

—El nirvana. Lo sublime, lo inefable sin retorno, lo inmenso, cuando toda pasión, miedo y odio cesan.

—Satyananda, he leído que un yogui puede decidir cuándo

quiere morir y, conscientemente, retirarse del cuerpo, ¿es posible algo así?

—Desde luego —respondió el joven—. Pero sólo algunos yoguis, muy pocos en realidad, obtienen ese gran poder sobre la mente y el cuerpo. Los ciento ocho sabios entre los sabios han desarrollado ese poder y lo han ido transmitiendo a otros sabios desde la noche de los tiempos.

»Los kundalini-yoguis, los que siguen la senda de la transformación última de la energía, operan de tal modo sobre su fuerza vital que pueden retirarla de los órganos vitales y provocarles la muerte. Los hatha-yoguis, los que observan la vía del control sobre todas las funciones del cuerpo, dominan de tal modo su cerebro que son capaces de colapsar la energía del mismo y producirse la muerte.

»Estas técnicas de autodominio pocos yoguis las ensayan. El yogui, empero, intenta proyectar toda su energía hacia la cabeza y sacarla por la puerta de Brahma cuando le sobreviene la muerte... De ese modo, la energía se sumerge directamente en el Alma Cósmica.

—¿Qué le sucede a una persona ordinaria cuando muere?

—Le contestaré con unas preguntas, Hernán. ¿Qué ocurre con el reflejo del sol en el agua cuando ésta se seca? ¿Va a algún sitio ese reflejo? ¿Alguna vez fue independiente del sol? ¿Acaso tenía existencia propia? ¿Y qué ocurre con los elementos vitales?

»El cuerpo..., usted ya sabe: el polvo vuelve al polvo. La energía se funde con la energía. El ego se disuelve como una gota de rocío con los primeros rayos del sol. Lo que siempre fue no deja de ser.

Un perro vagabundo se acercó hasta nosotros, nos olfateó y se tendió a nuestros pies. El aire batía las ramas de los árboles produciendo un ruido sibilante. El joven me miró en silencio. Entonces, en aquella semioscuridad, un sentimiento de miedo a la extinción brotó en mi corazón.

—¿Por qué a la mayoría de los seres humanos les asusta la muerte? —pregunté.

—Porque no han meditado lo suficiente y no han experimentado el espacio de quietud sin sombra de limitación que nos anima. Con el aferramiento hay dolor y angustia. Pero aquel que sabe dejar su cuerpo como quien abandona unos zapatos inservibles, ¿cómo puede tener miedo?

Un relámpago reflejó su resplandor en las aguas del río. Sentí cuán larga se abría la senda hacia la libertad anhelada. Mis infinitas dudas eran como nubes que empañaban mi corazón.

—¿Tendrán miedo las flores cuando mueren? —pregunté. La angustia aleteó en mi mente, y Satyananda pareció captarlo.

—La Creación nos sitúa en un escenario de alegría y de dolor. Somos indecisos y timoratos caminantes que van hacia la plenitud, pero dentro de nosotros hay una antorcha inextinguible que podemos utilizar. No desfallezca. Mire a este perro. —Puso su vigorosa mano sobre la cabeza del animal—. Morirá un día, tal vez de madrugada, en un apacible silencio. Como vino se irá.

»Hay yoguis que todas las noches hacen un ejercicio para entrar en el sueño como si se sumergieran en la muerte. Así, cada amanecer estrenan la vida. La memoria es nuestra cárcel: recordamos lo que creemos ser y no lo que nunca hemos dejado de ser. La música del ser impregna el universo, pero la ilusión nos impide escucharla. —Luego, con un tono de voz que me conmovió, añadió—: Desde el amanecer hasta el anochecer no hago otra cosa que buscar el manantial del ser. Mi garganta está seca, mi corazón llora lágrimas de soledad y mis ilusiones se deshojan como una flor marchita cuando no encuentro la puerta que puede llevarme hacia el manantial del ser.

La noche se hacía más profunda y un pájaro nocturno comenzó a cantar. El perro se revolvió sobre sí mismo y emitió un suspiro. Las aguas del río sonaban como un cántaro de arcilla roto. Un anciano pasó cerca de nosotros y se puso a orinar en las aguas sagradas. La voz del *sannyasin* me hizo salir de mi ensimismamiento.

—¿Quiere que nos bañemos en el río? —me preguntó.

Todo es sagrado en las aguas del Ganges, incluso la orina del anciano. Acepté su sugerencia de buen grado. Me quité las sandalias y me desembaracé del kurta. El *sannyasin* se despojó de la túnica y se quedó en langoti, una especie de taparrabos. Mis calzoncillos, de corte europeo, contrastaban con su langoti de tela fuerte.

Nos sumergimos en el río. Reímos en el inmenso silencio de la noche. El aire se había llevado las nubes y el cielo estaba cuajado de estrellas.

—Sienta el agua —me instó Satyananda—. El agua que fluye y se renueva, siempre en libertad...

Pensé con amargura en los años perdidos. Pero supe, alegre, que la búsqueda, aunque difícil, es eternamente pura...

—Esta agua viene de las montañas. Sri y usted peregrinarán hasta su fuente. Cuando me baño en este río, siento el alma de la humanidad en todos mis poros. Si mi espíritu está fatigado, me sumerjo en estas aguas y, al saberme uno con el alma de la humanidad, la alegría vuelve a mi corazón.

Reiniciamos el paseo. Las luciérnagas jugaban al escondite con nosotros a nuestro paso. La brisa se había hecho muy leve, casi imperceptible. Regresamos hacia el kutir, la ermita que habitaba el *sannyasin*. Sentí el follaje acariciando mi cuerpo húmedo. Me puse a canturrear una salmodia hindú, quizás aprendida en los días de mi juventud.

7

Esa noche disfruté de un sueño bendito y reparador. Al despertarme vi que Sri y el joven meditaban.

—Sri, lo he pensado mucho —dije, cuando ambos acabaron su meditación—. Quiero que usted sea mi maestro. Siento que he cambiado desde que le he conocido.

—No —replicó él, como si esperase mis palabras desde hacía tiempo—. Yo sé que tú y yo nos echaremos de menos, pero en el encuentro está la separación. No es a mí a quien necesitas. Mi senda no es tu senda, aunque ambas conduzcan a lo mismo. Precisas un maestro que ponga ante ti obstáculos que te aproximen a tu mente sin mente. En algún lugar de la India hay un mentor para ti. Tendrás que buscarlo, merecerlo y ganártelo. Te aseguro que no te espera un camino de rosas. Para unos es más fácil; para otros, más difícil.

Desayunamos mangos. El aroma del mango es dulce y embriagador, como las caricias de la mujer más tierna. Pero no había lugar para la nostalgia. Abracé a Satyananda al despedirnos. Él me regaló una bolsa de suculentos mangos para el camino. Luego se postró a los pies del anciano y los tocó con sus vigorosas manos; unas manos jóvenes que acariciaron los fatigados y llagados pies del anciano.

—Quizá no vuelva a encontrarte en esta existencia, pero te estaré esperando en la mansión sin muros del vacío primordial.

Así se expresó Sri. Llovía torrencialmente y el golpeteo del agua apagaba el sonido de los mantras. Cuando nos dirigíamos al autobús, mi mente se fundió con el ruido de mis propios pasos sobre los charcos de agua. Entramos a empellones en el vehículo. Tras numerosos intentos, rugiendo como un chacal herido, el motor del viejo autobús se puso en funcionamiento. Me confortaba sentir a Sri a mi lado, hombro con hombro, espíritu con espíritu. El conductor del autobús encendió una varita de sándalo y dirigió algunas plegarias a Ganesha, el dios de la fortuna. Una anciana de cabellos muy largos se afanaba en hacerse una trenza mientras una jovencita de sonrisa feliz me observaba con curiosidad. Un peregrino de cabellos rapados se acercó a Sri, besó sus manos y le colocó un collar de jazmines frescos alrededor del cuello. Aspiré el aroma de los jazmines y me negué a reflexionar.

Debido a las malas condiciones de la ruta tuvimos que dejar el autobús unos kilómetros antes de llegar a Gangotri. Durante horas habíamos ido remontando el curso del río Ganges, que recogía numerosos afluentes en su trayecto, desde las montañas hasta la planicie. Al haberse producido numerosos desprendimientos, el vehículo tuvo que cubrir el desplazamiento de Rishikesh a Gangotri en tres días, en lugar de los dos que hacían falta.

Durante el viaje Sri me había dado instrucciones sugerentes.

—Del vacío emerge la nube de energía que todo lo compenetra, el océano de la vibración. Del vacío brotó una primera pulsación (la vibración sin sonido) que se propagó formando los infinitos universos. Hemos ido de lo más sutil a lo más burdo y nos hemos quedado atrapados en lo denso: los fenómenos, el cuerpo y las actividades psicomentales. Pero aquellos que rastreamos el sentido de la vida y anhelamos la paz interior debemos volver, es decir, emprender el camino a la inversa. Eso es yoga. Poner los medios para la unión con el vacío del que todo emerge. Cuando aprendas a tocar ese vacío, y aprenderás si tienes constancia, él será siempre tu soporte y tu consuelo, tu manantial de poder y de energía vital. Y aun llevando a cabo las actividades de la vida diaria, podrás permanecer conectado con ese vacío.

Cuando hicimos un alto en Deoprayag y visitamos el santuario en la confluencia de los ríos sagrados, pregunté a Sri:

—Maestro, ¿fue difícil su búsqueda?

—Yo era como la mayoría de los humanos: enredado en afanes y proyectos, huyendo y evadiéndome con falacias, sumergiéndome en lo más burdo, narcotizándome con placebos y alejándome cada vez más de mi propia identidad. Con el tiempo, más ofuscado y afincado en el ego, estaba más apartado de mi espacio de quietud e infinitud. Las redes familiares, profesionales y sociales no me dejaban tiempo para la búsqueda interna. Aunque ejercía de médico, no había verdadera compasión en mi corazón, y me había vuelto profesional y humanamente distante, frío y calculador. Era un ciego en el juego de la Shakti. Te aseguro, amiguito, que yo estaba más dormido que tú ahora. Al menos tú fuiste un buscador en tu primera juventud; yo, ni eso. Lo peor de ti es que te dejaste atrapar demasiado por lo cotidiano y te extraviaste; pero en ti persistía un eco de infinitud que, reclamándote, no dejó que se apagara su voz.

Entonces pensé que deberíamos preguntar en Gangotri sobre el texto que yo buscaba.

—Le agradecería mucho que indagara acerca del tratado —dije.

—Lo haremos —repuso complaciente—. Si hay alguna pista, la obtendremos. A Gangotri acuden muchos ermitaños, yoguis, *sadhus* y renunciantes. Preguntaré por el tratado.

Nos hallábamos apaciblemente sentados donde los dos ríos sagrados funden sus aguas.

—La humildad es la flor más espléndida —dijo el anciano—. Cuando medites, ve hacia el origen del origen de ti mismo. Ve abandonando tus envolturas (física, mental y emocional) y entrando en el punto central de ti mismo, que ya no eres tú mismo. Es el viaje de lo burdo a lo sutil; la vía del retorno. Cuando contactes con la energía del infinito, podrás servirte luego de ella en la vida cotidiana y aprenderás a estar sin estar y a ser de todos y de nadie en demasía. Tú no eres tu cuerpo, ni tu mente, ni tus emociones; tampoco eres la sensación de ser, ni el tiempo ni el espacio.

Caminamos penosamente bajo la lluvia, chapoteando en el barro, hasta que llegamos a Gangotri. Cuando entramos en el lugar comprobé que apenas era un poblado, formado por una sola calle que desemboca en el templo de la Diosa Ganga, junto al río. Éste saltaba con tanta tuerza que su estruendo molestaba a los oídos.

—Nos alojaremos en el *ashram* de Ciento Diez Años.

Miré estupefacto a Sri.

—Es un buen amigo —aclaró—, un yogui que ha cumplido ciento diez años y a quien llamamos siempre por su edad. Pasaremos unos días en su *ashram y* le preguntaremos por tu tratado. Él, debido a su avanzada edad, ha conocido a miles de hombres santos.

El ashram estaba en las afueras de la ciudad, al otro lado del río... Era una pequeña extensión de terreno seco con una modestísima casa en el centro. Un joven de cabeza rapada y enfundado en un kurta blanco salió a recibirnos. Tras saludar a Sri, nos precedió al interior de la casa, que disponía de varias piezas sin muebles. Sobre un jergón, medio recostado, vimos a un hombre de vientre prominente, cabeza abultada, sin un solo cabello, rostro apergaminado y sonrisa infantil.

Sri se le acercó y le tocó los pies, haciéndole una sentida reverencia. Luego me lo presentó. Era Ciento Diez Años. Y resultaba curioso que se le viera tan anciano y, sin embargo, tuviera la expresión risueña, despreocupada y divertida de un niño. Sin decir palabra, movió la cabeza para saludarme y colocó hacia arriba la palma de su mano izquierda, en espera de que yo pusiera la mía sobre ella. Así lo hice y Ciento Diez Años, cariñosamente, sostuvo mi mano durante un tiempo, con la mirada de sus expresivos ojos fija en los míos. No tenía un solo diente y cuando juntaba los labios, su rostro se arrugaba como si fuera de goma. El joven que le asistía le dio un vaso de leche. Ciento Diez Años parecía un niño anciano o un anciano niño. Lo cierto es que exhalaba una atmósfera de alegría infantil.

Al anochecer, la estancia del yogui se abarrotó de visitantes. Todos los días recibía a gran cantidad de personas que querían escuchar sus palabras, incluidos muchos ermitaños que habían abandonado por un tiempo su retiro para peregrinar a Gangotri.

Tras un silencio inspirador, el yogui empezó a hablar y dijo algo que me conmovió profundamente.

—Quien bebe en la fuente del ser se convierte en Dios, pero quien bebe en la fuente del vacío está más allá de Dios. Dios es todavía una limitación.

Seguía llegando gente. La noche había caído por completo. Nos alumbraban un par de vacilantes candiles. Olía a perfume de rosas. Recalcando sus palabras, el anciano continuó:

—Yo he matado la muerte. He ganado la batalla a Dios. Yo soy nada en la Nada.

No se mostró fatuo hablando así. Tras pronunciar aquellas palabras esbozó una sonrisa. Él impregnaba la estancia con su inocencia y su simpatía. Poco tiempo después descubrí que sólo tomaba un caldo y un vaso de leche al día, dormía dos horas y gozaba de una envidiable salud.

—¿Qué espera usted? —le preguntó un devoto—. ¿Qué siente?

El anciano se echó a reír.

—¿Qué espero? Tengo demasiados años para esperar algo. Pero el cuerpo es resistente como un camello y se niega a extinguirse. Yo no existo, así pues, tampoco soy este cuerpo ni el que os habla. La mente y la lengua se asocian para hablaros. ¿Esperar, sentir? Siento que soy vosotros, todos los universos, la eternidad toda, el vacío inmaculado. ¿Esperar? ¿Y qué espera la eternidad? Un día apareció este cuerpo y esta mente, y un día se extinguirán. Todo ello no va conmigo.

—¿Qué ocurre al morir? —le preguntó otro devoto.

—Me podrías preguntar qué ocurre al nacer —repuso el yogui— o qué sucede cuando os dormís. Al morir, la materia retorna a la materia, la energía a la energía y el espacio, que nunca dejó de ser, permanece. Es como si me preguntarais qué ocurre con la bola de sal que arrojamos al océano y se disuelve.

Cuando los devotos abandonaron el *ashram*, Sri y yo permanecimos con el anciano, que se mostraba lleno de energía. No me dio tiempo a preguntarle nada, porque él aseveró, dirigiéndose a mí:

—Tienes el hábito de sumar problemas a los problemas, y por ello te atas más que te desatas. Deseas la libertad, pero le tienes pánico. Es tu paradoja. Quieres salir de la jaula mediante el pensamiento y no te das cuenta de que el pensamiento es tu jaula... Te veo como el buey atado a un poste que da vueltas y vueltas alrededor del mismo como si así fuera a desatarse.

—¿Cómo romperé la cuerda? —le pregunté entonces.

—No pareces demasiado tonto. Siente cualquier cosa que hagas, sin preocuparte de si lo que te viene es positivo o negativo, agradable o desagradable. Descubre al sentidor y entonces estarás más allá del mismo..., y la cuerda se habrá roto.

—Está buscando —intervino Sri, refiriéndose a mí.

—Pero busca como si huyera —dijo el yogui—. De ese modo aleja aquello que está buscando. Claro que eso está en su naturaleza, y tal vez ése sea su destino. —Me miró, como si quisiera descubrir los pensamientos que cruzaban por mi mente, y añadió—: ¿Conoces la analogía de los hermanos gemelos?

Y sin esperar mi respuesta, prosiguió:

—Eran dos hermanos gemelos. Uno nunca paraba, obsesionado por sus objetivos, siempre enredado con todo lo exterior, de acá para allá, agitado y ávido. Su hermano gemelo lo seguía a corta distancia. Le veía hacer, pero jamás se identificaba con él. Era su inafectado testigo. Un hermano hacía y el otro lo miraba, imperturbable.

Cambió de postura. Su voluminoso vientre le dificultaba los movimientos.

—Has venido a nuestro país a reconciliarte con el hermano gemelo imperturbable —prosiguió—. Durante años has vivido el hermano gemelo activo y ambicioso y te has olvidado del otro. Lo curioso es que el hermano gemelo en que has estado te ha llevado sólo a la confusión y a la pesadumbre mientras que has tenido en el exilio al hermano gemelo que te hubiera conducido a la gloria del ser. El día que recuperes al hermano gemelo imperturbable podrás volver a tu país y emprender cualquier actividad. Un hermano actuará, pero el otro observará sin perturbarse jamás.

Se puso serio, como si su carácter hubiera cambiado.

—Vienes hasta esta tierra —prosiguió casi con desprecio— y gastas en el viaje más dinero del que la mayoría de los indios tendrá en toda su vida o en muchas de sus vidas. Pero no sé si podrás mirar más allá de tus cejas. Ni siquiera sé si merece la pena estar hablando. —Su brusco cambio de tono me sorprendió—. A lo mejor no eres más que un incorregible mequetrefe y estamos perdiendo el tiempo contigo.

Miré a Sri. No podía creerme aquel cambio de actitud tan abrupto.

—¿No serás tú el adinerado y arrogante occidental que viene hasta aquí a vivir su aventura, como otros van a trabajar unos días, por diversión, en las leproserías, orfanatos o asilos de nuestra tierra?

La ira se apoderó de mí. En ese mismo instante me hubiera ido de la casa del anciano, quien ahora me parecía cruel.

—Te irritas como un niño contrariado. Pero ¿quién se enfada y quién me odia?

Me sentí muy avergonzado. Como para disculparme dije:

—Busco un tratado sobre el hombre feliz en el corazón. ¿Puede ayudarme? Ese tratado contiene las claves para encontrar la mente suprema.

—¿Es que necesitas verlo todo por escrito? ¿Acaso sólo quieres engullir conceptos, palabras, argumentos?

Seguía dirigiéndose a mí en tono seco, como si quisiera hacerme saltar y poner al descubierto mi agresividad.

—No me engañas —dijo de pronto—. Llevas muchos años jugando a ser agradable y seductor. Pero para embaucar, no porque tengas corazón.

Había pasado de tratarme con familiaridad a hacerlo con frío y áspero distanciamiento.

—¿Y quién es usted para hablarme así? —pregunté molesto.

Miré a Sri, que me hizo un gesto para que me apaciguase.

—Estás preguntando a un espacio, a un vacío, a una eternidad —replicó el anciano—. ¿Es que me tomas por este cuerpo, ajado y reseco como un lagarto muerto? ¿Me tomas por la lengua que se mueve o por la mente que le habla? Si supieras quién soy yo, sabrías quién eres tú, y si supiera quién eres tú, sabrías quién soy yo. —Se pasó la mano por la cabeza—. Siéntate aquí, a mi lado.

Me senté en su jergón, junto a él, y me miró con atención.

—El mundo está lleno de tratados que nada revelan, que son letra muerta —prosiguió—. El tratado más fiable es el lenguaje del corazón. No busques fuera, sino en su interior. Muchos occidentales vienen a la India en busca de yoguis y ermitaños. Acuden aquí y nos miran como si fuéramos estúpidos e inservibles santurrones. Luego regresan a su país sin haber aprendido nada. Incluso se permiten juzgarnos y dicen a sus amistades: «Su vida es sólo contemplativa, no aportan nada a la sociedad». El ser más hermosamente inofensivo es aquel que está en meditación y, en la medida que eleva su umbral de consciencia, está haciendo una gran contribución a la humanidad.

Posó su mano sobre mi hombro. Su mirada se tornó amistosa de nuevo.

—Si quieres aplicar tus criterios a lo Inefable, vuelve a tu país. No seas neciamente osado y regresa a tu ciudad, tu trabajo, tus preocupaciones y ocupaciones diarias. Pero yo sé que ése no es tu caso. Tú buscas. —Cogió mis manos entre las suyas. Sentí el calor de quien ama sin egoísmo—. Tienes que ir hacia la fuente, deleitarte en el néctar que nutre y encontrar la causa de tu causa. Has reencontrado el dharma. No lo dejes nunca. Es el consuelo del consuelo y la alegría de la alegría. Ahora eres como un niño débil. Necesitas despojarte de muchas cosas. ¡Qué proceso tan doloroso! Te darás cuenta con horror de tus innumerables fallos. Pero no te desalientes, las claves no están en tratado alguno, sino en ti; el camino parte de tu mente y de tu corazón.

Cuando acabó la disertación, Sri y yo estábamos muy cansados. Nos instalamos en una minúscula estancia, sobre una manta.

Aquella noche me sentía más confundido de cuanto pueda expresarse. A la mañana siguiente, Sri me dijo que iba a cambiar impresiones con Ciento Diez Años sobre el mentor que me convendría. Por la tarde acudimos al templo y al anochecer hablamos durante mucho tiempo. Él había departido ya con el anciano sobre mí.

—Hernán —me dijo Sri—, ahora estoy seguro. Nunca hubiese querido confundirme. Ciento Diez Años coincide con mi apreciación. Tú requieres una enseñanza vital, práctica, sin abstracciones, que derribe tu andamiaje mental y lo reorganice con armonía. Cada buscador, según su personalidad, e incluso sus karmas y condiciones previas, tiene que hacerlo de un modo u otro. Si opta por un sistema de trabajo equivocado, puede ser fatal. El riesgo existe siempre, por supuesto. Pero creo tener una idea de qué te conviene en verdad, si es que confías en este torpe viejo.

Lo miré con cariño y agradecimiento.

—Aunque la vida supone una lección constante —aseveró el anciano—, sólo es un suspiro fugaz en la inmensidad; la misma inmensidad de hace cien mil o doscientos mil años. Al nacer, la inmensidad se limita a sí misma por el tiempo que dura un parpadeo. Esta existencia humana no es más que una franja estrechísima entre miles o millones de franjas.

—Pero la vida —repliqué— ¿tiene sentido o es un sinsentido, un accidente?

—La vida es lo que es. Los porqués y los para qué son ajenos a ella, pero forman parte del pensamiento. Éste no logra ir más allá del pensador y por ello no vislumbra lo que está más allá de él. Te has absorbido tanto en los interrogantes y las ideas que te has desconectado de la frescura de la vida y del aprendizaje que tiene lugar en cada momento. Si la vida tiene un sentido o no, ahora es lo de menos. Tendrá el que tú quieras procurarle. Ha llegado el momento de cambiar... si es que te atreves.

»¿Sabes por qué surgieron las verdaderas escuelas de autotransformación? Para crear un foco de energía que ayudara a despertar a quienes formaban parte de ellas. Ésta es tu oportunidad, tu celebración. Pero debes utilizar la energía consciente desde tu espacio de quietud inmóvil, desde tu centro, y no desde la confusión de la mente humana. Vive, despliégate, siente la inmensidad que te ha tomado.

Sri trataba de expresarse con mucha precisión, sin prisa, para que yo captara perfectamente sus palabras y lo que ellas sugerían.

—El entumecimiento psíquico —dijo— es peor que la artrosis. Nos hace perezosos y negligentes. Tú, como eres inteligente y tienes lo que los occidentales llamáis cultura, te autoengañas de un modo que resulta más sofisticado y peligroso.

—¿Me está analizando? —pregunté risueño.

Sri se echó a reír.

—Se llama Suresh —me informó al fin—. Se le conoce por Suresh el Faquir, y tendrás que buscarlo. Él será tu guía.

—¡Un faquir! —exclamé, despectivo.

—No te expreses así —me corrigió Sri—. Un faquir semidesnudo de mi país vale más que el presidente de cualquier empresa del tuyo. No te muestres tan necio; que yo sepa, Suresh no sólo es el mejor y más celebrado faquir de la India, sino el único que está conectado con una antiquísima escuela iniciática de faquirismo. Y además, es un excelente mentor..., si quiere aceptarte, por supuesto. Su profesión, de cara a los demás, es la de faquir errante, pero posee enormes conocimientos y tiene particulares modos de enseñar.

—¿Es un maestro iluminado? —pregunté ansioso.

—Ya andan por medio tu imaginación y tus exigencias. Sólo un iluminado reconoce a un iluminado. Así pues, ilumínate y lo sabrás.

Hasta nuestros oídos llegaba el rumor de las aguas del Ganges. Yo tenía la sensación de hallarme en el rincón más alejado del mundo. Estábamos a casi tres mil quinientos metros de altitud, con gran humedad en el ambiente.

—No necesitas alguien que te adoctrine con abstracciones metafísicas —prosiguió Sri—, sino que te ponga al desnudo contra ti mismo. Quizá te hartes en seguida y vuelvas a tu país. Si decides seguir siendo un topo mezquino y egoísta, regresa a tu casa. Pero si tomas la firme resolución de viajar hacia el vacío, persevera en tu búsqueda. No desaproveches esta oportunidad.

—No lo haré —afirmé—, porque he venido para eso; y también para eso lo he dejado todo.

Hizo un gesto casi despreciativo con la mano.

—Déjate de tonterías. Aún no has dejado nada. Tendrás que olvidarte de tu ego, de tu ambición, tus actitudes y opiniones. Eso es abandonar, y no sólo haber dejado una existencia de miseria.

No contesté. Seguía sus palabras con atención, evitando resistirme a ellas con conjeturas.

—Volvamos al tema: Suresh el Faquir. Deberás buscarlo. Lo encontrarás allí donde haya grandes acontecimientos religiosos. Yo conocía mucho a su padre; era un gran maestro. Tiene alrededor de cuarenta años. No hay *sadhu* que no le conozca.

—¿Cómo le localizaré? —me lamenté.

—Pregunta, indaga y lo encontrarás. Para todos es un faquir. Pocos saben que perpetúa las enseñanzas de una de las escuelas iniciáticas más antiguas. Es buscado por la gente sencilla, así como por hombres de gran fortuna, y también por ex marajás.

—Pero ¿querrá aceptarme como discípulo?

—Si está en tu destino, querrá. En su momento lo sabrás. Háblale de mí y de Ciento Diez Años. Suresh sólo ha tenido media docena de discípulos. Hace años que no acepta a ninguno y nadie lo acompaña. Su último discípulo, un ruso, se desnucó al caerse del alambre. El destino es siempre tan insondable como inexorable. —Hizo una pausa y agregó—: Pero a Suresh no le gustan las medias tintas. Te dará mucho, pero también te exigirá mucho.

Sus palabras me estremecieron. Notó en qué dudas me debatía.

—¿Qué tienes que perder? —me preguntó—. ¿O es que añoras tu vida anterior?

—¿Tendré la fortuna de hallarle?

—Depende de tu anhelo de libertad interior.

—¿Qué fue de sus otros discípulos?

—Uno de ellos se estableció en una *ashram* del sur de la India y eligió el camino de las reglas: otro se hizo *sadhu* errante; el resto no pudo soportar el adiestramiento y todos abandonaron la búsqueda. La enseñanza de la escuela que perpetúa Suresh es ardua y exigente. También para él fue muy difícil el entrenamiento que le imponía su padre.

—¿Era faquir como él?

—En efecto, pero nunca ejerció públicamente. El hermano pequeño de Suresh murió muy joven, al envenenarse con mercurio.

—Con mercurio

—Sí. Los yoguis y faquires lo utilizan con medida y sabiduría, pero él tomó una dosis excesiva. No hay nadie, Hernán, y tú lo sabes, a quien no alcance el sufrimiento. Pero... hay una salida. Sólo puedo exhortarte a que la halles.

Aunque Sri se negaba a asumir el papel de maestro para mí, yo lo consideraba como tal y siempre lo tendría como a mi primer mentor. Cuando el inevitable momento de la partida llegó, un intenso sentimiento de soledad y desamparo llenó mi corazón.

Habíamos regresado a Almora. Era la estación de las lluvias y a menudo llovía torrencialmente; las nubes parecían agarrarse a los picos de las montañas. En su ermita, el día en que iba a producirse nuestra despedida, me dijo:

—Conectado con el vacío, que es la fuente que te alimenta, contemplarás los temores, las contradicciones, la soledad y el miedo como simples evoluciones de la naturaleza. Desde ese vacío observa sin dejarte arrebatar por lo observado; vive plenamente sin dejarte concernir por lo vivido, con la mente renovada y el ánimo inocente.

Salió a despedirme a la puerta de la ermita. El viento himalayo azotaba nuestros cuerpos. Me incliné ante Sri y, a la manera clásica en la India, toqué sus pies en señal de agradecida reverencia. No pude reprimir los sollozos. Me ayudó a incorporarme y me tomó entre sus ancianos brazos. Una sosegada sonrisa se dibujaba en sus labios. La sonrisa del que sabe y acepta. El viento silbaba entre el follaje. Posó su transparente mirada en la mía.

—Tú y yo somos olas flotando en un océano sin límites. Nos desharemos como ellas y volveremos al océano del que nunca hemos salido. ¿Hay mayor unión, mayor proximidad' El océano se contiene a sí mismo.

—¿Volveré a verle? —pregunté emocionado.

—Me queda muy poco tiempo —respondió con sorprendente certeza—. El personaje que yo he representado está listo para salir del escenario. Morir o vivir me es indiferente. Si otro ermitaño ocupa este lugar, que sea para su bien. En los últimos años he tratado de vivir feliz entre los infelices y de amar entre los que odian. Tal vez no haya obtenido grandes logros espirituales, pero en mucho tiempo no he dañado a ser vivo alguno. Me he hecho amigo de la naturaleza en la que he morado. Cada día celebro la vida, pero la soltaré con la misma facilidad con que la hoja se desprende apacible del árbol.

Nos fundimos en un prolongado abrazo. Sentí su cuerpo frágil y entrañable. Aunque partí como había llegado, mis pasos dejaban atrás a un hombre bueno.

8

Antes de emprender la búsqueda de Suresh el Faquir, decidí viajar hasta Simla para estar unos días con el coronel y su nieta. Cogí un autobús. La lluvia se había hecho más intensa y la conducción resultaba difícil. El olor de la vegetación era balsámico y estimulante a la vez.

Tras un día de viaje, llegué a Simla. Anduve un par de kilómetros bajo la lluvia hasta divisar la mansión colonial. Calado hasta los huesos, llamé a la puerta. Fue Isabel quien abrió y, al verme, se abrazó a mí con alegría y naturalidad.

—¡Qué sorpresa! —exclamó—. ¡Me alegra tanto que hayas venido!

Cogidos de la mano pasamos al salón. El coronel me dio otro caluroso abrazo. En ese momento los sentí como si fueran mi familia. Nos sentamos y un criado trajo el té. Luego Kuldip, el conductor sikh, entró a saludarme. Me sentía muy a gusto. Muy locuaz, les hablé de la peregrinación a Gangotri, de Ciento Diez Años, de Sri y de mi evolución espiritual. Luego me extendí sobre la búsqueda que debía llevar a cabo para encontrar a Suresh.

—No te preocupes, Hernán —dijo Isabel—. En la India, los *sadhus* conocen a otros *sadhus,* ermitaños, peregrinos y faquires. Pregunta y te responderán. No te resultará tan difícil encontrarle como piensas. ¿Cuánto tiempo pasarás con nosotros antes de emprender tu búsqueda?

—Un par de días —dije. Luego, dirigiéndome al coronel, añadí—: Si no es abusar de su hospitalidad.

—Usted puede estar en esta casa tanto tiempo como quiera —repuso el coronel—. Isabel y yo teníamos pensado hacer una excursión a San Jauli mañana, para visitar a un lama amigo. ¿Querrá acompañarnos?

—Me gustaría muchísimo —respondí—. Toda esta zona de la India es extraordinaria.

Como había que madrugar, después de la cena nos retiramos en seguida a nuestras habitaciones. El coronel me estrechó efusivamente la mano e Isabel rozó mi mejilla con sus labios. Saberla en una habitación próxima me creó un inquietante anhelo; apenas pude conciliar el sueño. Antes del alba me levanté y practiqué la meditación. El olor de los jazmines colocados en una mesita de la habitación llegaba hasta mí, y la lluvia contra las hojas de los árboles producía un rumor tranquilizante. Tal como Sri me había enseñado, me retiré de todas mis envolturas para adentrarme en mi sensación de ser y así penetrar en el vacío primordial.

Aunque la distancia entre Simla y San Jauli era de apenas unos kilómetros, el desplazamiento se hizo largo debido a las dificultades de la carretera. Inmutable, el conductor sikh sorteaba desprendimientos, rocas y lagunas.

San Jauli es un simpático pueblo en la inmensidad de las montañas que circundan Simla. Estuvimos departiendo largo rato con el lama, en cuyo rostro destacaban una barbita puntiaguda y unos ojos profundamente expresivos. Nos habló del poder del mandala como foco de energía y de la vía secreta de los mantras para conectar con realidades de orden superior. Después de haber tomado té con una densa capa de manteca de yak, se despidió de nosotros obsequiándonos con unos rosarios que ellos llaman *malas*.

Aunque los dos días en compañía del coronel y su nieta transcurrieron como un suspiro, ni un solo instante dejé de tener viva consciencia de la presencia de Isabel, de sus gestos, miradas y palabras. El día de la despedida estaba esperándome en el porche. El cielo era como un espejo azul. El humo de la chimenea flotaba en el aire.

—¿No quieres quedarte, Hernán? —me preguntó.

—Todos mis sentidos lo anhelan, Isabel —respondí—. Nada en verdad impide que permanezca aquí, disfrutando de vuestra compañía, e incluso meditando apaciblemente; pero he venido a la India a seguir un camino espiritual que me ayude a comprender y a recobrar la paz interior.

—¿Volverás alguna vez?

—Nunca abandonaría la India sin verte y despedirme de vosotros.

Necesitaba adquirir varios artículos para mi aseo personal, así que fuimos juntos hasta el bazar. Comparado con otros bazares, el de Simla era limpio y ordenado, con sus puestos de verduras, gorros, chales de lana y especias distribuidos en varias callejuelas en la falda de la colina.

Después de las compras fuimos paseando hasta uno de los cerros y nos sentamos entre los árboles. Del modo más inesperado, Isabel me preguntó, con mirada seria.

—¿Por qué hay tanta insatisfacción en ti?

—Y tú, ¿no sientes también una gran insatisfacción? —repuse algo molesto. —Ella guardó silencio—. Sientes tanta insatisfacción como yo —añadí—; tanta como cualquier persona que tenga inquietudes y no alborote como una gallina atolondrada.

—Sí —dijo, esbozando una sonrisa—, pero yo gasto esa insatisfacción. La utilizo a cada momento. Tú la conservas; no te desprendes de ella. Necesitas salir fuera de ti mismo.

—¿Ah, sí? —exclamé, irónico.

—Ahora te autodefiendes —aseveró ella—. Cuando uno trata de hablar de ti, siempre te colocas tras un muro.

—¿A qué viene todo esto? —pregunté de mal humor—. Te queda mucho por saber y comprender.

—Sí, claro...

—Tú también sufres —la interrumpí—. No te hagas la mujer recia conmigo porque...

Me echó los brazos al cuello y cubrió mis labios con los suyos. Luego se apartó con brusquedad y dijo:

—Te resistes a la verdadera vida, dándole la espalda. No aceptas lo que no hayas planeado primero; nada que no tuvieras previamente calculado.

—No es así —protesté.

—Por supuesto que lo es —insistió ella—. Necesitas elaborarlo todo con la mente.

La cogí entre mis brazos y la besé. Supe entonces hasta qué punto podríamos amarnos, pero lo difícil que resultaría conciliar nuestros caracteres e inquietudes.

Nos levantamos y reanudamos nuestro paseo en silencio, pensativos. Ambos nos dábamos cuenta de que había muchas cosas que nos acercaban y otras muchas que nos distanciaban. Yo caminaba cabizbajo.

—¿Por qué tienes esa necesidad de encontrar a alguien que te enseñe y te guíe? —preguntó, pasados unos segundos.

—¿Me lo reprochas? —dije, controlando mi ánimo. Y agregué—: También tú te has inspirado en las enseñanzas de Sri.

—Me ha inspirado, por supuesto, pero siempre sigo los dictados que surgen de mí misma.

—Lo que ha surgido de mí mismo en los últimos años no ha sido otra cosa que confusión y malestar. Por eso creo que debo comenzar mi búsqueda en Benarés. ¿No es la ciudad más sagrada de la India? Allí conoceré a muchos *sadhus* y hombres santos, recabaré información y veré qué sale de todo ello.

Al despedirnos, me regaló un chal anaranjado, como el que llevan los renunciantes. Lo tomé como un modo de desearme suerte en mi difícil búsqueda. Estaba muy atractiva bajo el inclemente sol de la mañana. El coronel me estrechó la mano e Isabel, sin decir nada, me dio un abrazo espontáneo. Subí al automóvil y me recosté en el asiento trasero.

—Hoy tenemos un buen día, sir —dijo el conductor.

Nos pusimos en marcha. Pensé que debería emplear toda mi energía en hallar a Suresh, dondequiera que estuviese. ¿Pero querría aceptarme aquel singular maestro que no ejercía como tal?, ¿podría siquiera encontrarle?

Cuando llegamos a Chandigarh, el conductor me acompañó hasta la puerta de la estación. Me sumergí en el torrente humano, junto a las vías. El tren iba a partir en pocos minutos.

En Nasik se celebraba un gran festival religioso y unos s*adhus* de Renarés me habían dicho que seguramente allí encontraría a Suresh.

En las inmediaciones de Nasik podían verse nutridos grupos de peregrinos y devotos que habían acudido hasta allí para asistir al festival junto a las aguas del río Godavari. Como iban a reunirse varios millones de personas, la policía había dispuesto un asombroso dispositivo de vigilancia y seguridad. Había gran número de campamentos de *sadhus* y peregrinos. Todos los establecimientos estaban a rebosar, pero al fin encontré un cuartucho en la casa de un tendero, en la parte más congestionada y bulliciosa de la ciudad. Apenas me aseé un poco, sin tomarme un minuto de descanso, salí precipitadamente hacia los campamentos de los *sadhus*. Una compacta muchedumbre inundaba todas las áreas colindantes del río. «Nasik es, en cierto modo —pensé—, una réplica de Benarés en este estado de la India.» Familias enteras habían peregrinado hasta la ciudad para asistir al festival.

De mis labios salió una sola palabra: Suresh. A *sannyasins*, *sadhus,* eremitas y peregrinos les preguntaba por Suresh. Estaba ansioso y expectante. Quizá ésa fuera mi única oportunidad de hallar a aquel extraño personaje. Durante horas anduve preguntando sin obtener resultado alguno. Así transcurrió el día, de acá para allá, sumergido en el gran hervidero humano. Dormí unas horas y, antes del alba, me levanté y acudí a las proximidades del río. Mis pesquisas prosiguieron. Cuando preguntaba si conocían a Suresh el Faquir, muchos decían «sí». Pero pronto comprendí, con desaliento, que el «sí» de un indio puede traducirse por «no»», «tal vez», «quizá», «ni sí ni no» o, verdaderamente, «sí».

A media mañana, agotado, me senté junto al río. Gentes de todas las edades iban y venían. A unos metros había un *sadhu*, con una pata de palo, fumando ávidamente, sin dejar de mirarme con sus ojos saltones. Me aproximé a él y antes de darle tiempo de decir algo, impulsivamente puse un puñado de rupias en su mano.

—Suresh —le urgí—. Condúceme hasta Suresh. Suresh el Faquir.

El hombre me hizo un gesto para que lo siguiera. Cojeando, fue abriéndome paso entre la muchedumbre, mientras preguntaba a *sadhus*, vendedores y desocupados. Pasado un rato, pareció tomar una dirección concreta en lugar de merodear de aquí para allá haciendo preguntas. A lo lejos divisamos una gran explanada *y* mucha gente. El *sadhu* me hizo un gesto con la mano para que me dirigiera hacia allí, demostrándome su intención de no acompañarme. Con el paso acelerado, sin siquiera despedirme del *sadhu por* la ansiedad que me embargaba, me dirigí hacia la explanada. Me abrí paso entre la multitud y al mirar hacia arriba, igual que hacía la gente allí reunida, vi a un hombre que andaba por un alambre amarrado de uno a otro poste a gran altura.

—Por favor, ¿es Suresh? —pregunté sobresaltado, como si el corazón fuera a salírseme del pecho.

Nadie me contestó. Todos estaban absortos, como hipnotizados, pendientes del funámbulo. La gente lo miraba con entusiasmo no disimulado y gran nerviosismo. Había espectadores de todas las edades.

El funámbulo, con una larga barra en las manos, iba y venía por el alambre. Desde la distancia no pude apreciar los rasgos de su rostro, pero vi que iba vestido sólo con un langoti. Tenía un cuerpo delgado, aunque musculado y fibroso, casi perfecto.

—Por favor, por favor —supliqué—, ¿cómo se llama el funámbulo?, ¿cuál es su nombre?, ¿se llama Suresh?

La gente o no me prestaba atención o pensaban que yo era un extranjero loco o se encogían de hombros. Pregunté a unos policías, pero no pude arrancarles ni una palabra. Cuando seguí insistiendo, algunos me dijeron que no sabían el nombre del funámbulo. ¿Cómo era posible que nadie me diera referencias? Me sentí tan impotente como un sapo al que se le viene encima la pata de un elefante.

—Por favor, ¿podrían decirme si se llama Suresh? —seguí preguntando.

De repente, una mano me agarró del hombro. Al volverme me encontré con el rostro sonriente y agitanado de un joven semidesnudo, hermosos ojos muy vivaces y sonrisa expresiva, un poco burlona.

—Sí, es Suresh —dijo—. Ése es Suresh.

Sentí una alegría irreprimible. Hubiera estrechado a aquel hombre contra mí y lo hubiera besado. Pero, desconfiado, pregunté:

—¿Cómo lo sabe?

—¿Que cómo lo sé? —Estalló en una carcajada sin fin—. Somos competidores —reconoció—. Pero el muy pícaro esta vez me ha tomado la delantera y se está llevando todo el dinero. ¡Será rufián!

—¿Está seguro de que es él? —insistí.

—Le conozco desde hace varios años —respondió el joven sin dejar de sonreír, y seguramente sorprendido por mi interés hacia el funámbulo.

—¿Qué es usted? —pregunté—. ¿Por qué lo conoce desde hace tanto tiempo?

Volvió a reír a carcajadas.

—Acróbata, equilibrista, trapecista, funámbulo, faquir... —dijo divertido—. Soy todo eso y más, igual que Suresh. Muchas veces hemos desayunado juntos con clavos y cristales —bromeó.

De nuevo alcé la mirada hacia el hombre que se paseaba por el alambre. Tenía a la concurrencia en un puño, absorta y enfebrecida con su actuación. De vez en cuando, y con mucha habilidad, fingía que casi se caía, enardeciendo al público aún más. La gente silbaba, gritaba, enmudecía, aplaudía y daba vítores. Cuando Suresh dio por terminado su número y saludó fanfarrón desde el alambre, un niñito fue pasando entre el público con una caja en la mano para recibir la recompensa. La gente le echó muchas monedas. Supuse que había conseguido una magra recaudación.

—No va a dejar nada para mí —se lamentó el joven agitanado, que seguía a mi lado y que exhalaba una gran simpatía.

Cuando vi que Suresh descendía por uno de los mástiles, me abrí paso a codazos entre la muchedumbre. Podía permitírmelo todo menos perderlo. Me sentía nervioso y desconcertado. Si no podía darle alcance, tal vez lo perdería para siempre. Llegué hasta Suresh y me coloqué frente a él, cerrándole el paso.

—Necesito hablar con usted —dije—. Es sumamente importante.

Me miró sin extrañeza, con naturalidad.

—¿Tan importante es? Ahora hablaremos.

La gente se arremolinaba junto a él y muchos querían tocarlo, palmearle la espalda, preguntarle cosas o, simplemente, verle de cerca. Por mi parte, aproveché la ocasión para observarle con más detenimiento. Tenía el cabello negro y ensortijado; en su oscuro rostro destacaban los ojos, de un color ambarino y mirada profunda y penetrante. Aunque de pecho abultado y fuerte y cuerpo fibroso y musculado, se le veía muy delgado. Una semisonrisa persistía en sus labios y la expresión de sus ojos era viva y simpática. Desprendía una sensación de contento y serenidad.

—Venga conmigo —me indicó con amabilidad no fingida.

Me resultó difícil seguirle entre el enorme gentío. Atravesamos algunas callejuelas atestadas de vendedores, *sadhus* y peregrinos y nos dirigimos hacia las afueras de la ciudad, donde había un gran campamento con tiendas. Suresh se detuvo ante una de ellas y, con un cordial gesto de la mano, me indicó que pasara yo primero. En ese momento comprendí que era una persona de exquisitos modales, lo que contrastaba no poco con su profesión de faquir. El niño que había recogido la recaudación y nos había seguido a corta distancia se detuvo en la entrada de la tienda. Suresh cogió la caja con la recaudación y le dio un buen puñado de monedas al pequeño; éste, muy contento, se alejó corriendo.

Nos sentamos en el suelo, sobre una raída alfombra. Sin mediar palabra, el hombre preparó té para ambos y con abierta familiaridad se sentó a mi lado, me dio un cariñoso cachete en un muslo y clavó su mirada en mis ojos. Los suyos disponían de un lenguaje propio e inexpresable, pero en ellos había algo inquietante y mucho de paz inefable.

—Esta tarde, al anochecer, actuaré otra vez. Pero he pedido que suban el alambre mucho más. A la gente le gusta el riesgo ajeno y admiran a quienes hacen lo que ellos no se deciden a hacer. Bien, usted tenía algo muy importante que decirme, ¿no es así?

No sé si hubo un tono de ironía en su voz, pero todo lo que estaba sucediendo me parecía absurdo e irreal. Yo, un occidental culto, sofisticado y tecnificado, me encontraba en una sórdida tienda de campaña, sentado en el suelo frente a un faquir semidesnudo, dispuesto a solicitarle —y si fuera necesario a suplicarle— que fuera mi mentor… Casi no podía creerlo, y menos pensar que eso me estaba sucediendo a mí, una mente lógica y calculadora. Tenía tantas dudas que me sentía incapaz de despegar los labios para hablar, pero me armé de valor.

—He pasado algunas semanas con Sri —dije—, en Almora. También he conocido a Ciento Diez Años. Ambos han convenido que usted podría ser el maestro idóneo para mí.

Casi no había terminado de expresarme cuando una sonora carcajada resonó en la tienda. Su reacción fue tan inesperada que me quedé estupefacto. Él no paraba de reír sin recato alguno, y lo hacía de tal forma que, evidentemente molesto, me levanté para marcharme.

—Vuelva a sentarse —dijo en lo que fue casi una orden—. Y no sea tan neciamente susceptible. Ahora, dígame: ¿por qué iba yo a ser su maestro? —Y me urgió—: Deme una razón de peso. ¡Una razón de peso!

Me paralicé cuando nuestras miradas se encontraron. La suya parecía entrar hasta lo más íntimo y profundo de mí. Como yo no respondía, insistió con cierta sequedad:

—¿Por qué debo yo cargar con el fardo de su búsqueda? ¿Acaso no se trata de su búsqueda? —No hubo brusquedad en sus palabras, y la semisonrisa persistía en sus labios—. Yo voy a mi libre albedrío. Soy un simple faquir que se gana la vida como puede. Nadie depende de mí y yo dependo sólo de las limosnas de mis espectadores. Siempre me sirvo de la ayuda de un niño para hacer la recaudación, luego le doy un puñado de monedas y vuelvo a estar solo. El mundo es mi tierra; el cielo, mi techo y el suelo, mi cama. Soy libre como el viento. Tengo todo cuanto quiero, porque lo más hermoso del mundo es gratuito.

—Déjeme al menos que yo pase la caja entre los espectadores —dije vacilante—. No le importunaré.

Guardó silencio. De una caja cogió un puñado de una pasta blanca y se frotó con ella las manos, el cuello, el torso y las piernas.

—O sea, que viene usted hasta aquí, se planta delante de mí y me dice que Sri y Ciento Diez Años han convenido que yo sería un mentor idóneo para usted. Muy bien, muy bien... —dijo entre burlón y afectuoso— Pero usted continúa ahí, como si estuviera mudo, sin darme una sola razón de peso para que me convierta en su maestro. Sigue sin decirme qué espera exactamente de mí. Yo no puedo liberarme por usted. No soy de esos guías espirituales que se jactan diciendo que ellos toman sobre sí el peso del discípulo. Cuando decido tener un discípulo (digámoslo así en términos convencionales), lo hago para que en la medida que yo le ayude, él también me ayude.

Se le veía una persona culta y refinada, lo que contrastaba con su oficio de feriante.

—Mi vida es un infierno —solté de golpe pero sin dramatizar, casi como si me refiriera a otra persona.

—La vida de la mayoría de los seres humanos es un infierno

—replicó—. El infierno comienza en la mente; es un estado de consciencia. Y unas personas arrojan su infierno personal contra las otras. Pero ¿qué espera en realidad de mí? Dígamelo sin ambages. Si yo le tomo como discípulo, desde luego, no voy a ponerle las cosas fáciles. No creo en esos maestros que derrochan consuelo hacia sus discípulos. Para mí, todo eso son patrañas.

—Enséñeme a procurarme paz a mí mismo —dije—. Muéstreme la vía hacia la armonía; la senda hacia mi espacio de quietud. Sólo volveré a mi país si logro esa paz interna que tanto necesito.

Se dio a sí mismo una friega por todo el cuerpo e hizo algunos ejercicios de estiramiento y elasticidad.

—Esta noche hablaremos con más calma —dijo—. Ahora necesito descansar. Le explicaré cómo funcionamos nosotros.

Deduje que al decir «nosotros» se refería a los de su linaje espiritual, a la escuela de la cual formaba parte.

Durante horas deambulé por la ciudad. Paseé entre los campos de *sadhus*, asistí a los templos, tomé algunos alimentos y me senté a meditar junto al río. Las dudas me invadían, la soledad, la incertidumbre y la preocupación me acosaban.

A la hora convenida regresé a la tienda de Suresh. Cuando entré lo hallé tendido en el suelo, en un estado de profunda relajación. Al cabo de unos minutos respiró varias veces a pleno pulmón, sonoramente. Hizo unos cuantos movimientos bruscos con la cabeza, sacudió los brazos, giró los ojos en sus cuencas y se levantó de un salto, con sorprendente agilidad, y sin ayuda de las manos. Luego me miró sonriente.

—¿Ha estado curioseando por ahí? —preguntó.

—Así es.

Sacó leche de una tinaja y la bebió con fruición.

—¿Quiere probarla? —inquirió con amabilidad.

—Ahora no.

—Es leche de búfala. Me cae bien al estómago. ¿Vio el espectáculo esta mañana?

Asentí con la cabeza. Él guardó silencio y abrió una lata de donde sacó una especie de cera oscura con la que se embadurnó el torso y que despedía olor a eucalipto. Luego se frotó las plantas de los pies y pude apreciar que las tenía duras como el esparto. Me fijé más en su cuerpo, tan fibroso que en él hubiera sido posible estudiar todos los músculos y tendones.

—Se está celebrando un *mela*, un festival religioso muy importante —me explicó mientras hacía algunos ejercicios de calentamiento—. Esta mañana trabajé con barra, como usted habrá visto, pero ahora no me serviré de ella. Y eso que a mayor altura la barra sirve de más ayuda.

—¿Cuál es la diferencia? —pregunté—. Confieso que no sé nada de equilibrios sobre el alambre.

—Sin la barra, todo el equilibrio debe hacerse con la ayuda de los brazos. Con la barra, en cambio, uno se siente más seguro y la misma barra proporciona mayor equilibrio cuanto más larga y pesada es. La gente piensa lo contrario y cree, erróneamente, que la barra complica las cosas. Y si uno todavía quiere sentirse más seguro, debe poner sendas pesas en los extremos de la barra.

Hizo una pausa y mientras se cambiaba de taparrabos, añadió:

—Si usted va a permanecer un tiempo conmigo, necesitará aprender muchas cosas sobre el funambulismo.

Me quedé atónito. ¿Para qué necesitaba yo aprender muchas cosas sobre eso? Aquello me pareció absurdo.

—La vida es un alambre —dijo, como si hubiera intuido mis dudas— que tiene una extensión de sesenta o setenta años, o lo que fuere. Hay que ser un diestro funámbulo en el alambre de la vida. Éste nos ofrece una ficticia sensación de seguridad y llegamos a creer que no tiene fin. Cuando el alambre termina, la vida acaba. Entonces nos precipitamos en el Gran Vacío.

—No lo había visto nunca de ese modo —reconocí sorprendido.

—Un traspiés —dijo—, y uno se precipita en el abismo. Espero no darlo hoy, precisamente. —Se echó a reír divertido, como si tuviera una enorme confianza en sí mismo o la vida no le importara demasiado.

—¿Ha tenido muchos accidentes? —pregunté.

—No me queda un hueso sano —respondió con naturalidad, pero fui incapaz de percibir si lo decía en broma o en serio.

Se presionó las sienes durante unos instantes.

—La vida es imprevisible —dijo después—. Está llena de accidentes que hay que saber afrontar. —Hizo algunas flexiones y comentó—: El alambre de la vida es el que nos permite desarrollar la acción diestra. La acción diestra va reorganizando la mente, del mismo modo que una mente armoniosa desencadena acciones lúcidas. Hay maestros que insisten en cultivar la mente para llegar a la acción diestra, y otros insisten en la acción diestra para cultivar la mente clara mediante la misma. De hecho, no hay diferencia.

Se ciñó a los riñones una correa muy ancha. Aunque no dejaba de hablarme, procedía en todo momento con gran cuidado y precisión. Sus movimientos eran lentos pero no pesados. Se le notaba siempre muy autoconsciente.

—La vida es un alambre, sí —afirmó tajante—. Si eres aprensivo, te caes; si te muestras demasiado desprevenido y osado, también. Si distraes la atención, todo está perdido. Si el miedo te gana y te paraliza, la vida pierde su brillo y el ánimo se marchita. Del mismo modo que un buen funámbulo camina sobre el alambre con suma atención y trata a cada momento de conservar el equilibrio, así hay que pasar por la vida.

Me miró esperando algún comentario por mi parte.

—Nos vamos —dijo de repente ante mi silencio.

El niño nos esperaba en la puerta. Suresh le hizo una caricia y le dijo:

—Vamos a conseguir que nos llenen la caja de monedas, amiguito. Haz bien tu oficio, que yo haré bien el mío.

Había un olor húmedo, sofocante y opresivo. Caminamos hasta la explanada donde el alambre había sido colocado a una sobrecogedora altura, entre dos elevadísimos mástiles.

Los organizadores eran dos hombrecillos insignificantes, mal vestidos a la occidental, de edad indefinida. Consultaron algo a Suresh. Se veía claramente que no lo trataban como a un simple faquir, sino que le respetaban. Era de suponer que a cambio de la organización les daría un buen pellizco de lo recaudado.

Suresh se acercó a mí.

—Si decido que te quedes conmigo —me susurró al oído—, te enseñaré a cultivar la actitud que uno necesita mantener cuando anda sobre el alambre, para luego trasladar esa actitud a la vida cotidiana. Todo lo que sé lo he aprendido en el alambre. Pero —añadió sonriendo— es más fácil caminar por el alambre de acero que andar por el invisible alambre de la vida.

Su espontánea confidencia me sorprendió bastante. La gente había comenzado a impacientarse. Estaba deseosa de ver actuar otra vez al faquir más célebre de la India. Muchas personas empezaron a silbar, dar palmas y vociferar. Los labios de Suresh murmuraron algunas palabras. Deduje que sería una plegaria o un mantra. Luego, con agilidad increíble —tenía la vitalidad y movilidad de un chiquillo de quince años—, trepó por uno de los mástiles hasta alcanzar una minúscula plataforma a un extremo del alambre. Ante un público expectante caminó de frente y de espaldas sobre el alambre, con los pies desnudos, utilizando diestramente los brazos una y otra vez para mantener el equilibrio. Con asombrosa facilidad giraba sobre el alambre o levantaba un pie y provocaba movimientos de aparente inestabilidad para despertar el temor y aumentar la tensión en el público. Y a decir verdad, lo conseguía. En cada momento de su actuación sabía cómo proceder para enardecer más a los espectadores. Fue aclamado con intensidad cuando acabó su exhibición. La gente del campo estaba como hechizada, sin poder dar crédito a lo que veía.

Cuando descendió, Suresh se dejó abrazar y felicitar por todos, de buen talante, encantado entre su público, sin ningún signo de arrogancia. De repente se dirigió a mí.

—Acompáñame —dijo.

Le seguí. Mi mente era un torbellino de confusión. Me había convertido en el acompañante de un funámbulo de feria, yendo de acá para allá. Anduvimos por unas sucias callejuelas hasta llegar delante de una casucha semiderruida. Entramos. En una sórdida y húmeda habitación nos encontramos con una mujer y cuatro niños de corta edad. Ella parecía enferma y en su rostro había una palidez cadavérica. Aunque los pequeños iban pobremente vestidos, se les veía muy contentos. La mujer, haciendo un gran esfuerzo y como si no pudiera ni arrastrar los pies, puso ante nosotros sendos vasos de agua y unos dulces con moscas. Los niños empezaron a colgarse de Suresh, jugando con él muy alegres. Noté que le tenían gran afecto. De súbito, Suresh cogió parte del dinero recaudado y se lo dio a la mujer. Ésta empezó a gemir emocionada, empeñándose en besar las manos del faquir, pero él no se lo permitió, y siguió dejándose zarandear por los niños. Me hizo una señal.

—Vámonos —dijo.

Una vaca nos cerraba el paso. Las aguas fecales discurrían por la callejuela. Olía a excrementos. El cielo estaba muy cubierto y la humedad era como una nube asfixiante. Nos cruzamos con un anciano que, al vernos, tendió una mano trémula y susurró algunas palabras ininteligibles. Suresh le llenó la mano de monedas. Le observé con curiosidad.

—Hay que saber soltar —me dijo sin mirarme.

¿Se refería al dinero que había dado a la mujer?, me pregunté. Pero guardé silencio.

—Saber soltar. Si no levantas los pies del alambre que pisas, si no te sueltas, ¿cómo seguirás avanzando por él? La vida consiste en tomar y soltar, coger y aflojar. Tenemos que aprender a estrenar cada instante. Ni siquiera a la senda del medio hay que aferrarse. ¡Cuánto menos a los extremos! Llegará un día en que tendremos que soltar incluso el cuerpo.

Espontáneamente nuestro trato se había hecho más íntimo y familiar. De repente fue como si nos conociéramos desde hacía mucho tiempo. Ésa fue mi sensación.

—¿No te hace daño el alambre al pisarlo descalzo? —pregunté.

—Ya no —respondió—. Al principio resultaba doloroso, pero hay que aprender a superar lo que engendra sufrimiento y mantenerse por encima o aparte del mismo.

—¿Por encima o aparte? —pregunté extrañado.

—Así es. Uno siente que le duele, pero hay que hacer abstracción, salir de uno mismo.

—¿Qué pensamientos pasan por tu mente cuando estás actuando?

Me miró de una manera que interpreté como despectiva, y me sentí muy incómodo y ridículo.

—Si piensas, te destripas —dijo con contundencia, recalcando las palabras—. Me limito a actuar sin reacciones de ningún tipo. Actúo por amor a la actuación, como tenemos que hacer en la vida: actuar por amor a la obra, vivir sin reacciones inútiles. Ejecuto la acción diestramente, libre de todo pensamiento que interfiera, sin ligarme a nada, sin pasado y sin futuro. Confío en el alambre, que en ese momento es la vida. En cualquier instante puede romperse, lo sé, o moverse, también lo sé, pero si eso ocurre, ya procederé en la urgencia de la situación.

»La mayoría de la gente se pasa la vida reaccionando y eso resulta feo y estéril. Exigen seguridad excesiva; no saben aceptar la inseguridad y temen el desafío de la vida. Así se anquilosan, se petrifican, y si el alambre que es la vida se mueve en ese momento, se precipitan irremisiblemente en el abismo, porque estaban establecidos en una precaria y falsa seguridad.

Me condujo por diversas callejuelas y desembocamos en un templo, en cuyo patio había sentados gran cantidad de *sannyasins*, envueltos en la túnica naranja.

—Tengo que ver a un amigo —dijo.

Un anciano, con parte del rostro comido por la lepra, oraba en un rincón del santuario, en la semipenumbra. Suresh lo abrazó, y besó el carcomido rostro. Luego le entregó un buen puñado de monedas y el hombre empezó a musitar palabras de agradecimiento. Cuando salimos, me dijo Suresh:

—Morirá pronto. El alambre de su vida se está acabando.

Nos paramos en un pequeño restaurante y nos sentamos sobre unos cajones que, a modo de sillas, había en su lúgubre interior. Olía francamente mal.

—La mayoría de los seres humanos pasan por el alambre —dijo Suresh— con la consciencia dormida o semidormida, mecánicamente. No toman el alambre, sino que éste los toma a ellos. No son funámbulos, sino sonámbulos.

Le escuchaba con atención, a fin de no perderme ni un solo comentario de aquel hombre tan singular.

—¿Qué quieres cenar? —preguntó.

—Arroz. Nada más.

Encargó arroz, chapatis y diversas verduras.

—Cuando ando por el alambre, permanezco arraigado en mí mismo. No pienso, no reflexiono, sólo actúo. Pero no lo hago desde mi ego temeroso, sino desde mi energía cósmica.

—No lo entiendo.

La semisonrisa que siempre esbozaba se hizo más pronunciada.

—No es algo para entender —dijo—, sino para sentir.

Saboreó la comida con gran deleite, disfrutando de ella.

—He conocido a otro funámbulo —comenté—. Él me indicó que usted era Suresh.

—¡El pícaro de Salim! —exclamó, y luego se echó a reír a carcajadas—. Hemos pasado buenos momentos juntos. Tiene un truco excelente para simular la levitación. Es un buen tipo. Nos llevamos bien. Yo soy hindú de nacimiento y él, musulmán, pero somos como hermanos.

Se chupó los dedos de la mano derecha, con la que comía.

Me miró intensamente, como si quisiera penetrar hasta el núcleo de mi ser. Nunca había visto una mirada como la suya.

—O sea, que tu vida es un infierno, ¿no?

En ese momento su comentario me desconcertó por lo inesperado.

—Un infierno —acepté lacónico.

—Hay que aprender a bailar con la ola, ¿lo sabías? Es necesario deslizarse en armonía con los procesos. No podemos frenar la vida ni mutilarla; sería como si alguien saboteara mi alambre, cortándolo. Es atroz cortar el alambre de la vida de otros, verdaderamente atroz. También lo es no aprovechar el propio alambre.

—Me contaron que uno de sus discípulos se mató —comenté.

—No los llames discípulos —me corrigió casi con acritud—. Yo no tengo discípulos. No enseño, no guío, no dirijo. Eso queda para los gurús. Yo comparto experiencias con mis compañeros espirituales. Pedro, por negligencia suya, no pudo acabar de pasar el alambre de su vida.

—¿Qué sucedió?

—Algún espectador lo vitoreó. Él miró donde no debía y la vida le echó de su terreno. Cuando quiso agarrarse al alambre, su cuerpo no le obedeció, se ladeó y el alambre le seccionó la yugular. Fue una muerte instantánea. También yo he cometido negligencias que podrían haberme costado la vida. La negligencia nos embota, sea pasando sobre el alambre de acero, sea caminando por el alambre de la vida. La negligencia conduce a la muerte..., al menos a la muerte espiritual, que es la peor de todas.

—¿Qué entiendes por negligencia? —pregunté.

—Falta de atención —respondió con convicción.

Le miré en silencio, esperando que se extendiera un poco más a propósito de mi pregunta.

—Buda contaba una historia a sus discípulos. Nadie ha llegado a desarrollar tanto la atención como Buda. Yo diría que, con toda probabilidad, es el hombre más atento con quien ha contado la humanidad. Pues bien, él refería la siguiente historia a sus discípulos: Un preso debía ser trasladado de la prisión en que se encontraba a otra. Para ir de un lugar al otro tenía que pasar por un pueblo. Sobre la cabeza le pusieron una olla llena hasta el borde de aceite, y le seguía un guardián con una espada. Si derramaba una sola gota de aceite, el guardián le cortaría la cabeza. Y he aquí que, cuando el preso atravesaba el pueblo, entraron en éste gran número de bellísimas y jóvenes bailarinas. La pregunta es: ¿perdería el preso la concentración, ladearía la cabeza para mirar a las mujeres, derramando así el aceite, con lo cual perdería en el acto la vida?

Hizo una pausa. La gente hablaba animadamente en el local. Tal vez el indio es el único pueblo en este planeta más escandaloso que el latino.

—Basta de cháchara —dijo Suresh.

Salimos del restaurante. A pesar de que era noche cerrada, había mucha gente por la calle y nos fundimos con la muchedumbre. El calor era muy intenso y los cuerpos estaban sudorosos. A lo lejos oí el estallido de unos fuegos artificiales. Un perro aullaba despavorido. Olía a aceite refrito. Caminamos sin prisa hasta la tienda. Cuando llegamos, Suresh encendió un candil. Luego clavó sus expresivos ojos en los míos y sentí una especie de incontrolable escalofrío. El destino quería que yo estuviera allí, sentado junto a un faquir, en una de las ciudades más santas de la India y con una mente cuyas estructuras a menudo amenazaban con derretirse como la cera de una vela. De pronto dijo:

—Me pareces una buena persona. Pero me pregunto si no harás todo esto por divertir a tu aburrido ego o por evadirte.

—No te culpo —dije con humildad—. Yo no dejo de hacerme preguntas sobre mí mismo. Creo que cada vez estoy más desorientado.

—Pues lo que debes preguntarte es quién es el que se hace preguntas. El buen cazador no dispara contra la sombra del tigre, sino contra éste. Interrógate más por el que pregunta. Ningún hombre inteligente trataría de lavar con sangre manchas de sangre, pero me temo que tú lo harías.

No dije nada. Fijé la mirada en la luz del candil. Se había hecho un silencio reconfortante.

—Te hablaré sobre los faquires de la antigüedad —añadió—. Eran resistentes como rinocerontes, perceptivos como leopardos y sagaces como águilas. Por ello, algunos fueron incluso utilizados como espías, destinados a misiones secretas muy especiales o habilitados para recuperar secretos celosamente guardados. Destacaban por su severo autocontrol, su entereza a prueba de todo, su habilidad y su capacidad para arrostrar impávidos los peores peligros. Los verdaderos faquires utilizaban técnicas de yoga, disponían de su propia metafísica y siempre exhibían un admirable talante imperturbable. En las escuelas de faquires, éstos se sometían a una especie de noviciado y se preparaban muy exhaustivamente. Era una senda difícil y que exigía un riguroso dominio sobre la mente y el cuerpo. Muchos desistían, otros eran rechazados, otros incluso enfermaban o morían.

Hizo una pausa y espabiló el candil. Hablaba pausadamente, con plena consciencia de lo que decía. No tardé en descubrir que, a diferencia de la mayoría de los seres humanos, ejercía una especial vigilancia sobre sus palabras y actos.

—Pero inexorable y paulatinamente, el faquirismo se fue degradando —prosiguió—. Antes el faquir era digno, orgulloso, presto, leal, y en los distintos reinos se le valoraba por su arrojo, su fidelidad, su autodominio y la pureza de su conducta. Seguían un adiestramiento físico y mental de gran alcance, y podían llegar a ingerir veneno y expulsarlo a los pocos minutos por el ano sin el menor peligro para su vida; a cortarse una arteria e interrumpir de inmediato la circulación de la sangre; a someterse a prolongados ayunos; a hacerse sumamente resistentes al frío elevando la temperatura de su cuerpo; a correr en estado de trance largas distancias sin fatigarse; a soportar estoicamente torturas sin que se les pudiera arrancar una sola palabra; a tenderse, impasibles, sobre espinos.

»Eran los grandes maestros de la mente y del cuerpo. Algunos transmitían tal aplomo que con su sola presencia amansaban a las más fieras alimañas. También conocían los misterios, leyes y aplicaciones de la botánica oculta. Sabían qué dosis de mercurio necesitaban tomar para revitalizarse. Algunos nunca se casaban ni formaban una familia.

»El faquir estaba conectado con lo Invisible y utilizaba la energía de lo Inefable. No sentía apego por su cuerpo, aunque sabía armonizar todas sus energías y regular sus funciones orgánicas. Era iniciado en la ciencia secreta del adiestramiento psicosomático. El control sobre el cuerpo le conducía al dominio sobre la mente. Su voluntad era inquebrantable y su tesón, insuperable. Del absoluto extraía las potencias necesarias para poder constituirse en el verdadero dueño de sí mismo.

»Sus proezas físicas requerían una mentalización especial. Eran frugales con la comida, dormían lo justo y transformaban su energía seminal. Por lo demás, siempre tenían a su alcance la gran reserva de energía cósmica. También se adiestraban sensorialmente, a fin de mejorar el oído, la vista, el olfato y el tacto, incluso el gusto, para ser capaces de detectar con el paladar sustancias muy diversas. Gracias a ello algunos identificaron alimentos envenenados, salvando así la vida.

Hubo unos momentos de silencio. Yo escuchaba sus palabras con atención e interés crecientes. Aquel hombre era un enigma para mí. Y me inquietaba el hecho de que nunca se borrara la semisonrisa de sus labios.

—El maestro enseñaba innumerables ejercicios y métodos al aprendiz. Se dice que había faquires que aumentaban o disminuían su peso a voluntad o incluso modificaban su morfología; otros leían el pensamiento o intercambiaban con otro faquir la consciencia temporalmente; los había que podían morir a voluntad y reabsorber la materia del cuerpo, sin que a los pocos minutos quedara rastro del mismo, o bien entrar en la mente de un moribundo para auxiliarle...

Suresh se interrumpió al captar la expresión de asombro e incredulidad de mi rostro.

—Lo que tú creas o no creas no cambia los hechos —dijo tajante, para añadir—: El hecho es que el faquir era una figura notable. Pero las buenas escuelas de faquires se fueron perdiendo, y éstos se quedaron solos y aislados. Nadie enseñaba las verdaderas técnicas. Se desconectaron poco a poco del conocimiento original. No obstante, tenían que sobrevivir. Entonces comenzaron a recurrir a trucos y artimañas muy diversos, degradándose de tal forma que casi todos terminaron convirtiéndose en seudofaquires. Hoy la gente los trata con desprecio. Los hay que, por tradición, conocen algunos métodos fiables y los ponen en práctica, incluso a menudo sin saber por qué funcionan. Sin embargo, el verdadero faquir se curtía con todo tipo de pruebas difíciles.

—¿Qué queda de aquellos faquires? —pregunté.

—No vayas tan deprisa —repuso—. Cuando uno no controla su impaciencia, el alambre lo arroja al vacío. Toma buena nota de ello. Todo fluye paso a paso.

La lluvia golpeaba contra la lona de la tienda. El olor de la tierra mojada suponía un alivio, pues el calor era intenso.

—El antiguo faquir —prosiguió Suresh— se planteaba toda clase de dificultades para poner a prueba su talante impasible. El maestro también se mostraba muy severo con el aprendiz. Era necesario que éste se fortaleciera y que aprendiese a absorber la fuerza del Universo. Por otra parte, aprendía a distanciarse de su cuerpo; así, aunque sintiera dolor, no demostraba su sufrimiento. El dolor no era otra cosa que dolor. Con la fuerza de la mente, podía aislarse de su envoltura carnal y, más aún, retirar la energía de algún miembro o parte de su cuerpo para insensibilizarlo. Sin embargo, un faquir no es un asceta, penitente ni nada de eso. Mentalmente, con métodos que inducían el trance, podía sumergirse en el éter y tomar de él nueva energía, intrepidez y una sensación de unidad con el cosmos.

—Pero ¿por qué se fueron extinguiendo los verdaderos faquires? —pregunté intrigado.

—Ya te lo he dicho, lo que pasa es que no prestas atención. Deja de parlotear mentalmente contigo mismo y escucha. Espiritualmente, nuestro país —dijo con énfasis— era el más rico del mundo. Pero todo se ha degradado en la India. También aquí, o incluso aquí más que en otros países, estamos tocados por el signo de Kali-yuga. La ciencia y arte del faquir fueron eclipsándose hasta casi extinguirse. Los maestros no dejaban otros maestros, los aprendices no tenían con quien aprender; las escuelas fueron desapareciendo. Había faquires porque aprendían el oficio del padre, de otro faquir o eran autodidactas. Los faquires de antaño eran como una orden iniciática, muy seria, muy disciplinada. Está en el signo de Kali-yuga que todo degenere.

Su rostro se ensombreció ligeramente y un destello de tristeza pasó por su viva mirada. No obstante, siguió hablando.

—Las antiguas escuelas enseñaban un buen número de métodos para disociarse del cuerpo y de la mente y sumergir el ser en el Ser. Pero se corrían grandes riesgos. La vida del faquir era muy peligrosa, mas el verdadero faquir había desarrollado la santa indiferencia, tanto con respecto a la vida como a la muerte. Algunos enloquecían y otros se suicidaban. No era una senda para todos. El verdadero faquir siempre estaba poniéndose a prueba; se empeñaba en ir más allá de sus límites y sobrepasar su condición humana. Algunos hallaban la muerte en el intento.

»Al irse extinguiendo los grandes maestros y desaparecer las escuelas, los faquires no sabían dónde hallar refugio, ni ayuda. Tenían que sobrevivir. Entonces empezaron a prostituirse. Los auténticos confiaban siempre en el Alma Suprema y asumían el destino que les deparase. Sabían que no hay garantía de seguridad para nada y que la propia vida pende de un frágil hilo. El ser humano es un reflejo de la Consciencia Pura. Cuando uno disuelve su ego en la Consciencia, vivir o morir carece de importancia. Conocí a un faquir que en pocos instantes podía eliminar de su cuerpo el veneno de la víbora. Pero en una ocasión le mordió una y no pudo poner en marcha el mecanismo para librarse del veneno como en otras ocasiones. Supo que había fracasado en su intento y que moriría en unos segundos. Me abrazó y con gran sosiego susurró: *Aham Brahmasmi.* ¿Sabes lo que significa?

—Yo soy Dios.

—En efecto. Murió sin darle importancia. El faquir trata siempre de conquistar la felicidad mediante el esfuerzo; la suya es la vía de la voluntad indomable. No pertenece a casta ni estrato social alguno, es libre como un riachuelo, desprendido, esquivo. El dolor no puede matarle porque es él quien mata el dolor.

—¿Perteneces a una escuela muy antigua?

—Tienes suerte —dijo, dándome una cariñosa palmada en la frente—, porque esta noche me apetece hablar y, como sé que eres un preguntón, si hoy no me sacas información, volverás más tarde a interrogarme.

Se echó a reír y yo le imité. Estábamos a gusto.

—Desde hace muchos siglos se ha perpetuado la escuela de los rasayani. Somos una mezcla de faquires, yoguis, alquimistas y *siddhas*, es decir, sabios. Yo aprendí de mi padre sus principios y técnicas. —Hizo una pausa y cerró los párpados un momento—. Ya hemos charlado demasiado —dijo sin abrir los ojos—. Estaremos unos días en Nasik.

Hablaba como si hubiera aceptado ser mi maestro. Me sentí feliz; sin embargo, mi dicha duró poco.

—No tengo ni idea de si debo ocuparme de ti o no.

—Pero... —balbucí.

—Déjate de peros. Es tarde. Tengo que emplearme a fondo estos días.

Suresh se quedó absorto, meditando. No dije nada más. Con pies ligeros, aunque apenado, salí de la tienda. Dormí como buenamente pude en el cuartucho que había alquilado.

9

Devotos de toda la India iban llegando a Nasik. Había un hormigueo continuo en los aledaños del río sagrado. La ciudad era una auténtica fiesta religiosa y los vendedores callejeros salían hasta de debajo de las piedras. De vez en cuando caía una lluvia torrencial, pero después el cielo clareaba y entre las nubes asomaba un asombroso y limpio cielo azul.

Suresh actuaba cada día con precisión y capacidad renovadas para despertar el mayor entusiasmo entre los espectadores. Siempre daba un toque diferente a su número, y sabía poner en vilo a aquellos que, atónitos y casi sin dar crédito a sus ojos, le contemplaban.

—Todos los seres humanos buscamos la felicidad —me explicó Suresh—. El faquir la conquista golpe a golpe, se la gana a pulso, porque sabe que la felicidad sólo es un estado interior de bendita quietud. Te puedo decir que el verdadero faquir se la arrebata a Dios. Nosotros lo expresamos diciendo que le quitamos la fuerza a la Diosa. Aunque domina sus pasiones, el faquir sabe disfrutar; aunque se autocontrola, sabe fluir; aunque siempre está en la consciencia, sabe conectarse con el Inconsciente. En el extremo del esfuerzo descubre el esfuerzo sin esfuerzo y a través de la intención llega a lo falto de intención. Y nunca lo olvides: no hay posible dominio del cuerpo sin control de los torbellinos mentales. El faquir aprende a contener el pensamiento.

—¿Por qué es tan necesaria esa contención? —pregunté.

—Porque el pensamiento es el mayor embaucador que hay. Es la Diosa, danzando en la mente, que multiplica sin cesar un juego de luces y sombras. O se conquista a la Diosa en la mente, refrenando el pensamiento, o ella te somete a esclavitud. No hay otra forma. Por eso, el auténtico faquir aprende a desencadenar estados muy especiales de la mente.

Esa noche no habló más. Sin embargo, dos días después, cuando hicimos una excursión a Trimbakeswar, en las fuentes del Godavari, y estuvimos meditando en el templo de Shisa, Suresh me dijo:

—Te hablé el otro día de que el verdadero faquir aprende a controlar a la perfección su materia mental. ¿Sabes por qué? Porque ésta toma las formas más diversas y muchas de ellas nos condicionan, nos someten a servidumbre y frenan nuestra marcha hacia lo Inefable. Pero hay estados de la mente muy especiales y libres de pensamientos. Nosotros los llamamos *samadhi*. Cuando accedemos al *samadhi*, el ego se duerme, el pensamiento se detiene y brota la intuición. Hemos logrado que la Diosa no nos seduzca con sus danzas febriles, y entonces, mediante la más completa cesación mental, entramos en el terreno revelador e ignoto de lo Inefable.

—¿Cómo se consigue esa inmersión en lo Inefable?

—Ya empiezas a impacientarte. Te sucede eso que vosotros llamáis deformación profesional. Estabas acostumbrado a apretar una tecla y todos los datos te eran proporcionados. Ten paciencia. Ahora no estás haciendo operaciones mercantiles.

Me miró con tal sorna que me sentí avergonzado y herido en lo más hondo de mi amor propio.

—La mente es como un océano —prosiguió—. Los pensamientos representan las olas en la superficie del océano. Las olas son algo mecánico y muy perturbador. Sin embargo, a uno le es dado aprender a refrenarlas y convertir la superficie del agua en un lago de plácida quietud. Ahora bien, dominar las olas y suspender los pensamientos no resulta tarea fácil. Las simientes del deseo, que están en el fondo del océano, provocan las olas en la superficie. Así pues, el faquir sabe que necesita ir al fondo de sí mismo para erradicar esas simientes que nos roban libertad y dicha.

—¿Cuánto tiempo llevan ahí esas simientes? —pregunté.

—Millones de años —respondió—. Y como siempre estamos reaccionando a ellas, cada vez creamos más y más. Así nunca hallaremos la paz interior. En cambio, el faquir se pone a la tarea y quema sus simientes, elimina el apego, contiene los pensamientos y halla el glorioso pasadizo hacia el vacío primordial y liberador.

—¿Cómo? —inquirí con un sentimiento de urgencia.

—Sin prisas —repuso, enfatizando sus palabras—. Sin prisas.

De vuelta a la ciudad, y sin que yo nada le preguntara, dijo:

—Los faquires rasayani nos hemos ido pasando el conocimiento de boca a oído desde la más remota antigüedad. Nada hay escrito, que yo sepa. Sin embargo, vengo tomando notas desde hace unos años, para que el conocimiento no se pierda. Mi padre me lo pidió. Pero soy un mal escritor.

Se echó a reír. Sus ojos, siempre brillantes, profundos y expresivos, alcanzaban cuando reía un esplendor especial. Reía a menudo, mas su risa nunca era estridente, aunque sí contagiosa.

—Todo lo que sé —añadió— me lo enseñó mi padre. Y a él mi abuelo. Nunca buscamos discípulos. Si el destino nos proporciona uno, sólo hay dos cosas que podamos hacer.

—¿Cuáles?

—O lo aceptamos o lo rechazamos. —Se echó a reír de nuevo y agregó—: Sigo dudando qué hacer contigo. Ya veremos... —dejó en suspenso la frase y luego prosiguió—. En apariencia somos meros faquires. Así pretendemos que nos vean los demás. Y nos ganamos la vida como podemos. En realidad formamos parte de un círculo de sabiduría inmemorial y somos incansables buscadores de lo Incondicionado. Creemos en todo y no creemos en nada. Estamos sin estar y hacemos sin hacer.

—No termino de entenderte —me lamenté.

—Ni falta que hace, de momento —replicó—. No quiero para nada tu torpe entendimiento intelectual, sino un conocimiento mucho más profundo.

Guardó silencio. No volvió a hablar hasta que llegamos a la ciudad al anochecer.

—Al destruir las ocultas simientes del deseo —dijo entonces— y dominar los pensamientos, podemos retirar la energía del cuerpo y hacerlo insensible. Además, el faquir nunca se cree los pensamientos de la mente. No se los cree —insistió—. Son simples reacciones a las simientes del deseo, a los gérmenes volitivos del pasado. El faquir aprende a mirar sin reaccionar, y cuando quiere, se sustrae a toda actividad y entra en su ser.

—¿Es necesaria la meditación? —inquirí.

—¡Qué pregunta tan estúpida! —replicó—. Apenas tenía seis años cuando mi padre, que era sobre todo un gran yogui, me proporcionó el ejercicio que se basa en la visión del disco solar de fuego que contiene la media luna en su interior. Mediante ese método, que forma parte de nuestra escuela, se consigue disolver la mente en la luz del éter. Entonces toda actividad mental cesa e incluso la actividad física se reduce al mínimo. En ese estado, podrían matarte sin que lo sintieras.

Me miró con atención. Cada vez que lo hacía, parecía penetrar hasta el núcleo de mi ser.

—Desde que mi amado padre me enseñó ese método —prosiguió—, ni un solo día he dejado de practicarlo. Debes saber que la mente es anterior al cuerpo. Hay científicos que dicen lo contrario, incluso aquí en la India, pero no les creas. La mente es la que crea el cuerpo, y no al contrario. Cuando el espermatozoide y el óvulo se unen, se requiere una consciencia de renacimiento para que haya concepción. La Mente única lo impregna todo, incluso una brizna de hierba. El yoga es la unión con la Mente única...

Estábamos en la tienda, y cuando nos preparábamos para tendernos en la alfombra, dijo:

—Mañana seguiré hablándote de la mente. Ahora vamos a dormir. —Y apagó el candil.

—¿Cuál es la prueba más difícil a que se somete un faquir? —pregunté en la oscuridad.

—Ser enterrado vivo —dijo.

Quise preguntarle si él llevaba a cabo aquella prueba, pero preferí no importunarle. Cada vez me tenía más desorientado. No parecía un personaje real, y sin embargo allí estaba, a mi lado; oía su lenta respiración y sentía el aroma de sándalo que impregnaba su cuerpo. Estaba a punto de dormirme, cuando dijo:

—Hemos de atender con toda minuciosidad nuestro cuerpo magnético. Es fácil limpiar y armonizar el cuerpo; no lo es tanto ordenar y purificar la mente, y resulta muy difícil ordenar las energías en el cuerpo magnético. La Tierra también tiene su cuerpo magnético. Nosotros recibimos sus impresiones y ella recibe las nuestras. Imagínate qué triste atmósfera magnética estamos creando los seres humanos con nuestros odios, desmedidas ambiciones y malevolencia.

—A veces me siento un ser miserable —me lamenté.

—La miseria está en la mente humana. Pero hay algo que aprendí muy pronto cuando empecé a andar por el alambre. No podemos perdernos en lamentaciones, ni suposiciones, ni por qué, ni para qué. Todo eso uno no puede permitírselo en el alambre. E igual que soy en el alambre soy en la vida. A cada instante hago las cosas lo mejor que puedo y no me preocupo de cómo resultarán. Trato de actuar con lucidez, atención y destreza. Y no pienso en los resultados. Bastante tengo con estar en la acción consciente. Nuestros sabios lo llaman obrar por amor a la obra. De eso no tenéis ni idea la mayoría de los occidentales. No obstante, te diré que es más difícil transitar por la vida que andar sobre kilómetros de alambre.

Guardó silencio. Escuché su respiración. Era un hombre extraño y enigmático, que desbordaba mi comprensión, pero exhalaba una reconfortante seguridad. En ese momento me sentía tranquilo.

—Es mejor morir que llevar una vida sin equilibrio —dijo, quebrando el silencio—. Sin equilibrio no puede haber ni claridad mental ni comportamiento benevolente. Sin equilibrio nos precipitamos en el abismo de la codicia y el odio.

Iba a comentar algo, pero él se me anticipó.

—La vida sin armonía se convierte en un basurero.

—Necesito que me dé instrucción espiritual —dije de pronto.

Casi atropellando mis palabras, replicó:

—Tú lo has querido. Te enseñaré. Voy a enseñarte a caminar por el alambre.

Me quedé estupefacto. ¿Caminar por el alambre? ¡Estaba loco! No lo había abandonado todo y viajado miles de kilómetros para aprender a caminar por el alambre. ¿Era una de sus bromas? ¿Me estaba poniendo a prueba? Toda mi vida me habían espantado las alturas. No era capaz ni de subirme a los peldaños altos de una escalera de mano. ¿Dónde me estaba metiendo? Aquello era una insensatez. Quise protestar, pero guardé silencio. El terror me invadió. En esos instantes cuánto eché de menos mi cómoda casa, mi aburrida vida laboral y la acartonada seguridad de mi rutina cotidiana.

Colmado de inquietud, el sueño me venció. Al amanecer, alguien empezó a zarandearme sin consideración. Era Suresh.

—Medita conmigo —me ordenó.

—Sí, sí —dije medio dormido.

Nos sentamos en meditación el uno junto al otro. El calor a esas horas de la mañana ya resultaba asfixiante. «Ojalá llueva», pensé. En el exterior sonaba el ruido de los cacharros pertenecientes a los *sadhus* de las tiendas de alrededor. Una nube de perfume de sándalo invadió el aire.

—La naturaleza nos ha creado desde lo más sutil a lo más burdo —dijo Suresh—, de arriba abajo. No sabes el camino tan largo que hemos hecho, descendiendo hasta lo más tosco. Meditamos para retornar, para viajar de la base a la cima. Deja ahora que el sonido OM reverbere y vibre en tu interior. —Hizo una pausa y agregó—: Siente la vibración de OM en tu interior.

Así lo hice por un rato, hasta que me dijo:

—Ahora, al aspirar, repite mentalmente: «Yo soy», y al expulsar el aire, repite «Él», YO SOY ÉL.

Estuve practicando durante no sé cuánto tiempo, absorto en la fuente de mis pensamientos, ignorando mi cuerpo y sus sensaciones, abriéndome a lo Inmenso. Pero bruscamente Suresh me sacó de mi ensimismamiento.

—No te pongas tan santurrón —me dijo entre risas—. ¡Aséate y vámonos!

Así transcurrían apaciblemente los días. Por fortuna, Suresh no volvió a hablar de enseñarme a pasar por el alambre, y yo me cuidaba de no comentarle nada sobre ello. Ojalá sólo fuera una de sus bromas.

Casi a diario, Suresh representaba algún número de equilibrismo sobre el alambre. Unas veces se servía de la barra y otras sólo de los brazos. Tenía gran capacidad para conectar con los espectadores y ganarse su entusiasmo y simpatía. La recaudación siempre resultaba elevada, pero no pasaba un día sin que Suresh me hiciera acompañarle a visitar a familias muy humildes para darles dinero. Y cada vez que lo hacía, luego comentaba:

—Soltar, soltar, soltar.

Yo no podía por menos que sentirme avergonzado, pues durante años me había dedicado a hacer todo lo contrario: acumular dinero y aferrarme a las cosas.

Tratamos con todo tipo de *sadhus*, ermitaños y peregrinos. Y llegó el día más sagrado del festival, cuando cientos de miles de personas hicieron sus abluciones en las aguas del Godavari. También Suresh y yo nos sumergimos en ellas. Tuve ocasión de preguntar a menudo por el tratado *El hombre feliz en la cueva del corazón*, pero aunque algunos habían oído algo sobre él, nadie me proporcionaba pistas fiables que seguir.

—Mañana partiremos de madrugada —me dijo Suresh—. Vamos a Ooty, a las montañas. Pasaremos unas semanas en el bosque. Empezarás a ejercitarte.

—¿Ejercitarme?

—A andar sobre el alambre.

—¿A andar sobre el alambre?

—Pero ¿estás borracho o qué? —dijo irónico—. No tienes por qué estar asustado, ya te he dicho que es mucho más difícil andar por la vida que por el alambre.

Me negaba a aceptar que mi entrenamiento espiritual consistiera sólo en eso.

—Ahora eres un aprendiz —aseveró—. Y de lo único que un aprendiz necesita preocuparse es de aprender.

Estaba atónito e indignado. De repente, él diseñaba mi vida. Confiaba en que al menos me enseñara también métodos de autorrealización para conquistar la quietud interior a que aspiraba.

—Sólo si logras el equilibrio dentro de ti podrás luego mantenerlo en el mundo desequilibrado en que te ha tocado vivir —dijo.

No obstante, en aquel momento todo me parecía incierto y ambiguo, empezando por el mismo Suresh. Era un hombre indefinible, que atentaba contra mis parámetros mentales; en ocasiones se mostraba cálido y fraternal, mientras que en otras parecía frío y desapasionado. Nunca sabía qué escondía tras la sempiterna semisonrisa que se dibujaba en sus labios, ni tras sus profundos ojos, que daban la sensación de explorar dentro de uno y a la vez mirar lo que está más allá del tiempo y del espacio. Cuando estaba en su compañía, era como si me encontrara siempre sobre arenas movedizas. Ni siquiera sabía si se trataba de un cínico y un farsante o si, por el contrario, era la persona con el corazón más compasivo que jamás hubiese llegado a sospechar que conocería.

Fuimos a cenar a un abigarrado restaurantillo de la ciudad. Por fortuna, se había levantado una apacible brisa, que era una caricia para el cuerpo sudoroso y cansado.

Durante los días del festival, Suresh había conseguido una gran cantidad de dinero, aunque casi todo lo había repartido entre personas necesitadas.

Suresh pidió para ambos un *tali* de verduras, que estaba horrorosamente picante. Cuando nos hubieron servido, me puso la mano en el hombro.

—Escucha, Hernán, cuando mi padre me tomó espiritualmente a su cargo, me dijo: «Hay un universo invisible que es tu refugio y tu fuerza, y una mano invisible que te guía y te orienta. Recuérdalo cuando desfallezcas, y nunca te dejes abatir en exceso. Un faquir jamás debe deprimirse. Entristecerse sí, incluso sentir las dentelladas de la angustia, pero deprimirse nunca... No te pido que confíes en mí sólo porque soy tu padre, sino porque te transmito las enseñanzas que se remontan a la noche de los tiempos».

Hizo una pausa y saboreó la comida.

—Así me habló mi padre. Él me dio el regalo del dharma. Es mi deber entregarlo a otros. Tú vienes avalado por Sri y Ciento Diez Años y te transmitiré conocimientos, pero la verdad es que yo nada te doy; la enseñanza se da a sí misma a través de mí. No soy un maestro, sino un hilo transmisor del dharma, ¿de acuerdo?

—Sí —respondí torpemente, aunque no entendía por completo a qué se refería.

—Me había dicho a mí mismo que no tendría más aprendices. No sé por qué voy a hacer una excepción, no lo sé.

Sentí una gran pena, tal vez provocada por sus palabras.

—Al abrirte ventanales hacia lo Inmenso, también me los abro a mí mismo —prosiguió—. Al ayudarte a subir un escalón, yo asciendo otro. Cooperemos entre nosotros. Cada uno es su propio maestro y su propio discípulo y a la vez uno es maestro y discípulo del otro. Tú también eres mi mentor, no lo olvides. Cuando la luna se refleja en las aguas, éstas se miran en la luna, ¿me entiendes?

—Te entiendo, Suresh.

—Pero he de confesarte que no me gusta repetir demasiado las cosas. Así pues, presta siempre atención. El que pasa por el alambre tiene que estar pendiente de lo que hace. Te quiero atento en el alambre y fuera de él.

—¿Es realmente necesario que me entrene en andar sobre el alambre? —pregunté, invadido por la ansiedad y el desconsuelo.

—Lo es —respondió sin dejar lugar a dudas—. Nada más conocerte, me di cuenta de que eres como un pato mareado. No hay gracia en tu postura ni en tu caminar. Quizá hayas engatusado a algunas jovenzuelas, pero eres un pato mareado.

—¿Un pato mareado?

—O borracho, como quieras. Mírate ahora mismo. Estás encorvado. Tu espina dorsal carece de armonía, tus movimientos no tienen belleza, te falta equilibrio, control y soltura. No me extraña que te espante la idea de caminar por el alambre. Un pato mareado no podría dar ni un paso por él.

—¿Y no bastaría con que meditásemos? —pregunté en un último intento, casi desesperado, de que desistiera de su propósito.

—Una gallina permanece todo el rato sentada sobre su trasero y no consigue la iluminación. Podría pasarte lo mismo. Sentado como una gallina clueca, pero no meditando, sino engañándote a ti mismo y a mí. Habrás de combinar la meditación con la acción diestra. Una te llevará a la otra y viceversa. Eres capaz de estar sentado todo el día con tal de no intentar andar sobre el alambre. —Hizo una pausa y añadió, casi como una orden—. Cuida tu cuerpo, entrena tu cuerpo, somete tu cuerpo. El cuerpo es el templo del Divino.

—Físicamente soy un desastre. De niño me hacía el enfermo para no asistir a las clases de gimnasia; durante el servicio militar también me las arreglé para no realizar actividad física alguna.

—Si es así como demuestras tu interés en hallar la paz interior, por mí puedes marcharte a tu tierra —dijo en tono seco; incluso la semisonrisa había desaparecido de sus labios—. O busca a otra persona que pueda ayudarte. No olvides que yo no he acudido a ti, sino que tú has venido a mí.

Por primera vez desde que nos conocíamos me hablaba de manera brusca y casi descortés.

—Ahora no empieces a lamentarte interiormente —prosiguió—, a gemir como una plañidera. No tenemos tiempo para considerar si soy cortés o descortés.

Calló un momento y pedimos un té con leche.

—Te aterra el vacío —dijo Suresh; su tono de voz fue más afectuoso—. Y te aterra porque siempre has utilizado salvavidas. Como sin cesar has exigido seguridad (¡como si la hubiera!), te angustia la inestabilidad. Pero es mejor precipitarse en el abismo que continuar buscando una seguridad ficticia, con la mente embotada y el ánimo desentonado.

Su voz era más comprensiva y me sentí reconfortado, pero eso apenas duró unos segundos, porque en seguida dijo con acritud:

—Dentro de una hora sale un tren para Bombay. Cógelo y desde allí toma un avión para Europa. Ni tú ni yo tenemos tiempo que perder.

Su oferta no dejaba de ser tentadora. ¿Por qué emprender una batalla contra mí mismo cuando, si regresaba a mi país, viviría cómoda y holgadamente?

—Si quieres seguir achicharrándote en tu despacho, vuelve a él. Si deseas continuar en tu lenta y exasperante agonía, regresa y déjame en paz. Ya me has hecho perder mucho tiempo y la vida es demasiado corta para andarse con ñoñas vacilaciones.

Enrojecí hasta la raíz del cabello, no sé si de vergüenza o de rabia.

—Me temo —añadió sarcástico— que eres de esos que llegan al trampolín y, en lugar de saltar, siempre se vuelven atrás.

A la ira siguió un sentimiento de desconsuelo. Debía de estar loco para desear quedarme con aquel indócil faquir semidesnudo, que parecía no preocuparse por nada. Apelé a la ayuda de la mano invisible a que él hacía referencia, pero no obtuve respuesta.

Suresh se levantó de repente, pagó la cena y salió del local. Sin decir palabra comencé a caminar hacia el lado opuesto, en dirección a la estación de Nasik, para desde allí tomar el tren a Bombay y luego un avión hacia Europa. El desconsuelo se tornó indignación, casi ira incontenible. «Maldito faquir semidesnudo y arrogante», pensé. Aceleré el paso, pero de pronto… ¿Cómo habían transcurrido los últimos años de mi vida? Mi existencia había sido una fea, casi horrenda, caricatura. Eché a correr detrás de Suresh, abriéndome paso a codazos entre la densa multitud. Jadeante, le alcancé.

—Te gustarán las montañas del sur. En el viaje comeremos mangos.

Un escalofrío me recorrió el cuerpo. Una gata en celo, maullando como si la vida le fuera en ello, pasó entre mis piernas. Las callejuelas estaban muy sucias debido a los desperdicios de miles de peregrinos y devotos. Una rata se entretenía jugando con una tacita de loza medio rota. Algunos perros dialogaban a ladridos a lo lejos. La plateada luz de la luna apenas era visible entre las nubes del monzón.

—¿De verdad soy como un pato mareado? —pregunté.

—Incluso un pato mareado, si se lo propone, es capaz de aprender a pasar por el alambre —repuso.

Caminábamos hombro con hombro, alma con alma, esperanza con esperanza. Muy a lo lejos, como saliendo de las entrañas de la tierra, se oyeron cánticos religiosos: *Sita Ram, Sita Ram.*

10

Hicimos el viaje en dos días, cambiando varias veces de tren y cogiendo luego un autobús. Corrían los lluviosos días de agosto. Cubrir distancias en la India resulta exasperantemente lento, pero a mí me servía como entrenamiento para fomentar la paciencia, que no era mi fuerte. El autobús, como siempre lleno a rebosar, nos condujo a través de las serpenteantes carreteras de las Montañas Azules hasta una simpática localidad llamada Ootancamund, más familiarmente Ooty. Tras haber pasado varios días en la abigarrada Nasik a una temperatura siempre sofocante, uno agradecía de veras la brisa con olor a eucalipto de Ooty y su refrescante follaje.

El autobús nos dejó en el centro de la ciudad, donde había gran cantidad de tiendas y puestos callejeros.

—Nos alojaremos en el bosque —dijo Suresh—, en casa de una familia muy amiga. Yo descansaré y tú practicarás. Te pido el máximo de dedicación y, sobre todo, de constancia.

Nos encaminamos hacia las afueras de Ooty.

—Hay otros mundos —siguió hablándome Suresh—, otros mundos a los que no es fácil acceder porque se rigen por leyes totalmente diferentes de las del nuestro.

Susurraba las palabras como si hablara sólo para sí. Andábamos a buen paso bajo un cielo de un azul intenso.

—Sin embargo, esos otros mundos —añadió— tienen rendijas para colarse en ellos. Claro que eso es imposible a través de una materia tan densa como la del pensamiento, porque esos mundos son sutiles entre lo más sutil. Nos encontramos en una franja muy estrecha que denominamos vida, pero del mismo modo que un solo color no compone todo el arco iris, esta franja es sólo una porción infinitesimal de lo que existe.

Cerca de nosotros pasó una tartana. Suresh hizo que se detuviera y pidió al anciano que la conducía que nos llevara. Cuando hubimos subido, se puso a charlar con el viejo. Lo que más me sorprendía de aquel hombre singular era la capacidad que tenía para relacionarse con todo el mundo con sorprendente familiaridad.

—Respira, respira —me exhortó—. Llénate del aire balsámico de Ooty. Siente la energía penetrando no sólo por tus fosas nasales, sino por todos los poros de tu cuerpo, como si fueran haces de luz que te invaden y parten de ti. Siente la vida, apodérate de la mente del universo.

—¿Que me apodere de la mente del universo?

—Eso es. No pienses, no analices, no interpretes. ¡Siente! ¡Respira! ¡Vive! Fúndete con lo que nos rodea: el pájaro, la brisa, el olor de las flores, el murmullo del arroyo... Vivimos de espaldas a la realidad suprema sin darnos cuenta de que nosotros somos la realidad suprema.

Suresh pidió al anciano que se detuviera a la entrada de un estrecho caminito que se perdía en la frondosa vegetación, rodeado de un circo de montañas silentes y majestuosas. Como despedida dio un puñado de monedas al cochero, al cual le faltó poco para arrodillarse a los pies de Suresh y besárselos, tal era su desbordante agradecimiento. Nos pusimos a caminar por la senda hacia un bosque espeso y que parecía insondable. Las nubes flotaban esponjosas por encima de nuestras cabezas.

—Seguramente lloverá al anochecer —predijo Suresh.

Yo oía cómo crujían las hojas secas bajo sus pies. La naturaleza se mostraba en todo su candoroso esplendor. Suresh se sentía vital, animado y divertido.

—No obstante, esta franja que es la vida, aunque estrecha, tiene su encanto —observó.

Me encogí de hombros, pero no repliqué.

—Todavía nos quedan un par de kilómetros por recorrer. Siente la tierra bajo tus pies —añadió—, aspira el aroma de los arbustos, déjate penetrar por la generosa brisa y mira hacia el horizonte. Expándete.

Caminaba ágil y erguido, con su habitual prestancia, igual que un mozalbete lleno de vida Y jovialidad. Yo, como él hubiera dicho, parecía un pato mareado: arrastraba los pies, y a cada paso que daba, sentía más la fatiga del viaje.

—La montaña —dijo— tiene su lenguaje; nos produce estados de consciencia y de ánimo especiales y nos permite conectar con lo imperceptible. La montaña hace que sintamos más plenamente la arteria de vitalidad que todo lo anima. La mente se abre, el corazón se llena de ternura y el cuerpo se torna resistente. Experimenta el movimiento de tus pies, mantén el cuerpo erguido, como si quisieras tocar el cielo con la cabeza. No camines como una foca extenuada.

A lo lejos, entre la maleza, divisamos un grupo de cabañas de madera. Nos dirigimos hacia ellas. Gran número de niños acudieron a la carrera hacia nosotros y se colgaron de las piernas de Suresh. Parecían conocerle muy bien. Una risa de júbilo surgió de la garganta del faquir. Abrazó a los pequeños, los alzó en brazos, jugó con ellos y soportó sus travesuras. Estábamos en el poblado de una tribu. Los niños iban desnudos, y los adultos, casi. Un hombre de edad avanzada y noble aspecto salió a recibirnos, casi ceremoniosamente.

—Es como el alcalde de la aldea —me informó Suresh.

El alcalde y él se saludaron con gran afecto.

—Viviremos en una de esas casitas.

¿Una casa? Era peor que la ermita de Sri, incluso peor que un chamizo. Me sentí enojado. ¿Qué necesidad tenía yo de soportar todo aquello? ¿No podíamos habernos quedado en un agradable hotel de la ciudad? Empezaba a sentirme realmente harto, pero contuve mi ira.

La casita estaba vacía, con una piel de búfalo en el suelo de la única habitación por todo mobiliario. Había una especie de horno hecho en la misma tierra. Olía a excrementos, pero era un olor sano, a campo; además, hacía un agradable frescor. «Bueno —pensé—, no va a ser tan terrible.» El alcalde entró en la casita y los tres nos sentamos sobre la piel de búfalo. En seguida una mujer muy prieta de carnes, de pequeña estatura pero prominentes caderas, con la piel muy oscura y la nariz achatada, nos trajo un cántaro con leche de búfala y unas tazas de loza. Bebimos casi con impudicia; teníamos hambre, sed y fatiga. El anciano parecía querer a Suresh de manera entrañable; le miraba con el mismo cariño que a un hijo y no dejaba de acariciar alguna parte de su torso, sus manos o su cuello. Me pregunté si habría alguien que no quisiera al faquir.

Un rato más tarde, el anciano nos dejó.

—Hoy tienes que descansar profundamente —me dijo Suresh—. Dentro de un rato saldremos a buscar un buen sitio para colocar el alambre. Mañana comenzarás a practicar.

—Pero, Suresh —dije con fingida afabilidad—, ¿es realmente necesario que practique con el alambre?

—Tu ego se sirve de toda clase de resistencias. ¿Sabes qué quiere en realidad? —Bebió otro sorbo de leche—. Recuperar su carnaza; volver a enredarse con ocupaciones inútiles, trivialidades, proyectos y metas. Y tú le sigues el juego. Voy a decírtelo por última vez.

Se puso muy serio, aunque me dio la impresión de que su seriedad era simulada.

—Si adquieres un compromiso de búsqueda, es para que lo respetes. Si dejas la vida en ello, será porque no podía suceder de otra forma. Siempre será mejor que morir de un infarto en una cena de negocios o en los brazos de una de las insustanciales mujeres con quienes fornicabas.

—¿Por qué las llamas insustanciales? —me quejé, herido en mi amor propio.

—Porque tú eras más insustancial que ellas, mucho más. Has sido siempre un simple bisutero. No sé si cambiarás y alguna vez llegarás a ser al menos un mediocre joyero, pero empiezo a dudarlo.

Se interrumpió para dejar el cántaro de leche en una esquina de la cabaña.

—Todavía puedes irte y olvidarte de tu aventura india —dijo después—. Regresa a tu casa. Pero si sigues conmigo, supera las resistencias de tu ego. Necesitas toda tu energía para mudar la rancia piel de tu psiquis, desmontar tus códigos y superar tus condicionamientos. Y si eres incapaz de cambiar, casi sería mejor que te murieras. Es penoso vivir sin vivir. Para tener una consciencia similar a la de una lechuga, mejor morirse y renacer como lechuga, ¿no crees?

Yo iba a protestar, mas intervino antes de que pudiera hacerlo. Tuve la sensación de que mis ojos se estaban inyectando en sangre a causa de la ira que me dominaba.

—Por el momento no te permitas más dudas. Dudar es magnífico, pero hacerlo compulsivamente lleva al desastre. No te mutiles a ti mismo. Canaliza tu ansiedad... Y, además, esa maldita ira que te acomete a cada momento.

Me sentí profundamente avergonzado.

Hacía un atardecer casi mágico. Las nubes habían tomado un color dorado que contrastaba con el verdor del follaje. Los pájaros trinaban y algunos volaban en círculo por el cielo. Había gran variedad de flores, muchas de las cuales desconocía. Nunca me habían interesado las flores, pero una especial sensibilidad comenzaba a brotar en mí al verlas. También había empezado a escuchar el trino de los pájaros y a sentir la balsámica brisa en mi carne. Algo despertaba en mí.

Suresh había cogido el alambre. Nos alejamos de la aldea y comenzamos a buscar el lugar apropiado para tenderlo. Llegamos junto a un riachuelo y Suresh se roció la cara con la fresca agua de la montaña.

—¡Dios es generoso! —dijo con la incontenida vitalidad de un colegial. De pronto exclamó—: ¡Será aquí!

Tendió el alambre entre dos descomunales árboles a unos treinta centímetros del suelo.

—Mañana, con los primeros rayos del sol, comenzarás a practicar. Y déjate de dudas y excusas, ¿de acuerdo?

Aunque de mala gana, asentí con la cabeza.

Para probar la adecuada tensión del alambre, Suresh se subió a él. Luego se irguió como un poste, aspiró el aire con fuerza y, con elegancia sublime, comenzó a recorrerlo, pero con tanta suavidad que parecía flotar en el aire. Mantenía el equilibrio sirviéndose de los brazos, como una hermosa águila a punto de remontar el vuelo. Iba descalzo, y su habilidad era sorprendente.

—Tú utilizarás calzado con suela de cuero —dijo—. Tus pies, acostumbrados a delicadas alfombras, no soportarían el contacto con el alambre. —Hubo un punto de sarcasmo en sus palabras.

Cuando iba a preguntarle cuánto tiempo tardaría en dar algún paso por el alambre, se me adelantó.

—Recorrerás kilómetros de alambre. ¡Kilómetros! —enfatizó—. Es tu aprendizaje. El entrenamiento es un medio, una vía. Es la acción atenta, lúcida y diestra para cultivar armoniosamente la atención y esclarecer la mente. Pero despreocúpate de los resultados. ¿Me escuchas? Olvídate por completo de los resultados. Si estás pendiente de ellos, no estarás en la acción y te perderás el milagro de la energía de lo inmediato. No hay meta. La meta es el instante mismo. Sé que ésta es la vía que te conviene. Poco a poco, aunque ahora no lo comprendas, irás dándote cuenta de que el alambre tiene su propio lenguaje. Aprenderás a escucharlo y a descifrarlo.

Bajó del alambre, se acercó a mí y me miró a los ojos.

—Debes apasionarte desapasionadamente por el alambre. Éste será tu compañero en los próximos meses, y se convertirá en tu enemigo o en tu aliado. Necesitas aprender a relacionarte con su esencia. Estás tratando con un ser vivo. Nunca lo olvides.

—¿Un ser vivo?

—Su energía es tu energía, y viceversa. Por supuesto, el alambre no tiene tu organización psicosomática, pero compartís la misma energía. Respétalo. Nunca exclames: «¡Bah, un alambre!». Di respetuosamente: «El alambre».

—¿Hablas en serio? —pregunté atónito—. ¿O te burlas de mí?

—El alambre te hablará. No con palabras, sino con su propio lenguaje, una frecuencia de expresión con la que debes aprender a conectar. No le vayas con conceptos e ideas, porque entonces te arrojará de él.

»Te has pasado la existencia pensando más que viviendo. Ahora tienes que vivir más que pensar. Si no te extravías en la maraña de tu mente, irás descifrando el misterioso lenguaje del alambre. Te resultará difícil. Para un niño es fácil porque él no se pierde en conceptos ni vacilaciones. El niño andará o no andará por el alambre, pero eso será todo. A ti, en cambio, te asaltarán temores, dudas, pensamientos... Todo eso dificultará mucho tu trabajo y tu aprendizaje.

Aquella noche me sentía tan nervioso como el estudiante que tiene que pasar un examen al día siguiente. ¡Cuánto más fácil hubiera sido para mí alojarme en un centro de meditación o en un *ashram* y someterme a su disciplina, sin aventurarme a equilibrismos insensatos, guiado por un faquir que ni siquiera sabía si estaba en sus cabales! Pero allí estaba, en una remota área boscosa del sur de la India, con la mente aturdida por los conocimientos y teniendo que soportar las bromas de Suresh.

—Si te rompes una pierna, te la entablillamos y en paz —dijo éste—. He puesto el alambre tan bajo que ni un bebé sentiría miedo al andar por él.

—No me importa si intentas avergonzarme —repuse—. Nunca

he querido ser un héroe. Debo de estar loco de remate para pasar por todo esto.

La noche era oscura como boca de lobo, y los árboles parecían fantasmas silenciosos. El viento soplaba a ras de suelo y emitía un sonido sibilante al batir la hierba. En la espesura de la selva, tenía la impresión de que el minúsculo poblado en que nos hallábamos era como una célula insignificante en la inmensidad del universo.

Hay momentos en la vida de todo ser humano en que uno tiene la sensación de que todo es irreal, empezando por la propia existencia. Ese sentimiento me invadía aquella extraña noche, entre personas con quienes no tenía medio posible de comunicarme y que por tanto me resultaban muy ajenas, aunque, a la vez, íntimamente cercanas. La voz de Suresh, en aquellos instantes de insuperable soledad cósmica, resultó de gran alivio para mí.

—Te parecen ajenos porque vuestro lenguaje, incluso el de los gestos, es distinto. Sin embargo, ellos están mucho más próximos a ti de lo que lo hayan estado nunca tus colaboradores en la oficina, tus vecinos o incluso tus amigos o familiares.

Lo miré extrañado. ¿Qué quería decir?

—Estas gentes —añadió— te respetan. No más que a un árbol, un río o un búfalo, pera te respetan como a sí mismos..., y eso ya es bastante. Para ellos, tú eres sagrado. Saben que formas parte de la tierra y todo lo que forma parte de la tierra es sagrado. Jamás te harían daño. Más aún, sienten tu presencia. Quizá parezca que te ignoran, mas en todo momento son conscientes de tu presencia. Supongo que no podrías afirmar lo mismo de tus conocidos, compañeros de trabajo o de esos que llamas amigos.

Hizo una pausa. El silencio era tan completo que casi resultaba abrumador.

—Hasta un terrón de arena es sagrado para estas gentes —añadió—. Son el alma y las raíces de la India. Lo malo no es que vosotros, los occidentales, no los comprendáis o los ignoréis, sino que la gente de su propio país también los ignore, o en el peor de los casos, los desprecie y los tenga por incivilizados. Sin embargo, habrás observado que en su poblado hay más pulcritud y orden que en la mayor parte de los lugares de la India. Por fortuna, no han perdido el sentido cósmico de la vida. La suya es la religión de lo cósmico, lo ignoto y lo infinito.

Suresh se había puesto muy serio. Su mirada permanecía fija en el candil. Me di cuenta de hasta qué punto apreciaba y valoraba a aquellas sencillas y pacíficas gentes.

—No viven desde el pensamiento, sino desde la emoción —agregó—. Jamás dañarían una flor ni arrojarían basura a un río, ni tomarían las armas para matar por placer o por afán de dominio. No tienen, como nosotros, un ego tan individualizado y arrogante. Son parte del Todo y el Todo forma parte de ellos.

Aquella noche dormí profundamente. Los primeros rayos del sol penetraron por la puerta de la cabaña y me despertaron. Al salir fuera, percibí con alegría el paraje maravilloso en que nos encontrábamos. Tras ingerir un frugal desayuno, comenzamos a caminar entre la espesa selva. Llegamos hasta el lugar donde el día anterior Suresh había colocado el alambre. Ambos guardábamos silencio, como si no quisiéramos herir con palabras la magia de la naturaleza. Una vez cerca del alambre, Suresh me hizo una seña para que nos sentáramos en el suelo.

—Cierra los ojos —me dijo—. Ponte erguido y estabiliza la postura. Respira pausadamente.

Estábamos muy cerca el uno del otro.

—Apodérate de la mente del universo —susurró—. Permanece muy atento, pero sereno. Nada persigas, nada retengas. Estate vigilante y sosegado. Afina tus sentidos, expande tu consciencia, no permitas que los pensamientos te arrebaten.

Una nube de bienaventuranza invadió mi mente. No sé cuánto

tiempo permanecimos así. Abandoné el estado de meditación cuando Suresh dio unos golpecitos en mi mano con la suya.

—¡A trabajar! —exclamó.

Se levantó con sorprendente agilidad, dio un salto espectacular y se subió al alambre.

—Ahora observa —dijo—, pero observa sin pensar. Simplemente observa. Yo dejo la mente fuera, me la quito de encima. Los yoguis dicen: «Sólo un necio carga con la maleta cuando va en tren y no la deja en el suelo». Así que dejo la maleta. Observa.

En primer lugar anduvo por el alambre hacia el otro extremo muy despacio, como a cámara lenta; luego procedió a la inversa. Al llegar al final del alambre, giraba con precisa lentitud, como si la vida le fuera en ello. Mantenía los brazos en cruz, pero distendidos. Después, cuando estuvo en el centro del alambre, se detuvo. Cada vez que se inclinaba ligeramente hacia un lado, corregía lo necesario hacia el otro para mantener un impecable equilibrio. Había fluidez, armonía y belleza en sus movimientos. Se bajó del alambre y me dijo:

—Hernán, en lo más simple aflora la vida. Cuando estás sobre el alambre, la vida se halla en los pies, pero también en los brazos, que son como alas que hay que saber utilizar. Con los brazos corriges, con los pies te afianzas. Eres reptil y ave a la vez. Si notas que te vas demasiado hacia un lado, corrige muy ligeramente hacia el otro. Todas las aves del mundo vuelan con tus brazos; todos los reptiles de la Tierra caminan con tus pies. Del mismo modo procede la persona sabia en esta vida. Nunca se inclina demasiado hacia uno u otro lado. Los extremos son trampas que te conducen al abismo. La exaltación y el abatimiento son las simas peligrosas de la mente. No hay lenguaje superior a la armonía.

De repente dio otro gran salto y se subió de nuevo al alambre. A partir de ese momento, el espectáculo que me brindó fue increíble. Daba saltos y giros sorprendentes en el aire para volver a caer sobre sus pies, ora en uno, ora en otro. Sus brazos eran como las sugerentes ramas de un sauce llorón. Realizaba significativas evoluciones, adoptando poses corporales similares a las de la danza hindú, como si flotara en el aire, en tanto que la expresión de su rostro no denotaba el menor esfuerzo, era apacible como un lago.

Bajó del alambre y de nuevo vino hacia mí. Yo apenas podía creer lo que había visto. No me extrañaba que le considerasen el gran maestro del alambre y el más afamado faquir de la India. El control sobre los movimientos de su cuerpo era increíble. Y si había obtenido aquel dominio fantástico era porque, sin duda, había conquistado su mente. Tan emocionado me sentí que le hubiera abrazado, pero me contuve. No era momento de efusiones.

—El alambre, amigo mío —dijo—, me permite acceder a la dimensión de lo incognoscible. Algún día lo entenderás. —Me dio una palmada en el hombro y añadió—: Y ahora, ¡adelante!

Su orden me paralizó. Tenía la garganta seca y me embargaron sentimientos de espanto, temor al ridículo, miedo a mi propio miedo...

—Pero dame alguna instrucción... —imploré como un niño pusilánime.

—Ya estás solicitando palabras, conceptos, ideas... ¿Quieres que ponga una red debajo? —Se echó a reír a mandíbula batiente—. Bien —condescendió—, te diré algo, porque siempre necesitas alguna palabra o concepto para que te proporcione esa ficticia coherencia. ¡Qué le vamos a hacer! Escúchame. Hay tres clases de equilibrismo en la altura: el alambre a media altura, el funambulismo y la cuerda floja.

El olor del eucalipto dilataba las fosas nasales y las refrescaba. Con su follaje, de un intenso verdor en esa época monzónica del año, la visión de las montañas sosegaba la mente. Me concentré en las palabras de Suresh.

—Cada tipo de equilibrismo requiere su propia técnica, y quiero que aprendas los tres. ¿Por qué? Antes de que me lo preguntes, te lo diré. Cada uno de ellos te proporcionará su toque particular e irá cambiando tus modelos de conducta mental. ¿Sabes qué mantiene a un ser humano anclado siempre en la misma conducta y cometiendo idénticos errores? Los viejos modelos de comportamiento mental. Se modifican y todo cambia en uno.

»El alambre a media altura se pasa sin la ayuda de la barra. Para mantener el equilibrio se requiere un hábil juego de los brazos. En las alas en que se convierten éstos está el secreto. Las caderas deben afirmarse bien. Si pierden la horizontalidad, te desequilibras. En el funambulismo se lleva una barra en las manos, la cual procura solidez y equilibrio al volatinero. La cuerda floja es otra cosa. Resulta de excepcional dificultad; las leyes cambian y el cuerpo tiene que ser como un lirio o como un junco muy flexible. Hay que bailar sobre el alambre, ir y venir por él, fluir. Sólo cuando te hayas ejercitado lo suficiente en el alambre, podrás intentarlo con la cuerda floja. Pero la cuerda floja también es la vida. La vida es tanto el alambre tenso como la cuerda floja: la aparente seguridad y la inestabilidad. Lo que el faquir aprende con ambos es una actitud de vivir.

Me miró escrutador. ¿Acaso esperaba algún comentario por mi parte? Dejé la mirada perdida en el horizonte. A veces sentía el misterio de la existencia con tal intensidad que mi corazón se llenaba de pesadumbre.

—Lo importante cuando estás sobre el alambre es que te percibas a ti mismo, y tienes que superar esa sensación de ser para dejar de ser y que «algo» diferente de lo que siempre has experimentado actúe por ti.

—No logro entenderte.

—¡Da igual! Dejémonos de cháchara. ¡Venga, al alambre! Y vigila tus caderas. Mantenlas firmes, no te mezas como una barca a la deriva.

Me puse el calzado que Suresh me había proporcionado y me acerqué al alambre tímidamente, sintiéndolo como algo extraño y casi perverso. Puse un pie en él y levanté el otro para hacer lo mismo. No lo conseguí; di un traspiés y caí de bruces. Me levanté irritado.

—¿Es que no puedes darme alguna explicación más? —pregunté.

—No —dijo Suresh, lacónico—. De momento no. Dejaré que practiques una semana a tu aire en el alambre. Así podréis conoceros bien; os trataréis y os comprenderéis. A diario, nada más amanecer, has de venir aquí y entrenarte durante horas y horas. Si te caes, lo intentas de nuevo. Procederás así una semana entera. Sin excusas que valgan. No haremos otra cosa hasta que te familiarices con el alambre. Debes intentarlo una y otra vez, con paciencia, sin desfallecer, ni compadecerte de ti mismo, ni recriminarte si fallas; tampoco debes justificarte, ni nada de esas pamplinas a las que estás tan habituado. Inténtalo sin descanso. Esta fase del entrenamiento es difícil, pero tiene gran importancia. Desecha los pensamientos de victoria o derrota, éxito o fracaso. La clave está en intentarlo una y otra vez, toda tu vida si fuera necesario. Cada intento constituye un logro aquí y ahora. No desfallezcas.

Aquél fue el primer día en que empecé a entrenarme para volatinero. Tuve más consciencia que nunca de que, como Suresh decía, era igual que un pato mareado. Me parecía grotesco lo que estaba intentando. Cada vez que el alambre me arrojaba al suelo, la rabia asaltaba mi mente y no me resultaba fácil superarla. Desfallecimiento, desánimo, ira, impotencia..., los mismos sentimientos que la vida nos provoca cada vez que no conseguimos lo que queremos.

Hasta bien entrado el atardecer estuve batallando con el alambre. Luego volví a la aldea. Mis sentidos estaban más vivos, aunque mi cuerpo se derrumbaba de cansancio. Era una gloria contemplar los eucaliptos, los cedros, los rododendros escarlata y las montañas, con toda clase de sugerentes y mágicas tonalidades.

11

Aquélla fue la semana más larga de mi vida. Durante muchas horas al día intenté andar sobre el alambre. Los primeros tres días apenas logré dar un solo paso; lo intentaba una y otra vez sin resultado. Los tobillos se me habían hinchado y me dolían las piernas. Estaba desmoralizado. Ponía un pie sobre el alambre y en cuanto trataba de apoyar el otro, me caía. Descubrí hasta qué punto me faltaba el sentido del equilibrio y qué poca coordinación había entre mi cuerpo y mi mente. Muchas veces estuve tentado de abandonar tan ridícula empresa. Pero después de varios días sucedió lo que nunca pensé que ocurriría: me mantuve unos instantes, y con los dos pies, sobre el alambre. No había conquistado la cima del Everest, por supuesto, pero aquella sensación me resultó tan reconfortante que sería difícil de explicar.

Se cumplía el último día de la semana cuando Suresh acudió a verme practicar. A duras penas había conseguido andar unos segundos por el alambre.

—¡Suéltate! —me ordenó nada más verme—. Estás contraído, acartonado. No te encorves como un anciano. Erguido, brazos sueltos, caderas sujetas. Afloja..., corrige.

Hice intención de bajarme del alambre, pero él me lo impidió.

—¿Qué haces? Sigue practicando. Si te sientes desfallecer, saca fuerzas del universo. No te resientas ni te resistas, no reacciones ni mental ni físicamente. ¡Suelta, suelta, suelta! No pienses. Ignórame.

Nada tienes que demostrarme ni demostrarte. No busques mi aprobación, ¡y mucho menos la tuya! ¡Fluye, suéltate!

Seguí intentándolo torpemente.

—¡No te juzgues! —gritó de pronto—. Seguro que estás metiendo el pensamiento, tu torpe mente, en tu entrenamiento.

Efectivamente, yo me estaba juzgando. Me bajé del alambre de muy mal humor. Había hecho de aquello una necia cuestión de amor propio. ¿Acaso era yo menos inteligente que aquel estricto faquir?

—Mañana descansarás —dijo—. Estás agotado.

—Estoy enfermo —corregí, y así me sentía en realidad.

—Entonces mañana descansarás, te repones y pasado mañana sigues con tu entrenamiento, pero en mi presencia. Veo que no te entiendes con el alambre.

Lo miré sin poder disimular mi rabia.

—No te entiendes con el alambre —repitió—. No lo respetas tanto como debes; no te esfuerzas por conocer su lenguaje.

Pero ¿qué era aquello? Me hablaba del alambre como si se refiriera a un respetable anciano.

—Quieres imponerte en lugar de dejarte llevar —añadió—. ¿Te crees más listo que tus células? Déjalas hacer a ellas, no te interfieras. Son mucho más inteligentes que tus estúpidas ideas...

Entonces me vine abajo.

—Aunque el alambre está muy cerca del suelo, a veces siento auténtico terror —acabé reconociendo.

—Cuando sientas terror, suelta. No añadas terror al terror, rigidez a la rigidez. Déjate ir, abandónate plácidamente. Nada tienes que perder ni que ganar.

—Me desespero —protesté.

—Te digo que nada tienes que perder ni que ganar. La desesperación es un lujo que no debes permitirte. No hay lugar al que llegar; no existe una meta. Cada momento cuenta, tiene su peso específico. Vigila tu cuerpo y haz sin hacer, esfuérzate sin compulsión, como si descansaras.

El día siguiente fue una verdadera bendición, y me dio ocasión de tratar con la pacífica gente de la tribu. Como tenía el cuerpo dolorido y los músculos contraídos, me dieron saludables masajes con manteca. También hicieron que tomara una infusión de hierbas tonificantes, en la cual predominaba el sabor del coriandro. El curandero machacó raíces de camelio, las mezcló con leche de búfalo y me las dio a beber.

Tras el apacible descanso, comenzó la ardua empresa de seguir entrenando. Fueron días de disciplina y esfuerzo. Lo más difícil era mantener la mente alerta para impedir que se filtraran pensamientos, recuerdos y ensoñaciones. Asimismo era difícil conseguir la armonización entre el cuerpo y la mente y que de la atención mental derivara una perfecta coordinación de los movimientos corporales.

Una noche, en sueños, comencé a gritar de tal modo que Suresh encendió el candil. Había tenido una terrible pesadilla en la cual caía en un abismo negro sin fin.

—Tu mente vieja se niega a desprenderse —lo interpretó Suresh—. Se aferra a todos los condicionamientos pasados y a su precaria coherencia. En tu interior tiene lugar una gran contienda, una batalla feroz entre tus diferentes yoes.

Me sentí un poco más calmado. Pero en aquellos momentos, mi incursión en la India me parecía un desatino. La duda emergió desde el fondo de mi alma.

—Si cedes ahora, estáis perdido —dijo el faquir—. Ya nunca lograrás salir de tu cárcel interna. Pon en marcha tus energías de libertad interior. En toda persona hay un poder purificador que llamamos agni. Es como oro fundido, energéticamente hablando, que derrite cualquier impureza. Agni está dentro de ti y resume en sí mismo el poder de las entrañas de la Tierra. Recobra su presencia. No cedas. Y ahora, tranquilízate. Deja que el sueño te abrace. Duerme. El sueño es una meditación natural.

—Me siento tan torpe, tan inútil —me lamenté.

—Todos los seres humanos somos vulnerables y nos sentimos

desorientados. Duerme apaciblemente. Nada hay ahora que debas temer.

Las semanas fueron transcurriendo en aquel paisaje de cedros y eucaliptos. Y llegaron los maravillosos días claros y las cautivadoras noches de octubre. En aquellos días tuve ocasión de contemplar la bravura de los búfalos salvajes; asistí a ritos funerarios y obtuve conocimientos de la botánica oculta de la tribu; jugué con los niños y aprendí a degustar el queso rancio y la manteca que utilizábamos para alimentarnos y curarnos. El olor que desprendían las flores se había vuelto tan intenso como el verdor de los campos de té.

En medio del bosque, de árboles centenarios, todos los días proseguimos con el trabajo sobre el alambre. Suresh me había sometido a un adiestramiento implacable. También a él le servía de entrenamiento porque, como me había explicado, era necesario practicar continuamente para mantenerse afinado.

Pronto descubrí que el equilibrio era un medio, y que la acción consciente y diestra me ayudaba a cultivar la atención. Ejercitándome en el alambre atendía a mi espíritu y aprendía a funcionar en la vida cotidiana.

No obstante, pese a mis grandes esfuerzos, sólo había logrado mantenerme en el alambre y caminar por él; mis giros eran torpes, mis movimientos, embotados y parecía tener los brazos de madera. No me era posible caminar hacia atrás, y a menudo daba un traspiés y me caía. Sólo podía mantenerme en equilibrio unos minutos. Me faltaba habilidad para corregir mi postura. Cuando notaba que me inclinaba hacia un lado, quería contrarrestarlo echándome hacia el otro y perdía el equilibrio.

—No hay fluidez, no hay gracia, no hay apertura —protestaba Suresh—. Deja que la energía actúe por ti. Te lo repito: no es cuestión de lógica, de cálculo ni de razonamiento. Elimina los artificios de la mente y las estratagemas del ego. Tú y el alambre sois uno;

la misma energía os anima. Permite que él te guíe y oriente tus pies. Y no desfallezcas, los retrocesos son sólo aparentes.

Se encaramó al alambre.

—Quiero que entiendas una cosa. No sólo se trata de una cuestión de técnica. Obsérvame. Si sólo fuera eso, yo pasaría así por el alambre. —Anduvo por él sin elegancia, contraído—. Pero cuando permito que haya equilibrio entre mis energías y me sumerjo en la espaciosidad del ser, la belleza y la armonía de mis movimientos brotan. La agilidad fluye por mis venas.

Y comenzó a moverse sobre el alambre: anduvo, saltó, dio vueltas sobre sí mismo..., todo ello como si no hubiera el menor esfuerzo ni tensión por su parte. Luego bajó del alambre.

—Siéntate y escúchame. Tú eres un aprendiz. Hay que ser constante en el aprendizaje y no dejarse influir por el pensamiento de si se hace bien o mal. Vive la sensación y no te pierdas en la idea. Espera lo que ocurre a cada momento. Actúa renunciando a cualquier logro.

—Pero me asaltan las ideas, las comparaciones —quise rebatirle.

—Las barreras están en tu mente, no en tu cuerpo. Los conceptos te bloquean. Si fueses un adolescente, ya sabrías moverte perfectamente sobre el alambre. Entiende que el alambre y tú tenéis que cooperar. Él juega una función para ti y tú una para él. Tienes que desasirte incluso de la idea de que estás pasando por él.

—Me faltan las fuerzas —me quejé.

—¡No es verdad! Te falta valor para enfrentarte al vacío y, como un necio, quieres asirte a ti mismo. Tú no eres nada. El día que lo comprendas, serás la infinitud que siempre has sido. Quiero que despliegues vigor, pero no compulsión. Te fatigas en exceso porque eres una persona compulsiva. Aprende a tensar y a soltar. Eso es yoga. La respiración será tu centro, el eje.

Guardó silencio y empezó a pasear por la hierba de un lado para otro. Yo no sabía cómo interpretar aquello. Quizá pensaba que no había oportunidad para mí. Pero entonces me ordenó:

—Otra vez al alambre.

Subí de nuevo. Tomé consciencia de mi cuerpo, sujeté mis caderas para que no se descolocaran y sentí la respiración como una gran ola. Quise ser natural y al punto me caí. Di con el rostro contra el suelo y empecé a sangrar por la nariz.

—¿Lo ves? —me preguntó—. ¿Qué ha sucedido?

—He querido ser natural —respondí.

—Has querido. La idea, la intención, en lugar de serlo. ¡Prueba otra vez!

Lo intenté de nuevo.

—Fuerza sin forzar —me recomendó—. Intención sin intentar.

Seguí andando con la mente más atenta y silente.

—Así va mejor —me animó por primera vez desde hacía semanas—. Mucho mejor.

Anduve hasta el final del alambre; pero en cuanto pensé que había llegado el momento de girar, empecé a desequilibrarme. Traté de sentir mi respiración. En mi mente se hizo un gran silencio y experimenté la espaciosidad del ser. Sin darme cuenta, fue como si danzara sobre el alambre. Por primera vez hacía algo por mí, pero sólo duró un instante. Esa sensación se perdió de golpe y caí.

—¡Lo he sentido, lo he sentido! —exclamé, alborozado.

—Ahora viene el problema —suspiró Suresh con resignación—. Te empeñarás en sentirlo otra vez y lo alejarás. Crearás resistencias y artificios hasta que lo frustres. Comienzas otra batalla, la que tendrás que llevar a cabo contra tus deseos de repetir la experiencia lograda.

Aquella noche, desalentado, le pregunté cuándo acabaría el entrenamiento. Me miró con gesto despectivo desde detrás del candil. Había una mezcla de olores indefinible: queroseno, eucalipto, sándalo, que a menudo utilizaba Suresh...

—Acaba de comenzar —repuso contundentemente a mi pregunta—. A ver si comprendes que el equilibrio es un medio, nunca un fin. Es un adiestramiento para que puedas recuperar a nivel vivencial el equilibrio perdido. Las frutas no maduran antes por mucho que nos empeñemos en ello. Todo a su tiempo, en su momento. Tu entrenamiento acabará cuando seas capaz de superar al maestro.

Se mesó el cabello con las manos impregnadas de aceite de sándalo.

—Tus pies son torpes porque tu vida ha sido torpe. Ahora tus experiencias anteriores te pasan la factura. Siempre se paga, antes o después: nadie escapa a esa deuda. Has estado toda tu vida yendo hacia metas, y no has sido consciente de que ya estabas en la Meta; más aún, de que eras la Meta. Pero tu yo cree que está al margen de aquello que lo hace posible.

Un día, a finales de octubre, cuando la espléndida luz del sol bañaba los bosques, me dijo:

—Esta mañana dejarás el entrenamiento. No debemos saturar tu mente. Aprovecharemos el descanso para explorar juntos los bosques. Así pues, hoy andaremos sobre la tierra.

Me sentí aliviado. Necesitaba, aunque sólo fuera un día, no pensar en el alambre, que se había convertido en una obsesión para mí.

Nunca olvidaré aquel luminoso día en compañía de Suresh. Él estaba de un humor extraordinario. Después de una larga caminata, nos sentamos sobre la reconfortante hierba.

—¡Tenemos tanto que aprender de las sabidurías de la naturaleza! —exclamó Suresh.

—¿Las sabidurías de la naturaleza? —pregunté extrañado.

—Si observases con la mente desnuda, la naturaleza se convertiría en tu gran maestro. Todas las pautas se encuentran en ella. La naturaleza puede inspirar nuestra verdadera actitud en la vida.

Con voz apacible, como si no quisiera perturbar la armonía del lugar, me explicó algunas claves sobre las que yo tendría que reflexionar.

—Fíjate en el riachuelo. Sabe encontrar en el terreno el punto de menor resistencia para seguir fluyendo. O la nieve, con constancia, y a pesar de su porosidad, sigue insistiendo hasta quebrar la rama del árbol. O la montaña, que no se mueve y halla su fuerza en esa ausencia de acción, sabiendo esperar con infinita paciencia. O las estrellas, que por mucho que los chacales aúllen, no se inmutan en el cielo. Siempre me ha asombrado la sabiduría de los silenciosos campos en meditación, en paz, en recogimiento profundo. En la naturaleza hallamos el sentido de todas las sabidurías: atención, ecuanimidad, contento, sosiego, fluidez, constancia, paciencia...

Estuvimos caminando hasta el atardecer. El sol, como un disco de oro, fue desapareciendo tras las montañas, que adquirían las tonalidades más diversas. El silencio era total.

—En la conjunción del día y de la noche brota una vibración de quietud especial que los yoguis aprovechan para abismarse en la meditación —señaló Suresh.

Volvimos a la aldea. Era un insignificante grupito de cabañas formando círculo. Cenamos un caldo de raíces con arroz y verduras.

El día de descanso había remozado mi mente y aliviado mi espíritu. Por la mañana me levanté con una vitalidad que no sentía desde hacía tiempo. Salí de la cabaña y comencé a hacer ejercicio. Mi cuerpo estaba descansado y mi mente, confortada. Suresh apareció en seguida. Desayunamos fruta y yo me fui al bosque. El entrenamiento iba a proseguir.

Soy incapaz de expresar con palabras la conmoción que sentí cuando vi que Suresh había elevado el alambre un metro del suelo. Sólo mirar la altura me producía espanto. Estuve tentado de volver a la aldea y decirle que abandonaba aquella locura para siempre. Pero me quedé paralizado, atónito y aterrado casi durante una hora. La vacilación no me permitía moverme. Siempre había tenido miedo a las alturas, pero en aquel momento el sentimiento era de terror. Varias veces intenté gatear por el tronco del árbol hasta el alambre, pero no podía superar la angustia. De repente, una voz atronadora sonó a mi espalda.

—¡Maldita sea! —gritó Suresh—. Pasa o no pases, pero deja de dudar. Si te caes, te levantas. ¡Cuántos alambres desaprovechamos en la vida por temor a caernos! Busca el equilibrio, concéntrate y avanza. No hay amortiguadores, tampoco salvavidas y no pienso tender una red. O lo intentas ahora o lo dejas para siempre y regresas a tu mundo.

Me erguí. Tomé consciencia de la respiración y empecé a caminar sobre el alambre sin mirar hacia abajo, con la vista al frente.

—No pienses —dijo Suresh—, no analices. Vive cada instante. El vacío camina por ti.

Seguí practicando y comencé a sentirme más suelto y más libre, corno si alguien anduviera por mí. Pero de repente, traidora, la idea acudió a mi mente: «¿Y si me caigo?». Y comencé a inclinarme hacia uno y otro lado, tratando con desesperación de corregir mi postura, pero moviendo los brazos con torpeza y sin que mi cuerpo me obedeciera por completo. Finalmente perdí el equilibrio y me precipité al suelo, aunque tuve tiempo de agarrarme al alambre y amortiguar la caída. Mis manos se llenaron de heridas, tenía los huesos doloridos, pero no me había fracturado ninguno.

Suresh acudió presto a mi lado. Me observó con detenimiento y descubrí mucha ternura en su mirada. Me ayudó a levantarme del suelo y me vendó las manos, que no dejaban de sangrar, con un trozo de tela fuerte. Luego me pasó un brazo por los hombros y dijo fraternalmente:

—No te preocupes. No ha pasado nada. Te curaremos esas heridas.

Una de las ancianas de la tribu fue poniendo en mis manos, con primoroso cuidado, una pomada amarillenta muy refrescante. Todavía me duraba el susto. Yo, que jamás había sido capaz de subir a ninguna atracción de feria, y tenía miedo a volar en avión, a asomarme a una terraza o a montar en teleférico, acababa de experimentar unas horas antes la sensación de caer en el vacío.

Estaba perdido en mis pensamientos y vacilaciones cuando, para mi descontento, oí que Suresh me decía:

—En cuanto hayas descansado un rato, volveremos al entrenamiento.

No podía creerlo. Me pareció el hombre más cruel del mundo. Había podido matarme o quedar malherido, y sin embargo, me instaba a volver al alambre.

—Si ahora no lo intentas de nuevo —aseguró él—, nunca lo conseguirás, porque el miedo irá ganando terreno dentro de ti. Tienes que atajarlo, y el único modo de conseguirlo es que te subas al alambre lo antes posible.

Aunque me dolía todo el cuerpo, las manos me escocían y parecía que me iba a estallar la cabeza, nos dirigimos hasta donde estaba el perverso alambre, que para mí era como si tuviera vida y se empeñara en maltratarme. Trepé por el árbol, me situé sobre el alambre y empecé a caminar por él. Si en esa ocasión me caía, mis manos no podrían salvarme y caería en seco contra el suelo. Pero mi desesperación era tal que ni siquiera eso me importaba. Me hallaba en manos de un loco en un país de locura. Me sentía el ser más estúpido sobre la faz de la tierra. Así que me traía sin cuidado si vivía o moría. Lo único que temía era quedarme paralítico, y encima en aquel miserable poblado de gentes ignorantes. Estaba tan furioso que hubiera golpeado a Suresh con toda la rabia que tenía acumulada en mi interior.

—Ahora nadie puede ayudarte —dijo él—. Cuentas con tu atención, tu ecuanimidad y tu percepción del espacio.

Caminé de uno a otro lado del alambre y llegué a ausentarme del dolor tan intenso que sentía en las manos. Como me daba lo mismo caer que seguir, de repente me di cuenta de que estaba andando con toda facilidad por el alambre. Iba de un lado al otro, casi flotando, del modo más natural. Yo no andaba; Ello lo hacía. ¡Qué sensación de alivio, de ligereza, de plenitud! Era como si hubiera perdido peso y fuera más ligero y esponjoso, más dúctil y fluido. Había accedido a otra dimensión de percepción y consciencia.

Cuando bajé del alambre, Suresh me felicitó y me invitó a dar un paseo. En seguida me dijo:

—Las aves, al volar, lo hacen de modo espontáneo. Si pensasen en sus alas o dudasen de ellas, se precipitarían contra el suelo y reventarían.

Asentí con la cabeza, sin decir ni una palabra. No podía creerme que hubiera andado por el alambre con tanta facilidad.

—El infinito lo satura todo —comentó Suresh—. Tenemos que abrirnos a él; y para eso hay que aprender a desconectarse de todo e instalarse en el punto de equilibrio interior. Cuando equilibras tu cuerpo y tu mente mediante el alambre, estás recuperando el punto de equilibrio interior, estableciéndote así en la primera causa, que te permite el acceso a lo Invisible e Inaudible que todo lo anima. Podrás trasladar a la vida cotidiana el equilibrio, la precisión y la armonía conseguidos mediante el entrenamiento en el alambre y contagiar esa actitud a los demás, manteniéndola incluso en la acción. Crearás una atmósfera de equilibrio a tu alrededor y otros también se beneficiarán de ella en un mundo desequilibrado y hostil. Aprenderás a enfrentarte con equilibrio y ecuanimidad a las situaciones más difíciles y tensas. La ecuanimidad es la firmeza de mente y el ánimo estable ante lo agradable y lo desagradable. Es la cualidad más importante y segura.

—Vivimos en un mundo de locura —argumenté.

—La locura está en la mente de cada uno. Ocúpate de la tuya y libérala de malevolencia, codicia y odio. Es la mejor contribución a ti mismo y a la humanidad. En la naturaleza está el equilibrio. Ése es su misterio, su encanto, su enigma. El ser humano lo ha perdido y su vida es farragosa y estéril. A veces, el equilibrio se quiebra en la naturaleza, pero la misma naturaleza lo recupera. El ser humano, en cambio, es un desequilibrado. Y no sólo eso, sino que además se empeña en dañar y desequilibrar la naturaleza.

Hizo una pausa y luego me señaló una acacia.

—Mira la prestancia de esta acacia. ¿Espera algo?, ¿quiere lograr algo? En absoluto. Pero los hombres están tan embebidos en sus afanes que han perdido cualquier conexión con la fuerza vital suprema que todo lo anima y se han desprendido de la mano invisible. Porque nos hemos atado a lo más superfluo, desligándonos del Ser. El trabajo de un buscador consiste en desligarse de lo superfluo para tratar de atarse con el Ser. Es desasirse para ser.

De repente se puso frente a mí y esbozó una amplia y hermosa sonrisa.

—Quiero que practiques intensamente —dijo, poniéndome las manos en los hombros—. Róbame mi saber. Mi ingenio sobre el alambre, mi precisión y mi destreza.

—No te entiendo.

—Yo no estaré contigo siempre. Eso es obvio. Nada hay peor que el aburrimiento y la languidez. Más vale morir degollado por el alambre que asfixiado por el tedio y la muda y corrosiva desesperación.

Me abracé a él. Sentí su fuerza vital. Lo supe mi amigo, mi hermano, mi maestro.

—Todo es sagrado —fueron las primeras palabras de Suresh mientras una fresca mañana de noviembre nos aseábamos junto al riachuelo próximo a la aldea—. Todo es sagrado —insistió—. El alambre también lo es. Tienes que empezar a conectarte con él en una dimensión más sutil y saber que está cooperando contigo para que recobres tu espacio de armonía y vivas equilibradamente, sin desorden interior, aunque reine el caos en el exterior. Siéntete agradecido hacia el alambre.

Nos sumergimos en el agua del riachuelo. Los pájaros trinaban con alegría. Las montañas mostraban una tonalidad azulada.

—Hoy será nuestro último día aquí —dijo mientras gotas de agua perlaban su tostado rostro—. Mañana partiremos para Puri y días después iremos a Delhi. Tengo que participar en el Gran Circo de Delhi. Hoy te espera una sorpresa.

¿Una sorpresa? Temía las sorpresas que me preparaba Suresh. Al ver mi rostro preocupado prorrumpió en carcajadas.

Caminamos hasta el lugar donde venía ejercitándome desde hacía semanas. Me temía que la sorpresa no sería de mi agrado, y no me equivoqué. Suresh había colocado el alambre a tal altura que me estremecí al verlo. Menos mal que dijo:

—Hoy andarás por el alambre protegido por otro alambre que llevarás enganchado a un cinturón de cuero sujeto a tu cintura. No te preocupes si te caes, porque quedarás suspendido del alambre protector. Salvo...

—¿Salvo... qué? —pregunté con evidente ansiedad.

—Salvo que no te sujete y...

Estalló en una carcajada que hizo levantar el vuelo a los tímidos pajarillos del alrededor.

—Pues a mí no me da risa —repliqué molesto—. No tiene gracia.

—La tiene o no la tiene, según se mire —aseveró—. Pero no te acostumbres al alambre protector, ya que estaríamos en lo mismo de antes: amortiguadores, salvavidas... Además, tampoco quiero quedarme sin aprendiz. Sólo utilizaremos el alambre protector cuando sea imprescindible, ¿me has oído?

Asentí de mala gana.

—Lo considero imprescindible mientras el vacío te aterre. —Se interrumpió y luego me preguntó—: ¿Y sabes por qué temes tanto al vacío?

Negué con la cabeza. En aquel momento no me apetecía pensar. Me sentía de pésimo humor.

—Porque no eres capaz de vaciarte de todo para que la Mente Única actúe por ti, viva en ti y sienta en ti. Te crees el eje del universo. No aceptas el hecho de ser nada. ¡Es una verdadera pena lo que haces contigo!

—¡Estoy harto de tus monsergas! —repliqué, y agregué desabrido—: ¡Estoy harto del alambre, del bosque, del vacío y de la Mente Única!

—¡Ahora me vienes con ésas! Déjate de subterfugios y súbete al alambre.

—Pero si me caigo puede ser peligroso, aunque esté sujeto al alambre protector —protesté.

—Por supuesto que sí. Y aunque utilizases cien alambres protectores, también podría haber algún peligro. Eso es lo peor de ti: quieres absoluta seguridad cuando todo es tan inseguro. ¡Eres exasperante! Mientras dormimos por la noche, la inseguridad es total y estamos más desvalidos que nunca. ¿Dejas por eso de dormir? ¡Sube al alambre!

Trepé por el árbol. Había adquirido mucha destreza en trepar por los troncos de los árboles, casi tanta como los hombres que subían a las palmeras a coger cocos. Estaba a una veintena de metros del suelo. Me había amarrado fuertemente el alambre protector a un ancho cinturón de cuero apretándome los riñones. Me sentía incapaz de colocar un pie sobre el alambre debido al nerviosismo, que no lograba dominar. El terror me atenazaba. «No puedo —me dije—. Me mataré.» Me quedé paralizado, como me ocurría en la escuela cuando algún compañero me insultaba y me amenazaba.

—¿De verdad me obligas a hacer esto? —grité.

Era víctima de la vacilación, la angustia y el desconsuelo.

Suresh no respondió.

—Te lo ruego —supliqué—, pon el alambre a menos altura.

—¡Serás insensato! —exclamó—. Nadie puede ordenar que pongamos la vida de esta forma o de la otra. La vida es como es. O la vivimos o nos vive o nos mata. Hay que encararse a la vida y aprender a manejar sabiamente las situaciones. En este instante, tu vida es el alambre, y tienes sólo dos opciones: caminas por el alambre o abandonas el entrenamiento. Ésta es tu situación. Tú verás qué haces. No hay duda de que puedes abandonar, pero ¿acaso puede abandonarse la vida? A menudo, la vida es como un tigre sobre el cual es necesario aprender a cabalgar. Si te arroja de sus lomos, te devora. ¡Venga, sube!

Con terror no disimulado coloqué la planta del pie sobre el alambre.

—No mires hacia abajo —oí que me recomendaba Suresh—. Mira al frente. Que actúen tus pies, tus células..., pero no tu razón.

Muy lentamente empecé a andar por el alambre. Un paso, dos, tres... Y de repente pensé en el vacío que se abría a mis pies y me incliné demasiado hacia un lado. Quise corregir la inclinación hacia el otro lado, pero lo hice con tanta brusquedad que perdí el equilibrio y me precipité. Mi cuerpo caía hacia el suelo cuando sentí un fuerte tirón en la cintura y quedé suspendido en el vacío, balanceándome de un lado para otro, en el colmo de la angustia y enmudecido por el espanto.

—Te ayudaré —dijo Suresh—. Ya has visto lo que es la mente. Llevas semanas andando por el alambre y ahora un factor del pensamiento te impide hacerlo porque has creído que había mayor peligro. La mente, en ocasiones, se convierte en un monstruo.

Lo intenté varias veces y siempre acabé colgado en el vacío. Tenía una amarga sensación de fracaso. Entonces Suresh trepó por el árbol y comenzó a entrenarse en el alambre. Era dúctil como una gacela, de movimientos perfectos. En todo instante parecía flotar, como si su cuerpo no pesase. De repente, desde el centro del alambre, dijo:

—Ven hacia mí.

—¡No! —protesté—. No pienso hacerlo.

—No te pido que pienses o no en hacerlo, te digo que lo hagas. ¡Ven ahora mismo!

Vacilante, comencé a andar por el alambre. Me cercioré de que el cable protector estaba bien sujeto a mi cinturón. Temí que si yo caía lo arrastraría conmigo y podría matarse o herirse de gravedad. De pronto me había encontrado con una responsabilidad extra.

—No te preocupes por mí y ocúpate de ti. Acércate... Poco a poco... Evita los movimientos bruscos. Deslízate con tanta suavidad como una hoja se mece en la brisa.

Llegué hasta él. Entonces se colocó de espaldas a mí.

—Vacíate de todo —dijo— y deja que tu mente se conecte con el universo. Mi energía operará ayudando a tu envoltura carnal.

Pero vacíate de todo y sigue mis movimientos como si fueras mi sombra.

Nos dimos la vuelta sobre el alambre y yo quedé detrás de él.

—Recuerda: eres mi sombra. Sigue mis movimientos.

Me ausenté de todo. Fundí mi mente con el Ser y el Ser con el vacío primordial. Y de repente fue como si su energía de iluminación me tomara y funcionara a través de mi cuerpo. El miedo cesó. Él era yo y yo era él. Un mismo ser con dos corazones. Durante más de una hora hicimos toda clase de evoluciones, giros y piruetas sobre el alambre. De repente, y ante mi sorpresa, Suresh dio un impresionante salto en el aire, hizo un tirabuzón con el cuerpo en el espacio y cayó sobre el alambre con las rodillas flexionadas, pero con tanta suavidad como si se hubiera posado una delicada mariposa, de otro modo, su impulso me habría lanzado al suelo. Comprendí el fascinante control que aquel hombre ejercía sobre su cuerpo y su mente. Aunque no era joven, tenía tanta flexibilidad y resistencia como una caña de bambú. Descendimos y nos sentamos a descansar sobre la olorosa hierba.

—Cuido mi cuerpo porque mientras deba llevarlo conmigo, tengo que evitar que sea un obstáculo. ¿Has oído hablar de los grandes yoguis... como Goraknath o Matyendranath?

—Algo he leído sobre ellos.

—Eran yoguis alquimistas —dijo—. Conocían los humores y elementos de sus cuerpos a la perfección y sabían manejarlos con precisión. Ambos vivieron más de ciento veinte años. No sólo eran capaces de influir sobre las células, sino de operar sobre las partículas subatómicas. Pero antes o después el cuerpo envejece, enferma y muere. Todo lo constituido tiende a descomponerse. Cuida tu cuerpo, pero no te apegues a él. Los yoguis alquimistas tenían tal control sobre su cuerpo que podían morir a voluntad, es decir, retirarse de sus envolturas carnales cuando lo creían necesario.

—Daría mi vida por dominar el yoga de elegir cuándo morir —dije con tal énfasis que Suresh me miró con extrañeza.

—Sólo los más grandes yoguis pueden hacerlo.

Esa noche nos reunimos con todos los miembros de la tribu. Habían preparado una cena especial y corría el alcohol. Para no desairarles, Suresh bebió una buena cantidad de un licor hecho con raíces de distintos árboles. Yo sólo me mojé los labios, pero aun así lo noté demasiado fuerte y amargo. Una mujer me dio un masaje con manteca de búfalo en los pies y las manos; era gente muy amable. Hubo algunas oraciones a las deidades de la naturaleza y cantos para solicitar al dios de los dioses que nos protegiera. Suresh estuvo especialmente divertido; bromeaba con las mujeres y los niños, daba saltos acrobáticos y andaba sobre las manos, haciendo las delicias de todos. Despertaba una franca simpatía. Luego vi como entregaba una gran suma de dinero al jefe de la tribu. Por dondequiera que fuera, Suresh siempre ayudaba a los demás. A veces me irritaba con él porque a menudo me ponía entre la espada y la pared, pero había llegado a quererlo con toda mi alma. Si hubiese una docena de funámbulos como Suresh, el mundo sería distinto.

12

El viaje hasta Puri no se me hizo largo ni pesado, quizá porque ya me había acostumbrado al sentido del tiempo sin sentido de la India o porque Suresh me habló de muchas cosas o porque siempre se encontraba algo sorprendente que ver en las estaciones del ferrocarril. Pero al principio, Puri no me resultó una ciudad simpática; era ruidosa y estaba saturada de peregrinos y devotos. Nos hallábamos en el estado de Orina y, poco a poco, iba conociendo más de cerca un país que, como Federico me había escrito, era inabordable. Aunque olía a fritanga, hasta la ciudad llegaba la agradable brisa del océano. Para hospedarnos, Suresh había elegido una *dharmsala,* casa destinada al alojamiento de peregrinos y *sadhus*, hacia la cual dirigimos nuestros pasos en el tibio atardecer, bajo un cielo teñido de las más diversas tonalidades carmesí. La hospedería estaba en la calle principal de Puri, cerca del gran templo. Había gran cantidad de puestos callejeros y vendedores de toda clase de mercancías. Pasamos frente a un minúsculo santuario en el que estaban dedicando danzas a la Shakti. Los hombres se habían disfrazado de mujeres para estar más próximos a la energía femenina.

—¡Oh, la Shakti! —exclamó Suresh como embelesado—. Vela y desvela. Nadie puede comprenderla, sólo es posible amarla. ¡Oh, la Shakti! Se mira en los mutilados rostros de los leprosos y en los bellísimos rostros de las jovencitas; palpita en el miserable culí y en el fatuo marajá. ¡Oh, la Shakti!

Nos cruzamos con muchas personas que conocían a Suresh y lo saludaban con gran cordialidad. Éste tenía previsto llevar a cabo un número de funambulismo en la plaza principal de Puri; se exhibiría en el alambre entre dos altísimos mástiles.

—Quiero hacer algo especial, muy especial —me había comentado—. Pero no va a ser nada comparado con lo que verás en el circo.

—¿No temes los accidentes?

—Siempre puede ocurrir algo, por supuesto. La gente habla, grita, ríe... Así resulta difícil concentrarse y no es fácil efectuar la acción diestra. Lo peor es el exceso de confianza. Confiar, sí, pero no demasiado ni a lo tonto. Cuando uno cree que el número es fácil, sobrevienen los accidentes. Muchos funámbulos los tienen. Si te vuelves negligente, los pensamientos brotan y, al perder la atención, el accidente tiene cabida. Cuando uno está actuando en el alambre a gran altura, la imaginación juega malas pasadas; si el pensamiento no se contiene, empieza uno a tener ideas raras: estás demasiado alto, la gente te distraerá con sus gritos, algo te va a entretener..., y es entonces cuando el peligro se hace real; el vacío no sólo no te inspira, sino que te absorbe, y entonces estás perdido. Una caída desde gran altura es casi siempre mortal o, en el peor de los casos, te rompes el espinazo. Hay que estar atento. La rutina adormece y atrofia. La rutina es mortal para un funámbulo.

Nos detuvimos en un sucio y pequeño puesto donde tomamos algo para cenar.

—Como ya te he dicho varias veces —comentó Suresh—, es importante cuidar el cuerpo. Él es la energía densa. En el principio es el vacío primordial; del vacío brota la energía de la Conciencia Pura; de la Conciencia, la energía de la Shakti, y de la energía de la Shakti, que es el poder dinámico, todo lo que vemos, incluido el cuerpo. La biología es la fuerza más ciega y trata de controlarnos, pero el yogui aprende a invertirla para luego dominarla. Cuando voy andando a gran altura por el alambre, si no conecto con una energía más ligera, rápida e inteligente, el cuerpo pesa como el cemento y entonces es fácil tener un accidente. Pero si la mente conecta con la energía iluminada, el cuerpo se hace ligero como una gaviota. Entonces resulta fácil manejarse con él.

»Cuanto más arriba trabaja el funámbulo, más extraña es la sensación que lo invade. Es todo y nada. Está a merced de la energía universal. Si mueve torpemente un pie o ladea una cadera o simplemente se marea, cae al abismo.

»Confío en que mañana no haga viento, porque éste es el peor enemigo del funámbulo. Peor que la lluvia, que el granizo, que el calor más sofocante. El viento es el mismo diablo que acude a poner a prueba su equilibrio. Si se opone al viento, lo lanza al vacío. Cuando llega el viento es igual que cuando en la vida sobrevienen las tragedias y las vicisitudes. ¿Qué hacer? Recurrir a la ecuanimidad, al equilibrio y mantener la cordura. Entonces esas cualidades son más necesarias que nunca. Uno tiene que saber utilizar sus recursos internos.

Después de cenar nos dirigirnos a la hospedería. Suresh era muy popular entre los *sadhus* y eremitas. Durante horas, hasta bien entrada la noche, estuvimos charlando con unos y otros. Todos pedían a Suresh que les contase algunas anécdotas. Él los divertía de veras. Yo pregunté sobre el tratado, pero no obtuve respuestas que me aclarasen nada. Al acostarme me arropé con una manta tanto como pude, porque temía más las sádicas picaduras de las chinches que las no menos sádicas de los mosquitos de la India. Aunque el bullicio continuaba en la calle y la música no cesaba en los altavoces, logré conciliar el sueño.

Todo estaba preparado para que Suresh llevara a cabo su espectáculo. Iba a trabajar con el alambre a gran altura y sirviéndose de la barra. Suresh se había dado un intenso masaje por todo el cuerpo y había hecho algunos ejercicios de piernas y brazos. Se le veía en forma: resistente, flexible, y con una mente lúcida y perceptiva. Salimos a las bulliciosas calles de Puri. Yo le seguía a corta distancia portando la barra. Suresh bromeaba, y se dirigía a mí como su aprendiz. Estaba de muy buen humor. Desprendía una sorprendente vitalidad y su risa reconfortaba a quienes la oían. Iba vestido con un taparrabos blanco y sobre los hombros llevaba un chal de color naranja. Estaba realmente atractivo. Se había puesto muñequeras de cuero y aceite de sándalo en el cabello, dejando al descubierto una frente amplia y noble.

El lugar destinado para el espectáculo estaba tan atestado de gente que no era fácil abrirse paso entre la muchedumbre.

—Cuando el ruido es tan infernal —me comentó Suresh—, hay que poner especial energía para no perder el hilo de la consciencia. Este trabajo resulta más fácil en el circo, donde el público te respeta y guarda un silencio sepulcral. Pero trabajar cuando la gente no deja de chismorrear es difícil, porque cuesta mantener la atención.

Los espectadores recibieron al faquir con aplausos, silbidos y gritos. Suresh saludó y se despojó de la túnica. Su tostado cuerpo brillaba bajo los intensos focos. Con habilidad insuperable subió hasta una plataforma suspendida de la parte más alta de uno de los postes. Yo sentía el corazón encogido. No dejaba de pensar qué sería de mí si Suresh sufría un accidente mortal. Desde la plataforma saludó al público agitando el brazo derecho. El gentío lo aclamó y vitoreó entusiasmado. Para complacerles, Suresh hizo varios números de fuerza y equilibrio en la plataforma. Hubo aplausos y exclamaciones. «Así nadie podría concentrarse», pensé. Desde luego, era muy difícil lograr el vacío mental en tales condiciones. La distancia que cubría el alambre era enorme. La barra que descansaba en el suelo fue izada por medio de una cuerda a la que estaba atada, y Suresh la elevó hasta la plataforma. Cogió la barra con firmeza con ambas manos, la puso paralela al suelo y comenzó a andar por el alambre. Estaba a gran altura. Yo pedía con todas mis fuerzas que no se levantara viento. Suresh, después de llegar al otro extremo del alambre, desanduvo el camino recorriéndolo de espaldas. La ovación estalló como un trueno. La gente estaba fascinada. Supuse que el espectáculo había finalizado, pero me equivoqué.

Suresh caminó de frente hasta el centro del cable, se dio la vuelta y recorrió el resto de alambre de espaldas. Repitió varias veces esa operación. Yo cada vez me sentía más inquieto y tenía ganas de gritar a pleno pulmón: « ¡Baja ya!». Pero él seguía con sus paseos por el alambre. Varias veces perdió el equilibrio. Se hizo un gran silencio. Pensé que Suresh simulaba aquellas vacilaciones para sobrecoger a los espectadores. Desde luego, era un gran artista. A cada momento sabía cómo renovar la capacidad de asombro del público. Él siempre decía: «La vida sin asombro es nada, fastidiosa rutina».

De pronto comenzó a tambalearse de tal modo sobre el alambre que yo no sabía si le ocurría de verdad o estaba fingiendo. De repente dio un traspiés, puso sobre el alambre el pie que tenía en el aire, pero se vio obligado a levantar el otro. Se tambaleaba, pero no recuperaba la verticalidad. Empecé a preocuparme de veras.

De repente la barra salió despedida y cayó al suelo. Suresh flexionó las piernas, en un desesperado intento por no caerse. «No está simulando», pensé. Los *sadhus* se miraron entre sí, preocupados e impotentes. Suresh, en un intento desesperado, apoyó una de las rodillas en el alambre mientras movía los brazos como una marioneta tratando de recobrar el equilibrio. Y sucedió lo que todos temíamos: Suresh perdió el equilibrio y su cuerpo dejó de tener contacto con el alambre, pero le dio tiempo de reaccionar y consiguió quedar colgado por las corvas, cabeza abajo. Tras un grito de espanto que presagiaba lo peor, la gente volvió a guardar un silencio absoluto.

Suresh estaba colgado como un murciélago. ¿Qué podía hacer? Me lancé hacia el poste para trepar por él y ver qué ayuda podía prestarle. Pero Suresh, como un experto gimnasta, flexionó el tronco hacia arriba, se cogió del alambre con las manos y se encaramó al mismo, situándose de pie sobre él como si nada hubiera ocurrido. Después se irguió en el centro y abrió los brazos en cruz para conservar el equilibrio. El público comenzó a aplaudir enloquecido.

Sentí un cariño inmenso hacia él. Cuando descendió me acerqué para abrazarle.

—¡Gracias a Dios que te has salvado!

—Dios nada ha tenido que ver con esto —me respondió, guiñándome un ojo—. No he corrido el menor peligro. A veces, en esta vida hay que fingir un poco. Forma parte del espectáculo. Lo peor que puede ocurrir es que la gente se aburra.

Volvimos a la hospedería de *sadhus* y peregrinos. Suresh cogió la caja con la recaudación y fue repartiendo monedas entre los *sadhus* y los devotos pobres, dejando una mínima parte para nosotros.

—Ya sabes —me dijo—: Soltar. Soltar el miedo, el odio, la envidia, la codicia, la ira, la arrogancia..., y las rupias. Soltar.

No sabía qué pensar de aquel hombre. Lo consideraba un verdadero equilibrista de la vida, así como de sus actitudes y estados de ánimo. Incluso me preguntaba si su cerebro era como todos los demás porque yo tenía la certeza de que aquel hombre sabía mucho más de lo que aparentaba.

Siempre había un lado ignoto en él, una cámara oculta en el interior de su espíritu. Lo que más me llamaba la atención no era su capacidad férrea para controlar el pensamiento, las palabras y los actos, sino que siempre era natural y fluido, libre de artificios y arrogancia. Yo presentía que una parte de él estaba muy distante de este mundo. En mi adolescencia había leído que algunos yoguis llegan a tal grado de evolución que «están en el mundo sin estar en él», pues su consciencia se ha fundido con la Fuente.

—Suresh, ¿por qué busca la gente? —le pregunté esa noche—. Me refiero a aquellas personas que son buscadoras.

—En la base de todo está el sufrimiento —dijo—. El ser viviente sufre. El sufrimiento es inherente a la vida, pero el ser humano sufre más porque, con su mente torpe, añade sufrimiento al sufrimiento. La mente ofuscada multiplica la desdicha innecesaria.

Mi mente se fundió con los cánticos sagrados de los *sadhus*. Eran como una caricia para mi espíritu atribulado. Buscar, buscar, buscar...

—Mañana partiremos para Madurai —dijo Suresh—. Y después iremos a Delhi, donde actuaré unos días en el circo. El circo es lo más hermoso que hay en el circo de la vida.

—¿Y luego? —pregunté por preguntar algo.

—¿Acaso viviré luego? —Se echó a reír—. Ya veremos. Hay muchas cosas por hacer, si es que hacemos algo. El destino nos dará pistas y nosotros estaremos alerta a cada momento para dilucidarlo, ¿te parece bien?

Entonces fui yo quien se echó a reír.

—Más adelante visitaré al ex marajá —dijo—. Le prometí someterme a una prueba que él espera con ansiedad. —Sin que me lo esperara, añadió—: Hernán, todavía eres un aprendiz de aprendiz.

—Te gusta jugar conmigo —protesté dolido.

—Confiesa que estabas aterrado pensando qué sería de ti si yo moría.

—Tienes razón —reconocí—. Perdona, pero...

—Nada de disculpas. Es natural. Cualquiera hubiera sentido lo mismo.

—Pero ¿simulaste todo aquello? —pregunté.

—Dejé que la Diosa jugara un poco —respondió, divertido—. También es bueno que la gente se divierta, ¿no crees? La diversión alivia. Es buena.

Ni siquiera empezaba a clarear el día cuando Suresh me despertó.

—¿Qué ocurre, qué pasa? —pregunté sobrecogido.

—¡Vamos, arriba, no perdamos más tiempo!

Me levanté de un salto y me vestí apresuradamente. Pero ¿qué ocurría? Suresh me sirvió una taza de té muy azucarado e hirviendo. Un perro aulló a lo lejos.

Un anciano peregrino roncaba y un pordiosero dormía desnudo junto al bote descascarillado con que solicitaba limosna. Suresh se lo llenó de monedas. Pensé en la agradable sorpresa que tendría el mendigo cuando despertara.

—Nos bañaremos en el mar —dijo Suresh.

Salimos de la hospedería para ir a la playa y nos perdimos por las callejuelas. A nuestro paso algunas personas semidormidas y desperezándose nos observaban. Andábamos deprisa.

—¿Por qué vamos a Madurai?

—Quiero visitar a un maestro.

—¿Tuyo?

—Así podría decirse —respondió, lacónico. Y se sumergió en el silencio.

Olía a cloaca y a brisa marina. El día iba a ser luminoso. No hacía calor y los perros husmeaban entre los desperdicios. De repente tuve consciencia de qué gran cambio había experimentado mi existencia y cómo habían ido modificándose muchas actitudes de mi mente. ¡Cuántas impresiones me había reportado la India y cuántas huellas estaba dejando en mí! Tuve la sensación de que mi vida pasada era un sueño que se desvaía y algo en mí experimentó nostalgia, tristeza e incertidumbre.

Divisé la playa de Puri a lo lejos. Algunos cuervos, con su tedioso graznido, revoloteaban por el límpido azul del cielo. El horizonte estaba despejado y el mar tan en calma que parecía un inmenso lago.

—¿Por qué hay tan pocos buscadores? —pregunté con naturalidad.

Suresh no me respondió. Seguimos andando hacia la playa. La serenidad del mar era contagiosa.

—Conviertes tu mente en un gran interrogante —dijo al cabo de un rato—. Te has preguntado qué mueve al buscador.

—Sí —repuse—. El romanticismo espiritual, el afán de hallar respuestas, el ansia de encontrar una realidad subyacente...

—¡La angustia! —me interrumpió secamente—. La angustia.

—¿La angustia?

—El buscador es una clase de persona muy especial —aseveró—. Otras personas carecen de la sensibilidad necesaria para angustiarse o se engañan con tantos subterfugios que disfrazan su angustia. Pero nada satisface al buscador. Primero investiga en el exterior, mas no halla satisfacción en placeres, logros y metas externas, incluso a veces es mucho peor, porque se da cuenta de que aun habiendo conseguido logros y riquezas, sigue sintiéndose incompleto e infeliz. —Guardó silencio. Se había puesto serio.

Cuando llegamos a la tibia arena, unos niños de piel muy oscura se bañaban con gran deleite. El sol iba ascendiendo y el calor se hacía más intenso. A lo lejos se veía una barcaza. Unos desharrapados dormitaban en la playa.

—¿Nos bañamos? —pregunté, sacando a Suresh de su ensimismamiento.

—¡Adelante! —exclamó animado, y echó a correr hacia el agua.

Lo seguí y nos zambullimos alborozados. Estuvimos disfrutando del mar hasta el mediodía. Salimos del agua y nos refugiamos bajo las palmeras. El calor se había tornado sofocante. De repente, Suresh comenzó a exclamar:

—¡Shiva! ¡Oh, Shiva! —Sus ojos se habían vuelto muy expresivos—. ¡Shiva, oh, Shiva! —continuó clamando, como ausente de todo.

Y con gran elegancia de movimientos, mientras canturreaba «¿quién puede comprender los designios divinos», comenzó a bailar. Era una danza lenta, de suaves movimientos, medida y precisa, muy fluida. Suresh adoptó la postura del Shiva danzante, el creador del mundo. Se detuvo unos instantes, sin siquiera parpadear, en equilibrio perfecto sobre una pierna. Luego comenzó a girar sobre sí mismo, haciendo *mudras*, gestos iniciáticos realizados con las manos.

Los cuervos revoloteaban entre los árboles. El cuerpo de Suresh era como una escultura que se moviera con insuperable gracia.

—¡Baila, baila!

Lo imité, intentando reproducir sus movimientos.

—Déjate llevar, no te resistas.

Yo sentía la arena, fina y tibia, bajo las plantas de los pies. Mi cuerpo se abandonaba a toda suerte de giros lentos y voluptuosos, la mente conectada con lo inmenso. Bailábamos sin parar, los cuerpos empapados en sudor, el yo ausente. Exhaustos, nos dejamos caer en la arena, con la respiración agitada. El cuerpo se ablandó como una soga mojada. A lo lejos sonaban las risas de los niños.

Estuvimos así hasta el atardecer. Yo me encontraba fatigado y dichoso.

—La vida sólo tiene significado —dijo Suresh— cuando hacemos de ella una aventura interior. De otro modo se vuelve oprimente, absurda y muy fastidiosa.

«¡Cuánta razón tiene!», pensé.

Emprendimos el camino de vuelta a la hospedería. Empezaba a anochecer y el tren salía a las pocas horas. Un anciano se había quedado dormido sobre una estera de coco.

—¿Ves a ese hombre? —dijo con ternura—. Ahora duerme, está en el ser. No hay deseo, no hay miedo; es feliz.

Suresh era recio y tierno a la vez, autocontrolado y dulce.

Compramos mazorcas asadas y las comimos con apetito en plena calle. Cuando llegamos a la hospedería, nos despedimos de los *sadhus* y partimos para la estación. Suresh me invitó a un vaso de jugo de caña de azúcar. En la estación de Puri encontramos un verdadero caos; era la danza de la vida. Shiva se miraba en todos aquellos rostros. Construía para destruir. Destruía para construir.

Los días se habían tornado muy luminosos. El cielo se presentaba claro y despejado. Desde mi llegada a la India me daba cuenta de que sufría y gozaba con mucha más intensidad. En esa época del año, tras el largo monzón, la naturaleza aparecía en todo su esplendor. Me gustaba deleitarme con los campos de arroz, los de maíz y las palmeras de todos los tamaños.

En el descomunal templo de Madurai comprobé de nuevo la avidez religiosa y el frenesí sagrado del hindú, quien, a pesar de ello, tiene gran capacidad para mezclar lo más santo con lo más profano, lo más sublime con lo más cotidiano. Las entradas del templo estaban abigarradas y el número de mendigos, algunos de ellos mutilados, falsos *sadhus* e indigentes era espeluznante.

Suresh y yo entramos en el templo, recorrimos sus enormes corredores y fuimos a un santuario donde se levantaba un lingam, órgano reproductor de Shiva. Suresh hizo una ofrenda al lingam y me dijo:

—No soy religioso, pero al ofrendar rindo mi ego y hago un acto de humildad. No hay cualidad como la verdadera humildad.

A empellones logramos salir del templo. Suresh me condujo por un enjambre de callejuelas, sucias y malolientes, donde a menudo las vacas nos cortaban el paso. Unos niños semidesnudos jugaban divertidos entre las aguas fétidas. Una anciana, cuyas encías no conservaban ni un solo diente y estaba medio ciega, vendía leche. Un grupito de hombres ociosos conversaba acaloradamente, unos sentados en el suelo y los otros en cuclillas. Pasó una mujer delgada erguida como una palmera datilera con un cántaro sobre la cabeza. Una bicicleta surgió de pronto en una esquina, y casi nos llevó por delante. Una niña de mirada dulce estaba haciendo sus necesidades en un portal.

Nos detuvimos delante de una casa con la puerta de madera repujada, casi una obra de arte. Suresh llamó con los nudillos y nos abrió una mujer muy obesa, con una gargantilla de oro al cuello y muchas pulseras en la muñeca. Esbozó una afectuosa sonrisa mostrando unos dientes llamativamente blancos. La mujer y Suresh se saludaron a la manera india, juntando las palmas de las manos a la altura del pecho; después nos condujo a un patio con gran cantidad de tiestos y donde olía a las mil maravillas. Nos sentamos en el suelo, sobre una esterilla. El trino de los pájaros no cesaba. La mujer se alejó, caminando con dificultad a causa de su extrema obesidad. Volvió al cabo de unos minutos trayéndonos té con especias y unas pastas muy picantes. La mujer se fue de nuevo, dejándonos a Suresh y a mí solos en el patio. Era un lugar muy agradable, cuyo grato silencio contrastaba con el bullicio que reinaba en la entrada del templo.

Pasaron los minutos. Suresh y yo permanecimos callados, como si no quisiéramos profanar aquel silencio. El olor a jazmines siempre ha abstraído mi mente. Me sentía a gusto. Una vez más me di cuenta de que no hay mayor disfrute que sentirse relajado y en paz, con el cuerpo y la mente sin generar tensión. Pero de súbito, Suresh se levantó de un salto. Casi sin darme cuenta lo imité y me puse a su lado. Una mujer de unos treinta y cinco años había entrado en el patio y se acercaba a nosotros, colocando las manos juntas a la altura del pecho.

—*Namasté* —dijo.

De movimientos impecables, gráciles y casi ceremoniosos, caminaba con gran elegancia pero sin afectación. Vestía un sari verde claro y llevaba los largos cabellos negros peinados en una trenza llamativamente larga. No pude por menos que fijarme en sus espléndidos ojos, tiernamente expresivos. Aquélla no era, desde luego, una mujer corriente. Hasta el hombre más impasible se quedaría prendado de ella. Una leve sonrisa se perfilaba en sus labios, de un dibujo perfecto.

El rostro de Suresh se iluminó de pronto. Parecía subyugado por el encanto de aquella mujer nada común. Un halo de encanto y misterio la rodeaba; su sola presencia envolvía y embelesaba. En mi vida había encontrado una expresión tan tierna e intensa como la de ella. Parecía tan perfecta que uno hubiera creído que, a cada momento, Dios se miraba en aquella hermosa mujer. Suresh y yo guardábamos silencio. La escena parecía irreal por lo que tenía de cautivadora. Los pájaros seguían trinando y el aroma del jazmín era un bálsamo para mi mente.

Después de unos instantes, ella se dirigió a Suresh en algún idioma de la India. Intercambiaron unas palabras y luego Suresh me la presentó. Se llamaba Rukmini. Comenzó a hablarme en mi idioma y me preguntó, solícita, qué impresiones tenía yo de la India. Apenas dije algunas palabras. Los tres nos sentamos sobre la esterilla. Suresh no dejaba de contemplar extasiado a Rukmini, que parecía una princesa. De ella emanaba un intenso olor a rosas. Se hizo un silencio íntimo y confortante. No había tensión, sino una paz infinita.

¿Quién era aquella mujer? ¿De qué la conocía Suresh? Se creó una atmósfera de simple magia. La sonrisa dibujada en los labios de la mujer se hizo más definida. En su mirada había fuerza y ternura por igual. Yo me mantenía expectante, pero me sentía feliz: era como si una nube de quietud nos envolviera a los tres. Los minutos se sucedían plácidamente. Pero el tiempo parecía haberse detenido: tal era la paz que reinaba en aquel patio en esos momentos.

Pero de repente, y ante mi contenida sorpresa, Suresh se inclinó ante los pies de Rukmini y posó sus labios en ellos. ¿Por qué besaba los pies de aquella sugestiva mujer? Yo no comprendía qué ocurría. La mujer introdujo sus largos y expresivos dedos entre el ensortijado cabello de Suresh. Pero las sorpresas no habían acabado. Lo más asombroso estaba por venir.

Por las mejillas de Rukmini comenzaron a deslizarse lágrimas silenciosas que hacían su rostro más bello, si eso hubiera sido posible. Yo sentí que sobraba, pero no me moví. Fueron momentos que nunca olvidaré. Jamás el silencio fue más elocuente. ¿Amaba Suresh a aquella mujer? Yo no estaba confundido, pero sí turbado. ¿Amaba ella a Suresh, el más célebre faquir de la India? Tal vez, me dije, son familia o amigos. Pero Suresh ni siquiera parpadeaba contemplando a Rukmini. La respiración de ambos se hizo más acelerada. El cielo era como un manto turquesa. Las lágrimas seguían deslizándose por las nacaradas mejillas de Rukmini. Era como si un halo de intensa energía fluyera de ella a Suresh y de Suresh a ella, tan intenso que también a mí me envolvía.

—Mi bien amada —susurró Suresh tendiendo su vigorosa mano para, con el dorso, secar las lágrimas de Rukmini—. Mi bien amada —repitió.

Aunque viva mil años, nunca olvidaré la mirada que apareció en los ojos de aquella mujer. Ya no hablaban, sus ojos lo hacían por ellos. En aquel recoleto patio había ternura, complicidad, energía, inefabilidad... La mujer apoyaba la otra mano en el suelo. Suresh fue adelantando una de sus manos hasta que sus dedos rozaron los de Rukmini. Se miraron con tanta intensidad que el espacio que los separaba pareció absorberse en el vacío. Momentos después, Suresh se levantó del suelo y yo le imité. Con movimientos armoniosos, la mujer hizo lo mismo. Entonces Suresh se inclinó hasta tocar con su frente los pies de la mujer.

—A tus pies de loto dejo mi ser —susurró.

La mujer puso por un instante sus dos manos sobre la nuca de Suresh. Cuando éste se hubo levantado, las miradas de ambos se fundieron durante unos instantes de plenitud, aunque yo no salía de mi asombro; aquella situación, además de no resultarme embarazosa, llenaba mi espíritu de contento.

La mujer nada dijo. Suresh y yo tampoco. Los tres nos despedimos a la manera india. Suresh y yo giramos sobre nuestros talones, dejamos a la mujer en el patio y salimos a la calle. Echamos a andar en silencio. Yo no me atrevía a preguntarle nada. Pero recordé a Isabel y me sentí profundamente atribulado dándome cuenta de mi soledad.

Entonces ocurrió algo que jamás me había sucedido: un sentimiento de infinita compasión hacia todos los seres del mundo me invadió y tomé hiriente consciencia de que habían derramado más lágrimas que cuantas los vastos océanos pudieran contener. Y comprendí hasta qué punto el ser humano había creado un sufrimiento innecesario en la Tierra: atormentándose unos a otros, desatando guerras insensatas que empapaban de sangre la Tierra entera, maltratando sólo por placer a los animales, esquilmando campos y mares, construyendo prisiones y campos de concentración... ¡Tanta belleza por un lado y tanto horror por otro! El corazón se me encogió de tal modo que apenas podía respirar. Miré a Suresh, como pidiéndole ayuda y comprensión, o al menos su aliento de buscador de lo Eterno, pero él seguía con la mente en otro universo, ajeno a cuanto le rodeaba. Me di cuenta de qué densa y abrumadora puede ser la soledad. Casi con desesperación invoqué a la Mano Invisible pidiéndole apoyo y amistad.

Al cabo de un rato llegamos de nuevo a los alrededores del templo. Por fin Suresh pareció volver en sí.

—Vamos a visitar al maestro de quien te hablé —dijo.

Imaginé a un venerable anciano, de barba blanca, impresionante mirada y aspecto inspirador. Pero me esperaba otra sorpresa. Nos detuvimos delante de un puesto atendido por un hombre bajito, obeso y mofletudo, de apariencia corriente y casi insignificante.

—Rahu, el maestro —dijo Suresh.

El hombre salió de detrás del puesto y se fundió con Suresh en un prolongado abrazo. Vendía perfumes y en el tenderete había frascos con todas las clases imaginables. Mientras él abrazaba a Suresh, contemplé los distintos tipos de perfumes: sándalo, ámbar, jazmín, rosa, loto, opio... El hombre me tendió su pequeña mano y yo se la estreché con vigor.

—Venid esta noche a casa —dijo, con una sonrisa.

Cuando se dio cuenta de mi curiosidad por los perfumes, abrió un frasquito y me roció con sándalo la muñeca.

—Os espero sin falta. ¡Qué feliz me has hecho viniendo, Suresh!

Jamás hubiera pensado que aquel insignificante hombre era un maestro, y mucho menos uno de los maestros de Suresh. Pero guardé un prudente silencio. El olor a sándalo subía hasta mi nariz. Anduvimos hasta el bazar, donde Suresh adquirió los artículos que necesitaba. Pasamos la tarde dando vueltas por la ciudad.

—Te llevarás una sorpresa con Rahu —dijo Suresh.

Ya me la había llevado, y más grande de lo que Suresh pudiera pensar, pero volví a ser discreto y no comenté nada.

Al anochecer fuimos a casa de Rahu. Él mismo nos abrió la puerta con una cálida sonrisa; era evidente que estaba muy contento por haber visto de nuevo a Suresh. Rahu vestía un kurta de un blanco inmaculado. Hasta parecía menos grueso.

Apenas nos hubimos sentado en la sala, la esposa de Rahu entró llevando una bandeja con té y muchas clases de pastas y dulces. Los dos hombres cambiaron impresiones, pues hacía tiempo que no se veían. Se enredaron en una conversación trivial y cotidiana, sin interés alguno para mí. Pero de repente, con pasmosa naturalidad, el perfumista se dirigió a mí:

—La manifestación múltiple de la Conciencia siempre nos asombra si nuestra mente está alerta. Todo es igual, pero a la vez todo es diferente. En la pantalla sin límites de la Conciencia, las películas se suceden, se entremezclan, se confunden... La vida de nosotros cuatro, por ejemplo, es soñada por la Conciencia. En realidad, los cuatro somos uno, aunque en apariencia seamos cuatro personas distintas.

Miré a mi alrededor. La habitación estaba amueblada con sencillez, pobremente incluso.

—Cuando formaba parte del cuerpo de espionaje de la India —dijo el perfumista—, conocí a un sabio taoísta que decía: «Venimos y nos vamos, pero nadie hay que venga y se vaya».

Lo miré con aire interrogante, pero el otro continuó hablando.

—He aquí que lo Incondicionado, por su naturaleza, se manifestó. Proyecta sus reflejos por doquier. Su energía toma cuerpo y mente y conforma lo que denominamos seres humanos o animales. En el momento en que la energía toma un cuerpo y una mente, la consciencia brota al instante... Surge la consciencia de ser, la cual nos permite saber que existimos... Pero en esa consciencia se distorsionan las ideas, el yo soy esto o aquello, y ahí empieza la esclavitud, la codicia y el odio. Nos identificamos con el cuerpo, la mente, el nombre, la imagen, los proyectos... Perdemos de vista nuestra auténtica identidad.

—¿La consciencia es nuestra verdadera identidad?

—No, en absoluto. La consciencia es tan ilusoria como todo lo demás, pero...

—Pero ¿qué?

—Pero si desarrollamos la conciencia, y en especial la consciencia de ser, hallaremos un canal hacia lo Incondicionado. Así pues, la consciencia de ser, aunque igualmente ilusoria, es la llave para abrir la puerta. Pero en último lugar no hay ni puerta ni llave ni consciencia...

—¿Entonces? —pregunté.

—Hay lo que nunca dejó de existir.

—¿Y qué es?

—Lo que es.

Suresh me sirvió más té. Yo estaba desconcertado. Rahu añadió:

—¿Cree usted que es el cuerpo, la mente, sus códigos y modelos, sus condicionamientos…? Todo eso es material superpuesto; son ropajes. Siga viviendo en los ropajes y jamás recobrará su identidad.

—¿Quién soy yo? —pregunté compulsivamente.

—Ésa es una buena pregunta —dijo con ecuanimidad—, pero dese cuenta de que siempre aparece el yo, yo, yo. ¿Es usted el que se atormenta por cómo van los negocios? ¿Es usted el que se angustia porque la mujer que desea no le satisface? ¿Es usted el que sufre de artritis o padece de insomnio?

Guardé silencio. Él prosiguió:

—Por fin, en cierto momento, la ola se pregunta: ¿quién soy yo? —Esbozó una sonrisa—. Algún día descubrirá que la ola no es más que un instante muy fugaz, pero que el océano es siempre. La ola surge y se desvanece, no tiene existencia propia. Si usted se aplica a la búsqueda, primero sentirá la presencia del ser y luego captará la energía del vacío. Usted nunca ha nacido; nunca morirá; es la energía que constituye millones y trillones de criaturas. Pero está tan identificado con sus ropajes que ha perdido su identidad. Usted se ha desquiciado.

Me puse muy serio.

—¿A qué ha venido a este país que se ha vuelto tan violento y codicioso como el suyo, e igual de inhumano y ciego?

—A buscar mi identidad.

—¡Ah! —exclamó con abierta ironía—. Así pues, resulta que su identidad está en la India.

Me sentí confundido.

—Su propia identidad es aquello que precede a la consciencia de ser. Investigue en esa dimensión. Sumérjase en ella y cuando tenga un vislumbre de la misma, sentirá que ni siquiera hay nadie para experimentar esa dimensión. ¿Y por qué es así? Pues porque usted es la dimensión.

De repente, una mueca de dolor apareció en el rostro del perfumista.

—Las varices duelen mucho —se quejó.

Con amor, Suresh se dispuso a dar masaje en las piernas del maestro. Rahu se sintió aliviado en cuanto Suresh comenzó a masajearle.

—En tanto haya cuerpo y mente, habrá dolor y placer —dijo el perfumista—. Y hay un pequeño y estúpido yo que se arroga cualidades de las que carece. Existen innumerables gotas de rocío —prosiguió el perfumista—, y el sol se refleja en todas ellas, pero sólo hay un sol. Las gotas de rocío se desvanecen, pero ¿qué queda?

—El sol —respondí con ingenuidad.

—Tal vez ni siquiera hay un sol como tal —repuso él, echándose a reír.

Pero lo más sorprendente fue que a continuación me preguntó algo que me hizo comprender que había sido informado acerca del trabajo que yo estaba haciendo con Suresh.

—¿Van mejorando sus relaciones con el alambre?

—No soy el mejor funámbulo del mundo —sonreí—. Pero ha habido cambios notables en mi personalidad y en mi actitud desde que practico.

—Todos somos chispas de Consciencia en la Gran Consciencia. Lo Incondicionado lanza un corto alambre en su insondable inmensidad y eso es una existencia. Debemos aprender a caminar por el alambre de la vida con mente lúcida, benevolencia y ecuanimidad. Cuando me dedicaba al espionaje, y debo decir que era el mejor espía de la época, un día me di cuenta de repente de que lo único que debía espiar era en mi origen.

Pasamos el resto de la velada hablando de la ciencia secreta y mística de los perfumes. Más tarde, Sureste se despidió de su maestro con un abrazo. Luego, el anciano me abrazó a mí y me regaló un frasquito de sándalo.

—Ya que hay que pasar por el alambre —me dijo a modo de despedida—, hágalo con cordura y con pasión.

—Gracias —susurré—, ojalá lo consiga.

Todavía conservo el frasquito de perfume de sándalo. Cuando lo huelo, mi mente evoca aquella extraña noche, a la fascinante mujer llamada Rukmini... ¡Y tantas cosas más!

13

Llegamos a Delhi. Había transcurrido medio año desde que aterrizara en la capital de la India. Me pregunté hasta qué punto se habían producido cambios sustanciales en mí. En la estación el griterío resultaba ensordecedor. De repente me intrigó que Suresh tuviera que trabajar en un circo si yo le había visto dar el dinero a manos llenas, lo cual me hacía suponer que ésa no era la razón.

—¿Trabajarás en el circo por dinero? —pregunté.

Se echó a reír y preguntó a su vez:

—¿Tanto te preocupa mi economía? Veo que en tu mente sigue predominando la inclinación a calcular e invertir. Pues no, amigo, no lo hago por dinero. —Me miró, como si quisiera sopesar mi reacción, y añadió—: Es por diversión; también para estar con otras personas; pero además porque no debo dejar de pulirme con la acción diestra. Y te aseguro que cuando uno se juega la vida, la acción se torna muy diestra.

Volvió a reír.

—Pero ¿por qué tienes ese afán de arriesgar tu vida? —pregunté con un tono de reproche.

—Tú sí que has arriesgado la tuya por dinero. Y también tu salud mental. Y te parecía estupendo, ¿verdad? Yo actúo por diversión. Si el dinero me viene, ¡magnífico!, así lo reparto a mi antojo. Pero nada tengo contra el dinero —especificó—, siempre que se suelte como se toma y que se gaste con desprendimiento. De otro modo, es el peor veneno.

Esperó algún comentario por mi parte, pero no lo hice. Tomamos un autobús hasta el centro de la ciudad y luego un *motorickshaw* hasta la Vieja Delhi.

—El dinero me ha venido —dijo Suresh—. Hay gente tan estúpida que se cree inteligente porque acumula mucho. Son unos pobres necios. El dinero te viene o no te viene. ¿Qué tiene que ver con la inteligencia? La gente más vulgar, menos sensitiva y torpe hace fortunas inmensas. Conozco a muchos ricos con esas características.

Guardé silencio. Contemplaba a lo lejos el Fuerte Rojo, frente a la siempre animada Chandni Chowk, la avenida principal de la Vieja Delhi, como si por ella no hubiera pasado el tiempo desde la época de los emperadores mogoles.

—¿Cuánto pesas? —me preguntó.

—Unos setenta kilos —respondí, bastante sorprendido.

—He recibido más kilos en oro o joyas de lo que tú pesas —dijo despreocupadamente y casi con desprecio.

Yo no sabía si hablaba en serio o en broma. No podía decir si era una de sus jocosas bravuconadas para quebrar mi mente lógica.

—Me han ofrecido, o regalado, los mejores caballos, palacios, ropas bordadas en oro... Pero nunca he permitido que nadie manipulara mi vida. A veces exhibo mis proezas ante caprichosos muy acaudalados, pero eso es todo. Les hubiese gustado que tuviera un accidente o incluso que muriese, porque eso les habría divertido; pero hasta ahora no lo han conseguido. Sus vidas son tan vacías que tengo que divertirles con mis proezas.

»Cierta vez un príncipe me dio cien mil rupias por permanecer colgado de un árbol durante varios días, con el cuerpo suspendido por innumerables anzuelos. Lo hice porque con aquel dinero habilité una escuela. Dentro de unas semanas estaré en el palacio del ex marajá y me dejaré enterrar vivo para sacarle unos cientos de miles de rupias. No las quiero para nada, pero puesto que no tiene el alma tan noble como para donarlas a los necesitados, yo las donaré por él.

—¿Si te hago unas preguntas no te reirás de mí? —dije con recelo.

—Pregunta —repuso, divertido.

—¿Podría aprender las técnicas para dejar conscientemente mi cuerpo? ¿Es posible morir con plena lucidez? ¿Es verdad que hay yoguis que tras la muerte reabsorben su cuerpo y no quedan restos del mismo?

Se echó a reír a carcajadas. Sus reacciones eran inesperadas. Ya casi nada me extrañaba de Suresh, pero jamás terminaría de comprenderle.

—¿De verdad quieres que te conteste?

—Por supuesto.

—Pues lo haré, pero no empieces a repreguntar como si fueras un loro. Todo lo aprenderás a su debido tiempo..., si tienes que aprenderlo. Así que a tus tres preguntas te respondo «sí».

—Y...

—¡Basta! —me interrumpió—. Ahora, lo importante es que sepas que no sólo vamos hacia las cosas, sino que las cosas vienen hacia nosotros. Hay que saber observar y estar preparado. Es como si uno espera que un honorable huésped vaya a presentarse en casa en cualquier momento. Habrá que tenerlo todo siempre dispuesto y ordenado. ¿Cómo debemos esperar?

—¿Cómo?

—Sin apego y morando en la calma. Desde la quietud, gozamos y sufrimos, pero sin inmutarnos. Es interesante ver venir los acontecimientos y saber cómo proceder, o cómo dejar de proceder. Debemos adiestrarnos en la sabiduría del espejo: refleja con fidelidad, pero no conserva, no persigue, no aprueba ni desaprueba, no acumula, siempre está vacío y despejado. El espejo despejado —se echó a reír. Luego añadió—: Pero a diferencia, nosotros somos esponjas; absorbemos, acarreamos, reaccionamos y nos torturamos psicológicamente.

El *motorickshaw* nos depositó en Chandni Chowk. Caminamos hasta la callejuela de los plateros, no lejos de la Gran Mezquita. Por una escalera en estado precario y de peldaños estrechos subimos hasta el último piso de la casa antigua en que íbamos a alojarnos. El piso pertenecía a un amigo de Suresh que tenía una platería en la misma calle. Era un individuo muy locuaz, de sonrisa franca, nariz aguileña, dientes ennegrecidos y ojos saltones, y estaba manco. No era muy agraciado, pero tenía un gran sentido del humor.

Nos detuvimos en el piso del amigo de Suresh el tiempo justo para asearnos un poco. Luego nos dirigimos a buen paso hacia la carpa del circo, en una explanada más allá del Fuerte Rojo. Era una carpa enorme y se hallaba rodeada por un gran número de desvencijados carromatos. Me sentía de un humor espléndido, jovial, despreocupado y alegre, por haber vuelto a Delhi después de tantos meses, hasta que Suresh dijo, como si nada:

—Durante el día, aprovechando que no hay función, comenzarás a entrenarte a gran altura. Harás verdadero funambulismo, y te dejarás de juegos ñoños.

Se me cortó la respiración.

—Sabes que no soporto las alturas —repliqué con rabia.

—Hay que enfrentarse al vacío. Lo que has hecho a unos metros de altura podrás hacerlo a cualquier altura. Serías capaz de pasar de uno a otro edificio. Ocurre igual que en la vida: si consigues la actitud adecuada, la vida puede mantenerse en lo agradable y lo desagradable, la salud y la enfermedad, el encuentro y la separación.

Al atardecer del día siguiente, dos días antes de la inauguración del circo, entramos bajo la carpa. Cuando comprobé a qué altura estaba el alambre, casi rozando la cúpula de la carpa, me quedé horrorizado. No podía dar crédito a mis ojos. Pero entonces vi que unos metros por debajo del alambre había otro. Miré consternado a Suresh; no me dio tiempo de preguntarle nada porque me dijo:

—Preparo un número muy especial. Quiero que la gente disfrute, que no tire su dinero y que nunca se sienta defraudada.

—¿De qué se trata?

—Ya lo verás. Me he propuesto que sea una sorpresa para ti también.

—A mí siempre me sorprendes —repuse resignado.

Se cambió de ropa y subió al alambre que se encontraba más arriba para ensayar. Lo recorrió varias veces en ambas direcciones ayudado por la barra. Estaba en plena forma. Cuando acabó el ensayo y descendió, el dueño del circo acudió a saludarle y lo felicitó efusivamente.

—¡Eres mi hombre! —exclamó orgulloso. Y añadió—: Te quiero, Suresh —Después le dio un fuerte abrazo. Parecían conocerse mucho.

—¿Harás el número de la cuerda floja? —le preguntó el hombre, aguardando expectante una respuesta. La prominencia de su vientre resultaba grotesca.

—Lo haré —afirmó Suresh—. Pero en esta ocasión el salario será mayor, ¿de acuerdo?

—Siempre te he pagado lo que me has pedido —dijo el propietario—. Te he anunciado por toda la ciudad. Nadie es capaz de mejorar tus números. He logrado que en la Vieja Delhi hasta las ratas sepan que actúas.

Suresh me presentó al jefe del circo.

—Es mi aprendiz —dijo, bromeando con afecto—. Es un buen aprendiz, aunque un poco vago.

Sonreí. El hombre me tendió su sudorosa y viscosa mano y yo se la estreché.

Aquella noche cenamos en el carromato del propietario. Él y Suresh hablaron largo y tendido de asuntos relacionados con el circo. También comentaron el accidente mortal sufrido por un funámbulo. En la cena el dueño del circo había bebido hasta emborracharse. Entre Suresh y yo logramos acostarle, a pesar de que parecía pesar una tonelada. Luego volvimos a la calle de los plateros. Sentí a la Vieja Delhi como una amiga, doliente pero leal.

Al día siguiente, al levantarnos, oímos a lo lejos la voz del muecín llamando a oración. El sol lucía esplendoroso. Los luminosos días de Delhi acarician el alma más insensible y son inolvidables. Tomamos un frugal desayuno y luego salimos en dirección al circo.

—A practicar —me dijo.

Le miré implorante.

—Pondremos la red. Pero ten en cuenta que si te acostumbras a ella, estás perdido. Sólo la tenderemos hoy. Nunca más. Ahora, y no me discutas, sube y demuéstrame que puedes enfrentarte al vacío. No te pido que no estés aterrado; te estoy pidiendo que lo desafíes.

Se me hizo un nudo en la garganta. Miré hacia arriba. El alambre estaba a demasiada altura.

—Pero tampoco sé caer bien en una red —dije—. Nunca he caído sobre una red.

Estalló en carcajadas. En ese momento, su descarada risa me ofendía. Mientras yo me moría de terror, él se reía, divertido.

—En los últimos años, y no me seas cínico, no has hecho otra cosa que vivir con red. Así pues, no me vengas con cuentos.

Entre avergonzado e indignado, guardé silencio. Me subieron con una polea manual y me depositaron en una plataforma junto al cable más elevado. Estaba aterrado.

—El vacío te procura la muerte o la vida —gritó Suresh—. Depende de ti. Si lo temes, te engulle; si te relacionas con él, te renueva.

A lo largo de varios meses había andado por el alambre y había conseguido un dominio notable del mismo. «Nada tienes que temer», me dije para consolarme. Pero estaba paralizado en la plataforma, sin siquiera atreverme a avanzar un pie. A pesar de que tendieron la red debajo del alambre, yo no podía superar mi angustia.

—De modo que incluso con la red puesta, dudas —dijo Suresh desde abajo—. En cambio has sido capaz de vivir durante años en una lenta y exasperante pesadilla. Ha llegado el momento de que pongas al descubierto lo que hay en tu interior.

Sin mirar hacia abajo cogí la barra con ambas manos. Puse el pie derecho en el alambre y apreté; estaba perfectamente tensado. Suresh siempre ponía especial atención en revisar el grado de tensión del alambre, para que fuera el idóneo. A continuación puse el pie izquierdo delante y me recordé: «Calma y lucidez en la acción». Anduve por el alambre más seguro, las caderas controladas, el tronco erguido, la respiración regular. Llegué hasta el final del alambre, di la vuelta con plena consciencia e inicié el regreso, la barra controlada en las manos, la mirada al frente, todos los sentidos puestos en la acción. Pero de repente, uno de los trabajadores del circo gritó algo a unos compañeros; entonces perdí la atención y me desequilibré. Quise recuperar el equilibrio, pero la barra se me escapó de entre las manos y me precipité al vacío, yendo a caer en la red, donde empecé a rebotar. El terror me invadía hasta lo más íntimo.

Suresh corrió hacia mí.

—No te ha fallado la habilidad ni te ha abandonado la precisión; has dejado de prestar atención. Te encontrabas, ¡maldita sea!, en tu ego. No estabas meditativo, sino fragmentado; no morabas en la unidad. Inténtalo de nuevo. Si esto te hubiese ocurrido sin red, ahora estarías muerto. No quiero técnica, ni artificio, ni estúpida habilidad. Sólo quiero que conectes tu espacio interior con tu espacio exterior, y que te sientas uno en lo Inmenso.

Mi corazón latía con fuerza. Me faltaba la respiración. Como pude, hice acopio de valor y ascendí hasta la plataforma. Lo intenté de nuevo. Sentí que caminaba por el alambre con más soltura. Pero de súbito, un pensamiento intruso pasó por mi mente: «¿Y si no hubiese habido red?». En ese instante vacilé, perdí el equilibrio —por mucho que lo intenté, no logré recuperarlo— y me tambaleé de un lado a otro. La barra cayó de mis manos y me desarboló. Ni brazos ni piernas me respondían; traté de corregir hacia el lado opuesto al que me inclinaba moviendo los brazos como una torpe marioneta; levanté un pie del alambre, en un intento de compensar el peso. Yo quería pensar con rapidez..., pero no se trataba de pensar.... y caí de nuevo sobre la red.

—¿Dónde está tu atención? —escuché que gritaba Suresh—. Te lo he dicho muchas veces: «Alerta serena». —Y en lugar de ayudarme a bajar de la red, se dirigió hacia los ayudantes de pista y vociferó—: ¡Fuera la maldita red! ¡Fuera! ¡No quiero verla nunca más!

Yo no podía creerlo. Aquélla era la mayor locura de Suresh. Me había equivocado al tomarlo como mi guía espiritual. Era un demente. ¿Acaso pretendía que anduviera por el alambre sin la ayuda de la red? Me mataría. Seguro que me mataría.

—¡Basta ya de amortiguadores y salvavidas! —gritó Suresh.

Aquello era ridículo. Me decía a mí mismo lo absurdo que resultaría que apareciese una breve noticia en las periódicos de mi país informando: «Sin que nadie se explique la razón, un occidental de edad mediana se ha estrellado contra la pista de un sórdido circo en la India». Pero no conseguía poner en orden mis ideas.

—¡No lo intentaré! —grité, sin atreverme siquiera a mirar hacia la plataforma.

—Lo has hecho mil veces —dijo Suresh—. Has recorrido kilómetros de alambre sin problema alguno. Nada ha cambiado excepto tu actitud. Ahora piensas en términos de vida y muerte. Al pensar que el alambre está a mayor altura, tu mente se condiciona y tu corazón se encoge; pero el alambre es el alambre y tu habilidad es tu habilidad. Tú no eres cuerpo ni mente; eres espacio vacío, y el espacio vacío no puede ir a ninguna parte y, por lo tanto, no puede caerse. Vamos, sube de nuevo a la plataforma.

Le obedecí en un estado de semiinconsciencia, debido al terror que sentía. Sólo cuando me encontré sobre la plataforma tomé conciencia de ello. Contuve la respiración tanto como me fue posible para serenarme. Luego comencé a andar por el alambre. Mi cuerpo parecía pesar menos, y sin embargo, lo sentía sólido y fuerte sobre el alambre.

Hice el recorrido varias veces en uno y otro sentido, la barra perfectamente equilibrada en mis manos. Mi miedo dio paso a un indefinido sentimiento de gozo.

Cuando descendí, aún no podía creer que yo hubiese sido capaz de andar por el alambre a esa enorme altura. El sudor corría por mi cuerpo y tenía la garganta seca como el cáñamo. Suresh me abrazó complacido. Mis ojos se llenaron de lágrimas. Sentía junto a mí el fibroso cuerpo de Suresh, transmitiéndome su afecto. De repente, pero sin sentimiento de culpa, fui consciente de cuánto daño había hecho a los demás —y a mí mismo— a lo largo de los últimos años.

Aquella noche, Suresh y yo estuvimos meditando juntos. Por la ventana abierta nos entraba la brisa de la medianoche.

—Hernán, si muero, que incineren mi cadáver a orillas del Jamuna. —Lo había dicho con pétrea frialdad, como si el asunto no fuera con él.

Luego, ante mi silencio, prosiguió.

—Absorto en el vacío primordial, no hay un yo que sienta miedo, el ego es el que se aterra. Pero ¿a quién no le asalta el miedo alguna vez? Sólo un ser plenamente realizado, al haberse fundido con el vacío primordial, carece de ego y no teme nada. Él ha eliminado todo condicionamiento interno y se ha fundido con lo Incondicionado. Las demás personas siempre tienen miedo. Por intrépido que sea un ser humano, siempre tiene algún tipo de temor. Pero el miedo es una energía poderosa que podemos utilizar como herramienta en nuestro trabajo de hacernos humildes. Cuando alguien te diga que no teme a nada ni a nadie, no le creas...

El cielo de Delhi era como una maravillosa cúpula azul. Los cuervos se recortaban contra el horizonte volando en círculo. En la entrada del circo se había formado una larga cola; iba a tener lugar la primera función de la temporada. Personas de todas las edades y condición se arremolinaban ante la taquilla. Las entradas se agotaron en poco tiempo.

Suresh salió a la pista. Vestía un sencillo pantalón holgado y un kurta, ambos de color rojo; se había puesto las muñequeras de cuero.

—¡Suresh, el faquir más célebre del mundo! ¡El mejor volatinero de la India! —anunció el presentador.

Suresh fue alzado hasta la plataforma. En seguida, sin preámbulos innecesarios, comenzó a andar sobre el alambre. Lo recorrió de frente y de espaldas varias veces, a diferente velocidad, con el fin de mantener viva la atención del espectador. Lo hizo con insuperable elegancia. A la luz de los focos se movía como un soberbio pájaro. El público permanecía absorto. Suresh les tenía como hipnotizados. De repente, el director de pista dijo:

—Suresh, el mejor faquir del mundo, el funámbulo más extraordinario, hará hoy un número especial para nosotros. Querido público, van a ver, por una sola vez en su vida, el número de funambulismo más sobrecogedor y excepcional que jamás hayan podido imaginar. Permanezcan muy atentos.

Mientras el presentador hablaba, Suresh, como ajeno a sus palabras, seguía paseando por el alambre. Cuando el director de pista hubo acabado de hablar, él se colocó en la plataforma y prescindió de la barra. Pensé: «Va a repetir el número, pero sin la ayuda de la barra». Y en efecto, Suresh comenzó a andar por el alambre. En verdad era como un apacible paseo. Luego hizo algunos espectaculares equilibrios sobre el alambre. De momento eso era todo.

Yo estaba tranquilo porque sabía que él podía prescindir de la barra y utilizar los brazos como las alas de un águila. De repente se desequilibró. Fue a poner un pie sobre el alambre, calculó mal y sólo encontró el aire, desestabilizándose al instante. No había red. Si caía, su muerte era segura. Suresh trató de corregir, pero se hallaba en una posición muy difícil y dio otro traspiés. De pronto, como si de un flash se tratara, observé, aterrado, que sus pies estaban separados del alambre. La gente comenzó a chillar.

Yo pensé: «No hay remedio. Se reventará». En un desesperado e inútil intento, el director de pista gritó:

—¡La red! ¡La red!

Pero Suresh estaba con todo el cuerpo fuera del alambre. ¿Por qué no alargaba los brazos y se agarraba al alambre con las manos?

Todo parecía perdido, pero Suresh se dejó caer hacia el alambre inferior y, con enormes dificultades, logró caer sobre él y recuperar el equilibrio. ¡Aquél era el número que había sido anunciado! Nadie lo hubiera imaginado, pues parecía imposible que se pudiera realizar. Un enorme sentimiento de admiración brotó en mí. En su rostro había una simpática sonrisa que dejaba al descubierto sus llamativos dientes blancos, que contrastaban con el tostado color de su piel. Se le notaba muy contento. Cuando estuvo en la pista lo abracé, emocionado.

—¿Cómo lo has conseguido? —le pregunté al oído.

—Ni yo lo sé —respondió alegre—. El vacío se pone a nuestro favor o en contra, eso es todo; pero guárdame el secreto.

Nunca hubiera supuesto que alguien fuera capaz de poseer un control tan perfecto de cuerpo y mente.

Al día siguiente, la noticia apareció en numerosos periódicos de Delhi. En la Vieja Delhi, la gente no hablaba de otra cosa. Algunos decían que era una artimaña; otros, que era magia y había quienes aseguraban que se trataba de un truco publicitario para seguir llenando el circo de público.

En días sucesivos, Suresh incorporó a su espectáculo el de la cuerda floja.

—A veces, la vida es aparentemente fija, como el alambre —me había comentado—; pero otras se nos muestra vacilante y huidiza, como la cuerda floja.

Suresh hizo que también yo me entrenara en la cuerda floja. Al principio fue un verdadero desastre, como si empezara de nuevo. Aunque haber desarrollado el sentido del equilibrio me servía de algo, la técnica del trabajo en la cuerda floja era muy distinta. El alambre te da un punto de apoyo fijo; en la cuerda floja, el punto de apoyo es movible, y uno tiene que armonizar el movimiento con la cuerda.

—En la vida —me dijo Suresh—, no siempre es posible aplicar las mismas actitudes. Hay que modificarlas según las circunstancias y aprender a ser y a actuar a medida que la situación lo requiera, ¿verdad? Tú no puedes aplicar la misma técnica al alambre y a la cuerda floja. La atención, la autovigilancia y la contención del pensamiento rigen igual, pero el enfoque y el método cambian. El alambre te ofrece una senda fija: en la cuerda floja, tú debes marcar la senda a cada momento. Lo mismo ocurre con la vida, la rutina y lo cotidiano son como el alambre. Pero hay situaciones de emergencia, vicisitudes y contratiempos inesperados, igual que sucede con la cuerda. Aunque en ambos casos no hay que preocuparse por los resultados, sólo centrarse en la acción diestra y falta de egoísmo.

—Háblame más de ello —rogué.

—Poco más hay que decir, aunque tú necesitas muchas palabras para decir algo u oír algo. El arte de vivir es el arte del dominio del alambre y de la cuerda floja. Si yo te he enseñado a andar por el alambre y ahora estás ejercitándote en la cuerda floja, todo ello es un medio para que desarrolles una perfecta actitud para la vida. Yo he escogido para ti estos métodos, pero quizá otro maestro hubiera elegido otro diferente.

»Uno de los maestros que conocí entrenó a su discípulo enseñándole a moverse en la jungla mediante las lianas; otro abandonó a su discípulo en el desierto; otro lo puso a fregar cacharros durante años, y otro lo entrenaba espiritualmente haciendo que se arrojara por un acantilado. En cambio, hay maestros que sólo exigen de sus discípulos que hagan un trabajo mental. Depende del maestro, y del discípulo. El maestro debe hacerse un poco al discípulo y éste al maestro. En nuestra escuela consideramos que el maestro enseña al discípulo y a la vez aprende de él.

A menudo, al entrenarme, me caía de la cuerda. Suresh me decía entonces:

—Los problemas los crea la vida y ella misma los resuelve; pero lo esencial es mantener la actitud equilibrada.

Cuando mi mente se afanaba en buscar respuestas lógicas y me atormentaba con inútiles indagaciones filosóficas, como si él supiera de mis cuitas, me decía:

—La vida es como un sueño dentro de otro sueño; asimismo, la mente que sueña está dentro de otra mente que la sueña.

Y se reía de buena gana ante mi estupefacción y mi incorregible hábito de querer entenderlo todo de una manera racional. Me daba a entender así que lo racional ocupa un papel importante en la vida del ser humano, pero que por el ojo de buey de lo puramente racional no podía penetrar en el insondable misterio de la vida.

Cada día que pasaba, aquel hombre me sorprendía más. Él mismo, siempre contento, trataba de llevar la felicidad a los demás. Ante el sufrimiento, decía:

—Si sabemos instrumentalizarlo, nos ayuda a estar autoconscientes y nos sirve de punto de apoyo para emerger de lo fenoménico. No se trata de que mutilemos las emociones, sino de que las reorientemos de una manera armónica.

Cuando yo desfallecía, siempre encontraba el modo de alentarme. Así fue surgiendo entre nosotros un poderoso vínculo.

Una noche fui lo bastante indiscreto como para preguntarle:

—¿Quién era aquella mujer? Jamás he visto alguien así.

Hubo un largo silencio. Después, Suresh dijo:

—Cuando conocí a Rukmini, era una niña de corta edad y yo, un muchacho. Sus padres, muy pobres, la habían entregado al templo y allí recibió una educación que nadie hubiera podido ni soñar. No te oculto que me prendé de ella desde el primer momento en que la vi.

Suresh se interrumpió por un instante y entornó los ojos, embelesado.

—Un día fue llevada a otro templo y durante años nada supe de ella. Pero había permanecido en mí la abismal mirada de sus ojos. Yo fui sometido al entrenamiento de un faquir-yogui y, poco a poco, comencé a ganar cierta celebridad en el exterior. Cuando conseguí el suficiente dinero, compré la libertad de Rukmini.

—Pero te separaste de ella.

—Sí, me separé de ella. No había estado años adiestrándome con el objeto de desligar mi espíritu para luego generar vínculos de nuevo, por dulces que éstos resultaran. Siento a Rukmini profundamente, créeme, en todo mi ser. Pero he despertado dentro de mí a mi Dios y a mi Diosa, a mi Shiva y a mi Shakri, y ahora no necesito mujer en lo externo.

—Me cuesta comprenderte.

—No digo que mi camino deba ser el de otros —añadió—, en absoluto. Cada ser humano elige su propia vía. Pero yo sólo busco el hijo del espíritu, y no está ya en mi destino ni en mi voluntad crear lazos que me aten.

—Pero ¿la amas?

—La amo. He aprendido a amarla en la renuncia y desde la renuncia. Pero más amo el vacío primordial. ¿Acaso no amaba Buda desesperadamente a su maravillosa mujer? Pero amaba más lo Incondicionado, y lo abandonó todo para hallar la vía. No quiero decir que eso deba ser así para todo el mundo, pero siempre me he preguntado si es posible apagar un fuego añadiendo madera al mismo.

Cuando dejó de hablar se le veía turbado, como si sus recuerdos aún fueran un fardo pesado para él. La luna iluminaba la ciudad y era como un disco de platino flotando en el cielo de Delhi. El gran faquir de la India lograba andar por los alambres más elevados, pero todavía era sensible al toque perfumado del amor entre hombre y mujer. En su rostro se reflejaban los rayos de la luna. Había en su hermosa mirada un punto de nostalgia contenida. Me miró y cogió mis manos entre las suyas.

—La serena belleza de Rukmini fue como un licor que embriagaba mis sentidos. Hay apegos tan sutiles que resultan muy difíciles de superar.

¡Qué mirada la suya, tan cargada de sentido!

—En el corazón de toda criatura —prosiguió Suresh— palpita el universo. En el corazón del universo palpita el Ser Supremo. En el corazón del Ser Supremo lo hace el vacío primordial. Cada destello de paz que conseguimos saborear es un paso de gigante hacia lo Incondicionado. No hay mayor significado para esta vida que seguir en la búsqueda. Como aquel viejo adagio que dice: «Unos caminando, otros corriendo, otros arrastrándose..., pero todos nos encontraremos en la Meta».

Suresh amaba a Rukmini y yo amaba a Isabel. Más allá de todo, nos unía nuestro amor a la búsqueda.

Él era el faquir más reclamado de la India. No sólo se ganaba la admiración de sus espectadores, sino su afecto, porque tenía un gran poder de empatía y exhalaba un contento contagioso. Era de una prodigiosa generosidad. De hecho, Suresh apenas tenía necesidades, aunque tampoco era austero y gastaba alegremente su dinero, sin privarse de aquello que le apetecía. Yo había aprendido muchas cosas con él, entre ellas que se puede ser muy intenso y, a la vez, lo que denominaba desapasionadamente apasionado.

Habíamos pasado días interesantes y placenteros en la Vieja Delhi. El propietario del circo admiraba y quería a Suresh, además de que su espectáculo le resultaba muy rentable. Le avisaron para que asistiera a un festival en Mathura, la ciudad donde naciera el dios Krishna.

—Iremos a Mathura —dijo Suresh—, allí actuaré unos días. Luego quiero descansar antes de ir al palacio del ex marajá.

Suresh estaba empeñado en llevar a cabo el número del enterramiento en vida y yo no lograba convencerle de que desistiera. Cuando tomaba una decisión, la mantenía. Le gustaba retarse a sí mismo y comprobar hasta qué punto le auxiliaban sus recursos internos.

—Es la gran proeza de todo faquir —me explicó—. Me refiero a la prueba sin trucos, pues hay falsos faquires que se han enterrado para luego salir al exterior a través de un túnel, y días después, cuando iban a ser desenterrados, han vuelto a la fosa. Pero yo efectúo el doble enterramiento.

—¿El doble enterramiento? —pregunté extrañado.

—Sí. —Y se echó a reír al ver la perplejidad reflejada en mi rostro—. Primero me introduzco en un ataúd de plomo y luego éste es enterrado en la fosa, conmigo dentro, por supuesto.

Mi perplejidad se tornó angustia.

—No te alarmes —me tranquilizó—. Lo que deba ocurrir ocurrirá. Nadie es dueño de su vida. Además, ya lo he hecho otras veces; es la verdadera prueba para comprobar que cuerpo y mente nos obedecen.

—¿Qué es lo más difícil de dominar? —pregunté.

—El terror —respondió contundente—. El gran terror que te invade cuando te quedas a solas contigo mismo, en inmensa soledad. Entonces sólo cuentas con tu energía primordial. El cuerpo y la mente quieren revelarse, escapar. Todos los instintos de supervivencia se ponen al descubierto. Hay que tener la consciencia muy fría.

Me quedé pensativo.

—Se hace un silencio doloroso y frío, sin belleza ni frescura —prosiguió—. La oscuridad es total. Y no hay marcha atrás. Si algo falla en lo más mínimo, estás perdido. Toda la partida se juega en segundos. Si uno no sabe o no le es posible controlar con precisión absoluta sus funciones corporales, la muerte es inevitable.

Antes de partir de Delhi, Suresh me pidió un favor: que llevara una bolsa con dinero al ama de Rukmini.

—A ella nunca debe faltarle nada, nunca.

Horas antes de partir para Mathura llevé el dinero al ama de Rukmini.

En el viaje hacia Mathura, Suresh iba pensativo. Sólo despegó los labios para decir:

—Si los seres humanos reconociéramos lo débiles que somos, jamás nos dañaríamos los unos a los otros.

En esos meses, yo había tenido ocasión de comprobar hasta qué punto Suresh era respetuoso con toda forma de vida y el gran amor que demostraba también por los animales, incluso por los más insignificantes.

Cuando llegamos a la ciudad de Krishna, le dije:

—Si no te importa, me quedaré un par de días y luego iré a Simla a visitar a Isabel y a su abuelo.

—Perfecto —repuso Suresh—. Cuando acabes tu visita, nos reuniremos en Ajmer.

Como percibí que no tenía ganas de hablar, respeté su silencio. A través de la ventanilla del autobús aprecié la gran belleza de las flores, unas blancas y otras amarillas, de los magnolios. Observé la vida, sencilla y difícil a la vez, de los campesinos. La mirada se perdía en el horizonte, puesto que viajábamos por la planicie de la India.

La siguiente noche a nuestra llegada tendría lugar la primera actuación de Suresh. Quería trabajar con el alambre a gran altura, al más puro estilo del funambulismo. Al contrario que a mí, le encantaba la altura; se sentía libre y contento. Así pues, pidió a los organizadores que no se limitaran en el tema de la altura. En una explanada debidamente acordonada se habían dispuesto dos mástiles muy altos y se había tendido el alambre entre ambos. Al atardecer el calor era intenso y el cielo amenazaba tormenta. El espectáculo prometía ser muy vistoso, ya que se efectuaría de noche, con focos y antorchas, después de los fuegos artificiales.

El cielo se fue encapotando, adquiriendo una tonalidad grisácea.

—Si llueve, ¿se suspenderá el espectáculo? —pregunté.

Suresh repuso con aplomo:

—Para un funámbulo que trabaja descalzo como yo —respondió—, la lluvia no supone un gran inconveniente. Me pondré una pasta en la planta de los pies para que éstos agarren mejor. Ya sabes que el verdadero diablo es el viento.

En aquellos momentos comenzaba a levantarse viento.

—Hace viento —advertí—. Y me temo que arreciará.

—Habrá que burlarlo —replicó Suresh impávido.

Sin embargo, a medida que avanzaba el atardecer, se iba haciendo más fuerte.

—Suspende el espectáculo, por favor —rogué a Suresh.

—No —repuso él con firmeza—. Si logro estar más fluido, el viento pasará a través de mí como si yo fuese un colador.

Esbozó una sonrisa, pero yo no podía disimular mis fundados temores. «Este hombre es increíble —pensé—. Nunca sabré si es que ha perdido la razón.»

Suresh ingirió varias tazas de té. La infusión entonaba su percepción.

Al anochecer partimos hacia la explanada. El gentío era enorme, porque, por añadidura, Krishna era una de las deidades más veneradas de la India. La mezcla de olores resultaba indescriptible.

—El viento no amaina —dije.

—Los hechos son incontrovertibles —aseveró Suresh—. La naturaleza quiere poner a prueba mi habilidad. Ya sabes lo que te he dicho muchas veces: «No podemos controlar en todo momento las circunstancias externas, pero sí modificar nuestra actitud ante ellas».

—Suspende el espectáculo —le rogué por segunda vez, como si no le hubiera oído.

—¿Por qué siempre crees que las cosas, todas ellas, pueden hacerse y deshacerse a voluntad? A veces sólo está en nuestra mano hacer una cosa: estar conscientes. Apréndelo de una vez. La vida nos desafía a menudo. Existe el miedo, pero uno puede dominarlo.

Suresh se sentó debajo de un árbol y meditó durante unos minutos.

—Subirás conmigo a la plataforma —me dijo al cabo de un rato—. Si el viento es muy fuerte, prescindiré de la barra; si es flojo, me la pasarás. Con viento hay que trabajar con los brazos. Entonces la situación es compleja: uno tiene que adoptar una técnica que no es ni la de andar por el alambre ni la de estar en la cuerda floja, sino una mezcla de ambas.

Como el viento arreciaba, me dio miedo incluso subir a la plataforma. Suresh debió de notarlo.

—Nos aferramos a todo —dijo—. Tenemos demasiado desarrollado el sentimiento de posesión. No nos damos cuenta de que todo, todo es inestable.

Ascendimos a la plataforma. El viento era tan fuerte que incluso yo tenía dificultades para permanecer erguido en la plataforma, porque la barra se me iba para todos lados. Suresh se agachó y con una mano comprobó si la tirantez del alambre era la adecuada.

—No está bastante tenso. Cuando hace viento, el alambre tiene que estar tensado al máximo. De otro modo, uno ha de vérselas con el viento y con el alambre.

Sus observaciones intensificaron mis temores. Suresh prorrumpió en carcajadas. Su sentido del humor en aquellos momentos me pareció de pésimo gusto.

—¿Queremos a los demás por ellos mismos o por lo que significan para nosotros? —me preguntó de improviso.

No contesté. El viento azotaba nuestros cuerpos.

—Allá tú —dije con acritud al cabo de un instante—. Cada uno pone término a su vida como quiere.

—Déjate de pamplinas ahora —protestó—. Cuando surgen los inconvenientes, ¿qué podemos hacer? Pues no contraernos, sino absorber y vaciarnos. Si pudiera vaciarme por completo, el aire pasaría a través de mí sin moverme ni un centímetro del sitio.

La fuerza del viento se intensificaba.

—Te deseo mucha suerte —dije temeroso.

—Los deseos de nada sirven —me corrigió—. Lo que sirve es la acción diestra y consciente. Te has pasado la vida deseando, yo, actuando con destreza.

Subió al alambre. En lugar de andar como era habitual, poniendo un pie delante del otro, ambos sobre el acero, sólo apoyaba uno en el alambre, y mantenía la otra pierna estirada, para así mantener el equilibrio y frenar el ímpetu del viento. Había prescindido de la barra. Era como un lirio flexionándose con prodigiosa habilidad. Otro funámbulo no hubiera permanecido sobre el alambre ni un segundo; el viento se había vuelto casi huracanado. ¡Qué dominio físico y psíquico el de aquel hombre! Casi dejándose mecer, como una hoja, llegó al otro extremo del alambre, giró y volvió al punto de partida. La gente lo aclamó enardecida, pues se daba cuenta del riesgo que estaba corriendo.

—Bajemos —rogué inquieto cuando volvió a la plataforma—. Bajemos ahora mismo.

—Voy a intentarlo de nuevo —dijo para mi pesar—. Nos estamos divirtiendo, ¿no?

A menudo me sacaba de quicio, y esa vez había vuelto a conseguirlo.

—Cuando caminas por la cuerda floja de la vida, también soplan vientos que parecen huracanes, ¿no es así, aprendiz? La vida no es mansa siempre.

Y con la misma técnica que había utilizado momentos antes para pasar por el alambre, repitió el ejercicio. Fue avanzando con no pocas dificultades, pero al llegar al final, en lugar de girar, comenzó a caminar hacia atrás. Yo no daba crédito a mis ojos. ¿Qué pretendía el muy loco? Era inconcebible, mas allí estaba: a ciegas, luchando contra el viento, tenía que tantear una y otra vez con el pie para localizar el alambre; sin embargo, el viento arreció, y no lo encontraba. «Está irremediablemente perdido», pensé. Se me cortó la respiración. Sentí la misma angustia que si fuera a precipitarme en el suelo.

—¡Ve hacia delante! —grité despavorido—. ¡No sigas hacia atrás! ¡Hacia delante, hacia delante!

Suresh luchaba desesperadamente contra el viento. Comenzó a llover con fuerza. El agua le golpeaba el rostro y supuse que no le dejaría ver el alambre aunque caminase hacia delante. Era como un muñeco a merced del viento y de la lluvia. Movía los brazos como aspas de molino. De pronto, el pie que tenía apoyado resbaló y Suresh cayó, pero con una mano tuvo tiempo de agarrarse al alambre.

—¡Resiste! ¡Resiste! —aullé, desesperado.

Sujeto sólo con una mano, luchaba denodadamente contra el viento. Fueron unos momentos de espantosa angustia.

Trataba de agarrarse con la otra mano, mas no lo conseguía. Entonces me puse sobre el alambre e intenté acercarle la barra para que se cogiera a ella, pero el viento me la arrebató de las manos y salió disparada. Hizo un esfuerzo sobrehumano para atrapar el cable con la otra mano y en el momento en que iba a conseguirlo, la mano que aferraba el cable le falló, se soltó y cayó por el vacío, hasta el suelo, que se encontraba cubierto de charcos. Me deslicé por el mástil y corrí hacia él, presa de pánico, con los ojos llenos de lágrimas, entre los gritos despavoridos de la gente.

Suresh estaba encogido sobre sí mismo, como un feto. ¿Estaba muerto? De súbito, como si emergiera de un sueño muy profundo, entreabrió los ojos. Yacía en un gran charco de agua. Yo seguía llorando.

—Ya ha pasado todo —dijo muy quedo.

Respiró profundamente, se incorporó con lentitud y se levantó, dejándose abrazar por mí. La gente comenzó a aplaudir enloquecida. El organizador también le abrazó, y le entregó una bonita suma de dinero.

—No cobro si no hago bien mi trabajo —lo rechazó Suresh.

Tanto el organizador como yo nos quedamos estupefactos.

—Dáselo a los mendigos —añadió.

Nos alejamos de allí, caminando despacio. Suresh pasó un brazo sobre mis hombros y me estrechó contra él.

—Lo hemos pasado mal en esta ocasión, aprendiz.

Todavía no me había repuesto del susto.

—Nada hay tan alentador, y alertador, como el fracaso. Gracias a él nos volvemos humildes y tomamos consciencia de nuestra condición humana.

El viento seguía soplando con fuerza y traía toda clase de olores. Había dejado de llover. Nos dirigimos hacia el pequeño hotel en que nos alojábamos. Una larga calle mal asfaltada, en la que desembocaban pestilentes desagües. Unas vacas dormitaban en el suelo.

—Me parece un verdadero milagro que hayas salvado la vida.

—Contaba con dos aliados —dijo—. Dos aliados me han salvado la vida.

—¿Cuáles?

—Uno de ellos fuera de mí y el otro en mi interior.

—No te entiendo.

—El charco de agua amortiguó un poco la caída. Ha sido mi aliado exterior.

—¿Y tu aliado interior?

—Mi capacidad para hacerme poroso, absorber el golpe como un felino, no resistirme y conseguir relajarme.

—Aun así me parece increíble —dije—. Y he oído que hay yoguis que pueden cambiar…, ¿cómo diría yo…?, el peso molecular de su cuerpo y…

—Si no hubiese sido lo bastante poroso —me interrumpió—, me habría quebrado como el cristal. Toma nota de ello. Pero ten en cuenta que no me refiero a una porosidad física, sino psicológica.

Alegremente empezó a entonar una canción al dios Krishna, e incluso elevó los brazos y acompañó la canción con algunos pasos de danza.

—Eso sí, me duele hasta el último hueso —reconoció.

Ya en el hotel, di un profundo masaje a Suresh con un aceite anestésico que él mismo preparaba a base de plantas y resinas.

—Quiero que sepas, Hernán —me dijo mientras le frotaba los doloridos miembros—, que en la naturaleza iluminada de la mente hay respuestas sin palabras.

14

Al día siguiente, tras convenir con Suresh dónde y cuándo nos veríamos en Ajmer, partí para Simla. Comenzaba a vislumbrar la existencia de otra dimensión más allá del angosto marco delimitado por el placer y el dolor. Aunque con mucha lentitud, en mi alma se estaba abriendo una rendija hacia otra realidad. Hasta entonces, mi pensamiento lógico había sido un hábil taxidermista disecando la vida; pero empezaba a darme cuenta, por primera vez, de la profunda relación existente entre la vida y la muerte, y cómo una y otra, aun formando parte del mismo proceso, se empeñan en burlarse recíprocamente. Precisamente porque la muerte nos acecha a cada momento, si así lo sentimos con lucidez, la vida gana en intensidad. Hacía mucho tiempo que no tenía esa sensación de sentirme vivo. No era ni mucho menos un sentimiento de felicidad normal, sino una actitud más allá del placer y el dolor.

El tren a Simla iba atestado de gente. Viajando en él me di cuenta de algo: hasta que encontré a Suresh nadie me había enseñado que la vida es una totalidad. Ésos eran mis pensamientos mientras me dirigía hacia las montañas. El corazón me saltaba en el pecho pensando en Isabel. Durante su ausencia, la había sentido (y presentido) como mi compañera inefable. Me decía a mí mismo que en la larga y tormentosa marcha hacia la autorrealización, los buscadores necesitan mucho cariño.

Mi vista se perdía en los hermosos campos de la India. Los niños que miraban entusiasmados el paso del tren movían las manos, saludándonos. Sentí un desbordante cariño por los sencillos campesinos de un país tan maltratado a lo largo de su historia. Y mi mente se vio asaltada por un pasaje que hacía muchos, muchísimos años había leído sobre la vida de Buda. En una ocasión, Ananda, su primo y asistente, le dijo: «¿No es verdad, señor, que tres cuartas partes de nuestra vida debemos dedicarlas a la amistad?». Pero Buda le corrigió: «No, Ananda, tres cuartas partes de nuestra vida no, la vida entera».

Apretujado por uno y otro lado, con el sudor cayéndome por los párpados y el pensamiento puesto en Isabel, me adormecí.

Hacía una tarde clara y fría cuando descendí del pequeño tren cremallera que recorre el trayecto de Kalka a Simla. Olía a clavo, estiércol y carbón. Había telegrafiado a Isabel, y desde la ventanilla del tren la vi entre la multitud. El corazón me dio un vuelco. ¡Cuánto la quería! Estaba impaciente por tenerla entre mis brazos. Nada más detenerse el tren, cogí mis pertenencias y, controlando con dificultad la alteración que su presencia me producía, corrí hacia ella.

Nos miramos un instante. Movió significativamente la cabeza y esbozó una dulce sonrisa. La rodeé con mis brazos y la atraje hacia mí. Sentí su tibia mejilla en la mía, sus senos contra mi pecho. La aparté un momento y miré su rostro. Tenía los ojos cerrados. Su cutis era fresco y de una belleza incomparable. Un desconocido sentimiento de pasión, ternura, incertidumbre, esperanza y miedo se apoderó de mí. Ella rodeó mi cuello con sus brazos y me besó apasionadamente.

—Kuldip nos está esperando —dijo con desgana.

Salimos de la estación. Kuldip vino hacia mí con su mejor sonrisa, me estrechó formalmente la mano y cogió mi equipaje. Lucía un llamativo turbante amarillo que realzaba sus profundos ojos negros y su tupida barba.

—¡Dios mío! —exclamó Isabel—, estás tan tostado que pareces un indio. —Y mientras entrábamos en el coche añadió con espontaneidad—: ¡Pero estás guapísimo!

Nos pusimos en marcha, y yo miraba por la ventanilla los manzanos, el reconfortante follaje, las descomunales montañas perfilándose sobre el fondo turquesa del cielo de Simla.

—¡Qué alegría tenerte otra vez entre nosotros! —exclamó Isabel.

Acaricié su mano, con el mismo cuidado con que se roza una orquídea o las trémulas alas de una mariposa. Sentí amor y un curioso remordimiento a la vez, como si una parte de mí se resistiera a ceder a esa voluptuosidad sin límites que emanaba de Isabel.

A lo lejos divisé la sugerente mansión colonial del coronel Mundy. La tarde era muy luminosa y la vegetación exhibía un verdor impactante. El abuelo de Isabel nos esperaba a la entrada de la casa.

Nada más descender del automóvil, fui hacia él y le tendí la mano. Me la estrechó unos instantes y luego me atrajo hacia sí y me abrazó.

—Entra, entra —dijo Isabel, animada—. Debes de estar muy cansado.

Allí estaba de nuevo, pensé al entrar en la casa, todavía prisionero de zozobras, recuerdos y contradicciones. Miré dentro de mí, queriendo evaluar el alborozo que Isabel me despertaba, pero la cansada voz del coronel me sacó de mis pensamientos.

—Y bien, Hernán, ¿ha habido cambios sustanciales?

Reflexioné unos segundos. Isabel se había sentado junto a mí y su abuelo permanecía de pie, cerca de la ventana.

—Sinceramente, creo que los ha habido —dije—. Pero no son suficientes, desde luego.

—No debe censurarse por ello —replicó—. Los cambios internos sobrevienen con lentitud. —Me dedicó una sonrisa. Le embargaba la satisfacción de tenerme de nuevo allí.

—Siempre querríamos conseguir cambios más rápidos e intensos en uno mismo.

—Así es —convino el coronel, que comenzó a pasear por la estancia—, pero los acontecimientos, incluso los internos, siguen su inalterable curso.

—De todos modos, a menudo pienso si no debería esforzarme mucho más —añadí.

—Ciertamente, hay que hacer el esfuerzo preciso —dijo con decisión mientras se servía una copa de brandy.

—Abuelo, no bebas —le reprendió Isabel—. Ya sabes que el médico...

—Pues sí, Hernán —prosiguió el coronel, no queriendo escuchar las admoniciones de su nieta—, es necesario aplicar el esfuerzo justo. ¿Conoce el pasaje de Buda que se refiere a eso precisamente?

—¿Cuál de ellos, señor?

—El abuelo nos lo va a contar —dijo Isabel, en tono de cariñoso enfado ante la rebeldía del coronel en la cuestión del brandy.

Una bella mariposa se coló en la estancia, y al momento entró una criada con el té de la tarde. El coronel se sentó.

—Uno de los más entusiastas discípulos de Buda era Sona, que antes de entrar en la Orden había sido el mejor intérprete de laúd del reino. Pero Sona no lograba que su mente evolucionara con la rapidez que anhelaba, y entonces comenzó a someterse a mortificaciones, como andar descalzo por un terreno pedregoso. Tanto empeño ponía en ello que dejaba rastros de sangre en las piedras. Un día, Buda vio aquella sangre y, queriendo saber qué ocurría, llamó a Sona.

El coronel hizo una breve pausa para humedecerse los labios con el brandy.

—Cuando le tuvo delante, le preguntó: «Sona, si tensas en exceso las cuerdas del laúd, ¿suenan bien?». Sona repuso: «En absoluto, señor, suenan mal y corren el riesgo de quebrarse». «Y dime, si las dejas demasiado sueltas, ¿suenan bien?» «Tampoco, señor, y además pueden enredarse.» «Y dime, si no las tensas ni en exceso ni demasiado poco, ¿suenan bien?» «En efecto, señor, así debe ser para que suenen a la perfección.» Entonces Buda concluyó: «Del mismo modo, Sona, para que tu mente evolucione no debes hacer esfuerzos excesivos ni tampoco escatimarlos».

La cena resultó espléndida. La luz de las velas bañaba con matices dorados la blanca tez de Isabel. La actitud siempre hospitalaria del coronel y de su nieta me colmaba de placer.

—Señor, ¿ha tenido noticias de mi amigo Federico en todo este tiempo? —quise saber.

—No, lamentablemente no. ¡Qué gran muchacho! Un verdadero buscador, un alma noble, sin duda. Y usted, ¿ha obtenido información sobre el tratado de que me habló?

—Algunos han oído hablar de él. Otros opinan que no existe, que se trata de una enseñanza muy antigua que nunca ha sido puesta por escrito. Ya conoce el carácter indio. En algunos asuntos no es muy preciso —sonreí—. En otros tampoco —agregué, divertido pero sin sarcasmo.

—No te metas con nosotros —protestó Isabel, echándose luego a reír—. Somos imprecisamente imprecisos o, como a veces dice el abuelo cuando se desespera, ambiguamente ambiguos.

Reí ante la ocurrencia. Después saboreé con verdadero deleite la tarta de manzana, que era exquisita. El coronel había comenzado a bostezar. Se le notaba visiblemente cansado.

—Verdaderamente, hay cosas agradables en esta vida —comenté cuando me hube acabado el trozo de tarta.

El coronel esbozó una comedida sonrisa.

—A mí la tarta de manzana me reconcilia con la vida —exclamó Isabel—; me alegra el corazón, y la alegría es la mejor medicina del mundo —concluyó, mientras sin recato cogía mi mano y la estrechaba entre las suyas.

—Suresh, mi maestro —dije—, es la alegría misma. Se trata de un personaje increíble —añadí con orgullo—. No consigo comprenderle del todo, pero irradia contento y vitalidad a cada momento. Vive cada minuto de su existencia como si fuera el primero y el último.

»Y vive en armonía —agregué—, sin afectación, fluyendo equilibradamente. Y es curioso porque, a la vez que vive con intensidad, parece no involucrarse en nada. Aun en la mayor inquietud sabe permanecer sereno. Si le insultan, no se inmuta; si le halagan, le deja indiferente.

El coronel mantenía con dificultad los ojos abiertos.

—Abuelo, te caes de sueño —dijo Isabel—. Hernán disculpará que te vayas a la cama. Mañana podréis hablar a vuestras anchas.

—Tienes razón, hija mía —reconoció él—. El sueño me vence.

Estrechó mi mano y nos dejó solos.

No fue un momento fácil. Nunca me sentía completamente seguro con ella, porque no terminaba de entenderla. Despertaba en mí una mezcla de ternura y sensualidad, de confianza y desconcierto. Isabel se levantó de la silla y se colocó a mi lado. Puso una mano en mi nuca y me miró fijamente a los ojos.

—Ha habido momentos muy difíciles... —dije, sintiéndome un estúpido.

Pero en realidad sobraban las palabras. Nuestros sentimientos y sensaciones en esos instantes eran muy fuertes.

Me disponía a preguntarle por sus actividades..., mas comprendí que no debía romper aquel bello silencio. Fue hacia las ventanas y las abrió de par en par. La fresca brisa inundó la sala.

—Nos veremos mañana en el desayuno —dijo al cabo de unos instantes. Luego salió del salón y subió lentamente la escalera.

En mi interior la confusión y la incertidumbre se mezclaban, inquietándome. Me quedé un rato allí abajo. Después, intentando no hacer ruido, subí con sigilo la escalera, me dirigía a mi cuarto, cuando una duda me asaltó. Volví sobre mis pasos y me detuve ante la habitación de Isabel. El corazón me latía con fuerza. El temor y la indecisión me embargaban. Con las yemas de los dedos rocé el picaporte, con suavidad, como si deseara no ser oído por ella. Esperé ansioso. Isabel abrió la puerta y me miró con impresionante seriedad. Vacilé. La habitación estaba en penumbra. Entré y la abracé extasiado. Luego empecé a acariciar su espléndido cuerpo. Quise decir algo, pero ella no me dejó. Nos amamos intensamente hasta el amanecer.

Los días siguientes permanecimos mucho tiempo juntos. Las montañas y los valles estaban espléndidos en aquella época del año. Horas antes de mi partida abracé a Isabel bajo un enorme magnolio. Cuando me disponía a hablar, me puso un dedo sobre los labios para que no se despegaran. No fue una despedida amarga. Durante aquellos días habíamos compartido cuerpo y espíritu, palabras y silencios, penumbras y alegrías.

Tras despedirme del coronel con un prolongado abrazo, me disponía a subir al coche, cuando Isabel, sabiendo lo mucho que me gustaba el perfume de jazmín, dejó algunas flores en mis manos y posó su amorosa mirada en mí. Sobraban las palabras.

—Podemos irnos —dije a Kuldip, recostándome en el asiento trasero.

No miré hacia atrás. Mi vista estaba clavada en el rojo turbante de Kuldip. Me abstraje en el aroma del jazmín.

15

En Ajmer me reuní con Suresh. Como si presintiera mi atribulado estado de ánimo, cuando me vio me dio un abrazo entrañable.

—¡Bueno, holgazán! —exclamó—. Uno no puede dormirse en la búsqueda.

¿Me reprendía cariñosamente?

—De nada sirve espolear a un caballo muerto —dijo—; hay que mantenerse vivo, y bien vivo.

Nos alojamos en una lujosa mansión anexa a la del ex marajá, en medio de un soberbio jardín con un enorme estanque de mármol y balancines. Varios criados, llamativamente uniformados y con turbante rojo, se hallaban a nuestro servicio. Suresh estaba acostumbrado a aquellos fastos porque la gente muy rica recurría a aquel faquir semidesnudo para que, con sus proezas, renovara la capacidad de asombro de sus rutinarias y oxidadas vidas. Ya me había dado cuenta, hacía mucho tiempo, de que Suresh tenía la capacidad de moverse con soltura en todos los ambientes, como si ninguno de ellos dejara de serle familiar y supiera adaptarse a todas las condiciones. Seguramente formaba parte de su enseñanza, porque insistía en que una persona debe desarrollar todas las facetas de su personalidad y, por supuesto, no identificarse con ninguna de ellas.

Se vistió con un hermoso kurta de seda para la ocasión y resultaba sin duda un hombre muy apuesto… Las mujeres lo miraban siempre con insistencia, pues había muchas cosas en él que atraían la atención femenina. Él se sabía deseado, pero no daba importancia al asunto. En una ocasión en que yo, muy indiscreto, le pregunté por su energía sexual, tras lanzar una ruidosa carcajada me dijo:

—He despertado dentro de mí a la mujer, a la Shakti. Mi mujer y mi hombre internos hacen el amor y yo no me preocupo de esas cosas.

—¿Qué pasa entonces con la energía sexual? —pregunté, queriendo profundizar en aquel tema.

—¿Con la tuya o con la mía? —dijo burlón.

—Con la tuya —respondí vacilante, y añadí—: Con la mía todavía tengo problemas.

—La sexualidad —me explicó— puede tomar dos direcciones: hacia fuera o hacia dentro. Si uno dispone de las claves para ello, la sexualidad se interioriza, y derivamos al cerebro lo que los yoguis denominan la «luz del semen», que nos sirve para estimular la intuición mística.

No sé por qué aquella conversación acudió a mi memoria mientras me aseaba en la fastuosa habitación que habían dispuesto para mí. Pero el descanso no duró mucho, pues Suresh no estaba dispuesto a darme tregua. Llamó a la puerta y a través de ella exclamó:

—¡Vamos, aprendiz, ya has holgazaneado bastante!

Abrí la puerta y lo encontré con el rollo de alambre en la mano.

—Mientras hay vida, hay alambre —exclamó—. La historia continúa, aprendiz.

Era demasiado. Acababa de llegar a la mansión del ex marajá y ya quería que me pusiera a entrenar.

Buscamos un emplazamiento al aire libre. El sol era como un disco de fuego que lanzaba sus implacables rayos sobre nosotros. Me despojé de las ropas y me puse un langoti, al que por fin me había acostumbrado. Durante dos horas estuve practicando ante la atenta mirada de Suresh. Lo hice mucho mejor de cuanto yo mismo hubiera pensado. Había adquirido soltura y seguridad.

—¡Vaya, vaya! —exclamó Suresh con satisfacción—. El aprendiz va mejorando. Ven, sentémonos debajo de aquel frondoso árbol, sobre la hierba mullida.

Una vez instalados, siguió hablando.

—La mente clara conduce a la acción diestra, y viceversa. Ambas son vías complementarias, como te he dicho otras veces. Tú has practicado las dos. Con la meditación has clarificado la mente, y caminando sobre el alambre has acometido la acción diestra. Pero para progresar en la senda hacia lo Incondicionado, todo buscador debe ejercitar un triple entrenamiento: moral, mental y de visión penetrante.

Yo seguía sus palabras con atención, y al comprobarlo, se animó a proseguir.

—El moral no es otro que ayudar a la felicidad de todas las criaturas y evitarles sufrimiento. Huelga decir que nada tiene que ver con la estúpida moral de los sistemas sociales establecidos.

A su manera, desde la no violencia y la compasión, Suresh era un gran revolucionario. Desconfiaba de todo sistema instituido y a menudo declaraba: «Lo que hay que reformar es la mente del reformador».

—El entrenamiento mental consiste en la meditación habitual y el intento de evitar emociones y pensamientos perniciosos, así como fomentar y cultivar emociones y pensamientos bellos. El de visión penetrante consiste en tratar de percibir los hechos como son, no como queremos que sean. Es la sabiduría, que consiste en percibir desde la pureza íntegra de la mente, es decir, desde la mente libre de condicionamientos y viejos moldes.

Guardó silencio. Acarició la hierba con el mismo amor que hubiera pasado la mano por el lomo de un perro muy querido. Luego me miró a los ojos.

—Te veo preocupado.

—Lo estoy —repuse, y en pocas palabras le conté las dudas e inquietudes que me producía mi relación con Isabel.

—Hernán —dijo poniendo una mano sobre mi hombro—, cuando vas a comprar... manzanas, por ejemplo, puedes buscar entre todas ellas y elegir las que más te gustan, dejando el resto, ¿no es así?

—Efectivamente —respondí, sin comprender qué quería decirme con sus palabras.

—Pero no ocurre lo mismo con la vida. Ésta no es un puesto de frutas donde puedes elegir. Nos empeñamos en fragmentarla, pero la vida es una totalidad, sometida al juego de los contrarios. Placer, dolor; dulce, amargo; inquietud, sosiego; encuentro, separación; halago, insulto... No podemos tomar una parte de la vida y dejar la otra, porque no es una naranja que dividamos en dos partes para coger sólo una de ellas diciendo: «Esta mitad, que me gusta más, es para mí y dejo la otra, que me desagrada».

Calló por un instante, esperando que yo hiciera algún comentario; pero ante mi silencio, prosiguió:

—Hay que vivir la existencia en su totalidad, y a menudo sólo contamos con un verdadero aliado: la ecuanimidad. Los hechos son incontrovertibles, y tú lo sabes muy bien. Si no podemos cambiarlos, únicamente nos queda cambiar nuestra actitud y establecernos en la ecuanimidad o en la firmeza de ánimo.

Después me aseé y me vestí. Nos sirvieron el té en un salón de un lujo apabullante.

—Debe de ser más que millonario el ex marajá —comenté.

—Lo es. ¿Conoces el cuento del monarca y el ermitaño?

—No, creo que nunca me lo has contado —respondí con una sonrisa—, y me temo que no podré evitar que lo hagas.

—Me conoces bien, bribón —dijo divertido, con la taza del humeante té en la mano. Y se dispuso a relatar el cuento, paladeando antes un sorbo de té—. Los maestros de nuestra escuela espiritual recurren a menudo a las historias espirituales. Son divertidas... y enriquecedoras.

Dejó la taza en la bandeja de plata y con voz melodiosa empezó a narrar el cuento.

—He aquí, amigo Hernán, que en el norte del país existía un

próspero reino cuyo monarca era de edad muy avanzada. Un día hizo llamar a un yogui que moraba en el bosque y le dijo: «Hombre piadoso, tu rey desea que cojas esta caña de bambú y recorras todo el reino con ella. Viajarás sin descanso de ciudad en ciudad, de pueblo en pueblo y de aldea en aldea. Cuando encuentres a la persona que consideres la más tonta, le entregarás esta caña».

»El yogui viajó sin descanso por todos los caminos de la India. Recorrió muchos lugares y conoció muchas clases de personas, pero no halló ningún ser humano al que pudiera considerar el más tonto. Después de varios meses de viaje volvió al palacio y se presentó ante el monarca, que había enfermado de gravedad. El rey, según le informaron los médicos, moriría en cualquier momento. Cuando el yogui se acercó a la cabecera del monarca, escuchó que éste decía: «¿Qué desafortunado soy, qué desafortunado! Toda mi vida he ido acumulando grandes riquezas, ¿qué haré ahora para llevarlas conmigo? ¡No quiero dejarlas, no quiero!». Entonces el yogui entregó la caña de bambú al rey moribundo.

Me eché a reír. Suresh contaba las historias magistralmente, con diferentes tonos de voz según lo requiriera el relato.

La noche fue cayendo con lentitud. Una ligera brisa mitigaba el sofocante calor del desierto. Poco a poco la brisa fue convirtiéndose en un viento huracanado. El ex marajá acudió a saludarnos antes de la cena. Era un hombre alto y espigado, de edad mediana, sonrisa fingida y bastante arrogante, aunque tenía unos exquisitos modales. Se interesó por si éramos bien atendidos, nos estrechó luego la mano y nos deseó un feliz descanso.

—Ahora, a lo que importa —dijo Suresh, nada más salir el ex marajá de la estancia.

¿A qué se refería?

—Tú me ayudarás —aseveró—. Te necesito. Cuando uno se somete al enterramiento en vida, parte del éxito depende del aprendiz.

Me sobresalté. ¿Qué sabía yo de aquello? ¿Acaso quería poner la responsabilidad de su vida en mis manos? No, eso jamás lo aceptaría.

—Me ayudarás —dijo mirándome con ojos de fuego—. Te enseñaré cómo debes proceder y con qué diligencia cuando me desentierren. Mi vida depende de dos personas: tú y yo. No lo olvides.

Se había puesto muy serio y sus palabras estaban despertando en mí una insuperable preocupación. No me encontraba preparado para hacer lo que me pedía. Me disponía a protestar con toda energía cuando se me adelantó.

—No hay proeza mayor para un faquir —dijo— que la del enterramiento en vida. Pero su vida depende de un hilo. Se puede dar el caso de que el faquir no falle, pero sí su aprendiz. Es una prueba de enorme riesgo para la cual se precisa un aprendiz eficiente y sagaz. De hecho, la vida del faquir queda en manos de su aprendiz.

—No merezco esa confianza —argüí.

—¡Pues gánatela! —me ordenó con sequedad—. Yo te instruiré hasta el más mínimo detalle. Y también tendrás tu parte de responsabilidad si me ocurre algo. Y cuando digo si me ocurre algo, no significa que haya un término medio. Si la prueba no tiene éxito, mi muerte es segura. No me importa tanto por mí, sino porque quiero obtener las cien mil rupias que he pedido al ex marajá, pues hay mucha gente que las necesita, y ya las tengo destinadas. Puedo fallarme a mí mismo, pero no a quienes confían en mí y precisan mi ayuda.

Mi estupefacción era tal que ni siquiera supe qué argumentar para ser liberado de tan comprometida tarea.

—Escucha. En los próximos días me prepararé física y espiritualmente. Hace años que no me someto a esta prueba. También tú aprenderás mucho con mi entrenamiento. En tu juventud practicaste el yoga; ahora tendrás ocasión de recordar sus enseñanzas.

Me sentía desconsolado mientras miraba la llamativa vestimenta de los criados del ex marajá, aunque sin fijarme en ella.

—¡En el fondo eres un sensiblero! —me soltó de repente Suresh—. Déjate de tonterías. Mañana mismo comenzaré. Me espera un entrenamiento de control sobre el cuerpo y sobre la mente muy riguroso. Necesito armonizar todos mis relojes internos. Si uno de ellos falla, puede suponer la muerte. El yogui debe aprender a controlar y reorientar tres energías: la mental, la respiratoria y la sexual. Cada órgano tiene su propia modalidad energética. Para el enterramiento en vida es necesario que todas las energías estén compensadas, reguladas y equilibradas.

Mi estado era de gran agitación y él comenzó a reírse.

—Me resultas muy gracioso —comentó cuando logró controlarse.

Aparté la vista de él, como reprochándole su proceder.

—Sí, te entrenarás conmigo —insistió—. Te hace mucha falta. Incluso se te ve más obeso.

Fui incapaz de disimular mi desaliento y mi rabia. A menudo, aquel hombre me parecía un verdadero loco, y yo otro loco por seguirle como un estúpido.

—Puedes pensar lo que quieras —dijo con su clásica media sonrisa—. Lo que tú pienses en estos momentos me es indiferente. No puedo perder ni un ápice de mi energía dejándome influir por tus estados de ánimo.

Sabía que Suresh tenía una intuición especial, pero eso no me arredró.

—No sé si hay algo de cordura en ti —dije.

Se echó a reír, mirándome desafiante.

—Si un hombre pierde la cabeza —repuso—, pueden sucederle dos cosas. ¿Sabes cuáles?

—No estoy para acertijos —repliqué con marcada acritud.

—Se convierte en un loco o en Dios.

Durante días, Suresh siguió un entrenamiento muy severo. Hasta donde me era posible, yo trataba de imitarle y seguirle. Así volví a ejercitarme en técnicas que yo había utilizado hacía muchos años. Redujimos considerablemente la cantidad de alimento y las horas de sueño. Practicábamos numerosas técnicas de control neuromuscular y de meditación. Suresh tomaba dosis, muy bien medidas, de mercurio y de oro molido. Se sometía a métodos de ralentización de todas las funciones corporales y eso le llevaba a un estado parecido al de la muerte. En esos casos, yo no podía escuchar los latidos de su corazón, ni sentir su yo ni su pulso. Primero su cuerpo adquiría una gran flaccidez, para luego ponerse rígido como una estaca.

Faltaban pocos días para el cumpleaños del ex marajá; entonces daría comienzo una fiesta que duraría una semana. Durante ese tiempo, Suresh estaría enterrado bajo tierra.

—La clave del éxito descansa sobre varios puntos —me explicó el faquir—: El primero será reducir al mínimo mis funciones fisiológicas, para así distribuir durante esos siete días el aire que existe en el ataúd, porque, de otro modo, moriría asfixiado; también debo regular a la perfección la energía de los distintos órganos vitales, porque si alguna de ellas se retira, el órgano correspondiente se necrosará y no habrá posibilidad de recuperarlo; debo ralentizar las constantes vitales y llevarlas justo hasta la línea divisoria entre la vida y la muerte. Y esa línea es muy delicada: si te pasas, mueres; si no te acercas lo suficiente, te asfixias, porque tienes necesidad de consumir más aire del escasísimo que hay dentro del ataúd. Pero quizá lo más esencial sea el estado de la mente.

—¿Qué estado debes obtener?

—No basta con el *samadhi* inferior. No es suficiente. Puede darse el caso de que, inesperadamente, salgas de él; entonces todos los relojes se dispararán y te asfixiarás. Se requiere un *samadhi* muy intenso.

—¿Un *samadhi* muy intenso?

—*El samadhi* es un estado de éxtasis muy profundo que te permite retirarte del cuerpo y de la mente y conectarte con lo Absoluto. Toda actividad cesa en la mente. No hay ni un solo pensamiento. Temporalmente, te has desprendido del cuerpo y de la mente.

—¿Y si no logras volver a tu estado de consciencia ordinario?

—¡Ah! —exclamó como si nada, pasándose la mano por el cabello—. Entonces se acaban los problemas. Te has desembarazado del cuerpo-mente como el culí abandona un día su *rickshaw*.

Aquellos primeros días de enero, Suresh me enseñó con gran minuciosidad los métodos a los cuales yo tendría que recurrir para ayudarle a salir del trance, una vez le hubiéramos desenterrado. Lo primordial era desenterrarle justo en el momento previamente fijado. Si se hacía aunque sólo fuese unos segundos después, la muerte le sobrevendría inevitablemente, ya que el faquir había programado matemáticamente sus relojes internos.

Nada más desenterrar a Suresh, yo debería darle un vigoroso masaje en la parte superior de la cabeza, presionar luego sus globos oculares y zarandearle violentamente, a la vez que recitaba a su oído un mantra convenido, y continuar haciendo lo mismo hasta que el faquir empezara a dar señales de vida. También era sumamente importante tirarle de la lengua hasta que asomara fuera de la boca, pues, de no hacerlo así, podría ahogarse.

—Ten en cuenta —me explicó Suresh— que yo, al enterrarme, tengo que llevar la punta de la lengua hacia la garganta y clausurar con ella los orificios nasales por dentro. Es una técnica para ejercer un exhaustivo dominio sobre el cerebro y las energías y provocar el *samadhi* más intenso.

Para demostrarme hasta qué punto dominaba la lengua, Suresh la sacó y, con la punta, se tocó el entrecejo.

—Al autogenerarme el *samadhi*, debo cerrar mis fosas nasales y comprimir totalmente el ano para clausurarlo durante siete días... Teniendo cerradas las fosas nasales y el ano, almaceno las energías ascendentes y descendentes en el plexo solar y así cuento con una reserva energética muy importante para sobrevivir. Es posible que el abdomen se hinche como un globo, por eso he solicitado un ataúd alto.

Observando a Suresh con ansiedad, yo trataba de asimilar todas sus instrucciones como si la vida me fuera en ello.

Dos días antes de que diera comienzo la fiesta de cumpleaños del ex marajá, Suresh me pidió que hiciéramos un ensayo durante el cual él permanecería dos horas en estado de trance profundo. Cuando nos hubimos reunido en su habitación, Suresh echó las cortinas, dejando la estancia en penumbra. Después se sentó en el suelo, sobre la alfombra, sacó la lengua y se la untó con manteca clarificada.

—No hables. Sólo préstame mucha atención. No te pierdas ni el más mínimo detalle.

Después de ponerse la manteca permaneció durante unos minutos en meditación. Yo medité a su lado.

—Ahora voy a hacer lo siguiente —dijo cuando hubo acabado de meditar—: Primero me taponaré con cera los orificios de la nariz y los oídos. Nada más empezar a sacarme del trance dentro de dos horas, retirarás esos tapones; luego, como ya te expliqué, me friccionarás la parte superior de la cabeza, me zarandearás y me darás un masaje cardíaco, insuflándome tu aliento y recitando el mantra en mi oído. Todo ello debes ir alternándolo. Si no reaccionase, golpea con todas tus fuerzas el centro de mi pecho con el puño y sigue zarandeándome...

—Trataré de hacerlo lo mejor que pueda —dije atemorizado.

—Ahora sincronicemos nuestros relojes. Dos horas. ¡Ni un minuto más!

Comenzó a inspirar y espirar muy deprisa y, en unos minutos, todo su cuerpo se cubrió de sudor. Luego, con sorprendente calma y precisión, se metió las bolitas de cera en los oídos y en los orificios de la nariz. Se acostó sobre la alfombra y se sumió en una relajación muy profunda. Noté que deglutía y supuse que se había llevado la punta de la lengua hacia la garganta. No había cerrado los párpados y tenía los ojos vueltos hacia el entrecejo. La respiración empezó a enlentecerse y entonces cerró los párpados. Su cuerpo se puso cada vez más fláccido; pero unos minutos después, a medida que su vientre se hinchaba llamativamente como una gran calabaza, todos sus miembros adquirieron una sorprendente rigidez. Le tomé el pulso, mas me resultó imposible percibirlo; puse mi oído sobre su pecho, pero no oí los latidos de su corazón. No había la menor señal de vida y su rostro se había tornado blanco como la tiza. A todos los efectos era como si estuviera muerto.

Me senté a su lado. Mi mirada se quedó prendida en su rostro, de una palidez cadavérica. Qué difícil se me hacía controlar la ansiedad. Los minutos transcurrían con exasperante lentitud; consultaba el reloj a menudo. Por fin pasó el tiempo fijado. Con extrema minuciosidad llevé a cabo todas las instrucciones que Suresh me había dado. Muy lentamente, y con mi ayuda, fue recobrando su estado de consciencia normal y recuperándose. Se desperezó, hizo algunos ejercicios y tomó varios vasos de leche... Luego, como si le costara mucho hablar, dijo con un hilo de voz:

—He estado en la frontera entre el ser y el vacío primordial. Ha sido como andar por el alambre tendido entre la vida y la muerte, que es el más fino y el más arriesgado.

—¡Enhorabuena! —exclamé lleno de entusiasmo mientras lo abrazaba con gran cariño.

—No te precipites —dijo—. Lo de hoy ha sido un sencillo juego de niños en comparación con la prueba que nos espera.

Escuché el desgañitado canto del pavo real en celo. Mi corazón se sentía inundado de alegría, porque no había fallado a Suresh en su ensayo. No sé por qué, pero esa noche, bajo el cálido cielo del desierto, experimenté una pasión muy profunda hacia Isabel, anhelando que estuviera conmigo en aquellos momentos. Suresh tenía la mirada perdida en el firmamento cuajado de estrellas y me pregunté si estaría pensando en Rukmini. De cualquier modo, la noche era muy hermosa y a mi lado estaba mi amigo del alma, mi guía y mi hermano de búsqueda. Lancé una rápida mirada de soslayo a Suresh, para que no se diera cuenta.

—No me espíes.

Reímos juntos. Era la franca risa de dos amigos bajo el estrellado cielo del desierto.

Dos días después, cuando me desperté, corrí a la habitación de Suresh, y lo encontré sumido en meditación profunda. Me senté a su lado. La noche anterior, Suresh había ingerido simientes de diversas plantas y una bien medida dosis de mercurio con azufre... Había ayunado las últimas cuarenta y ocho horas y ensayado las técnicas secretas del trance. Estaba muy tranquilo, aunque no exento de alguna preocupación.

Minutos antes de aparecer en público se untó el cuerpo con un ungüento pardusco que olía muy fuerte. Se vistió con el taparrabos y una túnica naranja y luego cogió una sábana blanca limpia que tenía preparada.

—Me envolverás en esta sábana.

Nos dirigimos a paso lento hacia los jardines del ex marajá. Había un gran número de personas. La fiesta de cumpleaños duraría siete días y siete noches. Si Suresh superaba la prueba, le serían entregadas en el acto las cien mil rupias que le habían prometido.

—Mi vida está en tus manos —me dijo Suresh, erguido como un poste. Nunca lo había visto tan serio y concentrado.

Todo estaba a punto para el espectáculo. Los rayos del sol reverberaban en la hermosa túnica color naranja del faquir. El aspecto grave y digno de Suresh era impresionante. Su figura se recortaba contra el claro azul del cielo del desierto. Saludó con cortesía pero sin efusión al ex marajá.

Los asistentes habían formado un círculo y permanecían expectantes. Suresh extendió la sábana sobre la hierba, junta a una fosa profunda que había sido cavada allí. Con lentitud, se taponó con cera los oídos y las fosas nasales. Se despojó de la túnica y se quedó vestido con el langoti. Luego se sentó sobre la sábana, acercó sus labios a mi oído y me recitó el mantra que pasados siete días yo debería repetirle al oído. Sólo el aprendiz puede conocer el mantra del maestro y debe custodiarlo y conservarlo en secreto como si le fuera la vida en ello. Así pues, a nadie podré darle a conocer el mantra que Suresh recitó a mi oído.

—Cuando observes que entro en la primera fase y me pongo muy fláccido —me dijo—, envuélveme en la sábana. Después, cuando hayas comprobado que mi cuerpo está muy rígido, me introducís en el ataúd.

A nuestro lado, vigilantes, se hallaban los guardias del ex marajá. Suresh se acostó boca arriba sobre la sábana, deglutió la lengua y dirigió los ojos hacia el entrecejo. Su cuerpo tembló varias veces de un modo muy violento, como si recibiera descargas eléctricas; luego cerró los párpados y, en apariencia, su respiración desapareció. Entonces se quedó fláccido como un bebé cuando duerme profundamente. Con la ayuda de los guardianes lo envolví minuciosamente en la sábana. Se sellaron varias partes del lienzo, sobre todo las uniones, para prevenir cualquier posibilidad de fraude. Al cabo de unos instantes de espera comprobé que Suresh estaba rígido como una barra de hierro. Su estómago se había dilatado llamativamente. Introdujimos su cuerpo en un amplio ataúd de acero, que luego cerramos con tres candados cuyas llaves fueron entregadas al ex marajá. Éste, al recibirlas, las guardó celosamente entre sus ropajes. A continuación metieron el ataúd en la fosa y la cubrieron con tierra.

El terreno alrededor de la fosa fue acordonado, y ocho guardianes quedaron allí apostados, día y noche. El sol lucía en el centro del cielo. La fastuosa fiesta del ex marajá dio comienzo mientras la vida y la muerte entablaban su feroz contienda a través del cuerpo y la mente del más célebre faquir que la India conociera.

16

Fueron días de una angustia indecible. El tiempo parecía no transcurrir. A pesar de eso, todos los días hacía mis ejercicios en el alambre y luego meditaba varias horas cerca de la fosa en que Suresh se encontraba. Las noches ventosas siguieron a los días de calor sofocante. Mi alma se vio asaltada por toda suerte de emociones, sentimientos, dudas y contradicciones. En ocasiones me resultaba imposible creer cuanto me estaba sucediendo desde mi llegada a la India. Otras veces, la nostalgia de mi país y las personas queridas dejadas atrás mordía mi corazón como si de un lobo hambriento se tratara. Inquietudes de todo tipo brotaron en mi interior, y apenas despegué los labios en aquellos días durante los cuales las más atractivas mujeres y los más distinguidos caballeros pasaron por la residencia del ex marajá. La música no cesaba ni de noche ni de día. Camellos, elefantes y ostentosos automóviles iban y venían, contrastando con los miserables vehículos propios de la India. Hubo fuegos artificiales, fiestas dentro de la mansión y en el jardín, danzas y espectáculos de acróbatas, contorsionistas y luchadores.

Aquellos días entendí cuán difícil es saber esperar y mantener la mente clara. Por fin llegó el amanecer del séptimo día. Yo apenas había logrado dormir esa noche, tales eran mi impaciencia y mi incertidumbre. A las once de la mañana todo fue dispuesto para desenterrar a Suresh. Acudió gente de todos los pueblos de alrededor, ya que el ex marajá les había permitido la entrada en su jardín.

La expectación era enorme. Se hizo un silencio perfecto, quebrado sólo por el peculiar graznido de los cuervos. Vi el temor reflejado en los ojos de muchas personas, mientras que en otras sólo había un destello de diversión o de frivolidad. «¡Dios quiera que viva!», pensé con verdadero fervor. Mi corazón latía desbocado. Mi mirada se cruzó con la del ex marajá y, como si se diera cuenta de mi angustia casi patética, creí descubrir un destello de burla en sus ojos.

Sacaron toda la tierra que llenaba la fosa. Con bastantes dificultades, los guardianes extrajeron el ataúd y comprobaron que los candados seguían perfectamente cerrados. El ex marajá les proporcionó las llaves y abrieron los tres candados. Con lentitud, abrimos la tapa del ataúd, sacamos el cuerpo, extraordinariamente rígido y con el estómago abultado, de Suresh y lo colocamos sobre la hierba. El mismo ex marajá comprobó personalmente que los sellos estaban impecables. Rápidamente puse el cuerpo de Suresh al descubierto. Tenía el rostro indeciblemente pálido, las mandíbulas encajadas, los pómulos acartonados... Sin pérdida de tiempo comencé a friccionarle la parte alta de la cabeza mientras le recitaba el mantra al oído. Le liberé de los tapones de la nariz y los oídos y comencé a zarandearle con fuerza; en seguida, tras sacarle la lengua entre los dientes, junté mi boca a la suya y comencé a insuflarle aire. Pero Suresh no reaccionaba. ¿Estaba muerto? Su cuerpo continuaba con la misma rigidez y el color no volvía a su rostro. Lo zarandeé una y otra vez, violentamente, recité cien veces el mantra a su oído y le insuflé nueva cantidad de aire, e incluso le levanté los párpados, pero sus ojos estaban en blanco. No había ni la más mínima señal de vida. Los minutos transcurrían veloces como el más brioso de los corceles. La agitación y el miedo casi me paralizaban. ¿Qué podía hacer? Aterrado, me pregunté si había fallado en algo. Entonces recordé algo y comencé a golpear violentamente con el puño en el centro del pecho de Suresh.

—¡Suresh, Suresh, Suresh! —grité.

No hubo reacción alguna. Pedí a dos de los guardianes que lo zarandearan en tanto yo le daba golpes en el tórax, le insuflaba aire, le recitaba el mantra y gritaba su nombre a los cuatro vientos. De repente, su cuerpo comenzó a temblar violentamente; un temblor que duró un par de minutos; luego se tornó fláccido. Y entonces los ojos de Suresh se abrieron lentamente. El ex marajá miraba atónito cómo el faquir volvía a la vida. Poco a poco, Suresh comenzó a mover los dedos de las manos y a hacer inspiraciones muy profundas.

—Apriétame los ojos —musitó.

Con los dedos pulgares presioné sus ojos.

Hasta entonces un gran silencio había reinado en el jardín; pero a partir de ese momento, cuando la gente comprobó que Suresh estaba vivo, empezaron a oírse toda clase de comentarios, cuchicheos, clamores y felicitaciones. Algunas damas se desmayaron y tuvieron que ser retiradas del lugar. El ex marajá, con los ojos desorbitados, casi no creía lo que estaba viendo. Suresh, con un gran esfuerzo, sin que los miembros le respondieran apenas, se levantó del suelo. Yo lo abracé como jamás había abrazado a nadie.

—A ver si ahora voy a morir ahogado entre tus brazos —bromeó Suresh, ya recuperado.

Le ayudé a llegar hasta su cámara y, una vez allí, se dio un buen baño de agua tibia. Luego bebió mucha leche, pero no comió nada sólido en varios días.

—Creí que te perdía —me condolí.

—Ya ha pasado todo, aunque no creo que me haya ganado las simpatías del ex marajá —respondió divertido.

Al anochecer, nuestro anfitrión hizo que acudiéramos a una de sus habitaciones. Con gran cortesía felicitó a Suresh y a continuación le hizo entrega de la suma prometida.

—Dentro de un año tendrán lugar mis esponsales —dijo el ex marajá—. Si entonces permaneces enterrado durante diez días, duplicaré esta suma.

Suresh le estrechó la mano y se limitó a decir, con desenfado:
—Mucha agua ha de bajar por el Ganges a lo largo de un año.
—Pero no lo olvides —insistió el ex marajá.
Con las primeras sombras de la noche paseamos por los perfumados jardines.
—Lo has hecho bien, aprendiz —me felicitó Suresh.
—¿Crees que dejaré alguna vez de ser aprendiz? —pregunté medio en broma.
—No lo creo —respondió, pasando su brazo sobre mis hombros, como solía hacer. Guardó un instante de silencio y añadió—: Pero te estás convirtiendo en un buen aprendiz.

Permanecíamos inmóviles a la puesta del sol, como si no quisiéramos perturbar la tranquilidad del atardecer. Nos hallábamos apaciblemente sentados en la playa de Rameshwaran, se trataba de una minúscula isla del sur de la India, en el golfo de Mannar, a la cual habíamos llegado hacía unas semanas. Yo me había puesto un sombrero de paja para protegerme de los rayos del sol. Corrían los días de marzo y eran exquisitamente luminosos.
—El secreto está en poder sobrepasar la condición humana de la mente —dijo Suresh.
Mi mirada se perdía en el océano azulado. No dije nada.
—*Unmani* es la no mente, un tipo de mente reveladora. En la no mente brota *satchidananda*, el ser-consciencia-dicha. Ése también es un estado: un estado de bienaventuranza, sí, pero un estado que hay que sobrepasar.
Los pescadores, casi todos de pequeña estatura y muy oscuros de piel, regresaban a sus casas. Las gaviotas se posaban en la playa.
—¿Y después de sobrepasar ese estado? —pregunté.
—Preguntas, preguntas, preguntas —replicó abruptamente Suresh, como emergiendo de su letargo.
Se levantó de la arena y comenzó a interpretar con gestos, y de

manera muy expresiva, a un hombre atormentado por las preguntas. Se llevaba las manos a la cabeza, mesándose los cabellos, como si en su mente hubiera tantos pensamientos que apenas pudiera sostenerla entre los dedos.

Me quedé atónito al verle. Luego me eché a reír. También yo me levanté del suelo y tomamos la dirección del bazar. Pero nos perdimos por un laberinto de callejuelas, que a esa hora de la tarde estaban muy animadas. Luego acudimos al templo de Ramanatha Swami y, cuando estábamos en uno de sus recoletos santuarios, Suresh dijo:

—Mañana nos vamos a Kanya Kumari, el cabo de la Virgen. Estaremos allí unos días y después…

—¿Después?

—Ha llegado el momento de la separación —anunció con estudiada frialdad.

—¿Cómo?

—Necesito pasar un tiempo de retiro —respondió Suresh—. Y solo, querido aprendiz. —Y añadió burlón—: Y solo significa eso mismo: solo.

Me di cuenta de que de nada me serviría protestar. Así pues, me limité a guardar silencio y a contemplar el ritual del *brahmim*, pasando el fuego sagrado entre los devotos.

Pero aunque Suresh había permanecido muy silencioso toda la tarde, aquella noche se mostró locuaz. Sentados fuera del templo, me dijo de repente:

—Estamos en la vida para ayudarnos los unos a los otros, y no existe otra cosa que el amor.

Entonces un mendigo se acercó a pedirnos una limosna. Suresh, como era habitual en él, le llenó las manos de rupias.

—La acción tiene que ser lúcida, precisa y falta de egoísmo. Apréndelo bien para cuando un día regreses a tu país. No hay que anhelar los resultados, porque los resultados están en la acción misma.

Pero yo quería saber más de sus impresiones cuando estaba enterrado vivo.

—¿Qué sucede en ti o cómo te sientes cuando te encuentras bajo tierra?

—El prana es la fuerza vital que a todos nos anima. Fluye por las venas y está en todas partes: sangre, células, átomos, sentimientos, pensamientos... Cuando me provoco el trance, condenso el prana en el corazón y reduzco a su mínima vibración la pulsación de vida alentada por él. Pero quiero que sepas...

Dejó unos instantes la frase inconclusa al ser interrumpido por otros mendigos, sabedores de la generosidad de Suresh; luego añadió:

—Pero quiero que sepas que, para mí, todo es un medio. La madre actúa por nosotros y en nosotros. Ella nos trae y ella se nos lleva.

—A veces hablas como un hombre religioso —comenté.

—El verdadero hombre religioso no es aquel que sigue una senda ya marcada, tampoco es un simple catacaldos, ¿me entiendes? Es aquel que trata de percibir la unidad en todo. En ese sentido tienes razón al decir que soy un hombre religioso. Pero no tengo creencias; sólo me guío por experiencias. Debes saber que en el amargor de la hiel mora la Shakti; en el dulzor de la miel, la Shakti.

Llegaron otros pordioseros y nos rodearon. Suresh siguió hablando mientras ellos lo miraban atentos, casi embelesados:

—En el silencio interior se manifiesta lo más puro, se escucha la vibración inaudible. Tienes que intentar, una y otra vez, retomar el hilo de tu sensación de ser y acceder a lo que es anterior a esa sensación, para oír lo inaudible y atrapar lo inatrapable. Tú no eres diferente del mundo. Eres el agua de los ríos, la lava del volcán, la sal de las lágrimas, el estertor en el moribundo, el frío en la nieve y la tibieza en la caricia, todo eso eres. Pero nuestros torpes automatismos psicológicos no nos permiten conectar con la energía plena del silencio.

»El yogui, créeme, tiene que aprender a subyugar a la Diosa y dejar de ser un juguete en sus manos. Entonces él sueña en lugar de ser soñado. Entra en el vacío sin límites, descubre el misterio de la creación y se da cuenta de que es creador, lo creado y lo que está mucho más allá de ambos. Se traslada al punto de equilibrio de donde emerge y adonde retorna toda la energía universal. Es el *bindu*. Cuando estoy en *samadhi* profundo, soy el *bindu*.

En las últimas semanas había empezado a tener la viva experiencia de que el universo se incorporaba a mí y yo me incorporaba al universo. Por primera vez percibí que algunos cambios notables se estaban produciendo en mí.

—Cuando era niño —dijo Suresh—, un día, sin darme cuenta, pisé un renacuajo y lo aplasté. Me pasé toda la noche rogando a Dios que le devolviera la vida. Ese día comprendí, profundamente conmovido, que todo es sagrado y que ni siquiera tenemos derecho a dañar el pétalo de una flor. Pero el llamado hombre civilizado ha mutilado la Tierra y ha abierto un abismo de sufrimiento innecesario.

Jamás había visto tan serio a Suresh como en aquella ocasión.

—Se ha derramado tanta sangre —agregó— que podrían llenarse con ella todos los ríos de la Tierra... Lo único que distingue a una persona es la bondad. Nada más —dijo, terminante—. Mi abuelo me enseñó que hay que ofrendar el ego a la Diosa para que ésta lo devore, lo triture, lo liquide. Lo único que admiro en un ser humano, lo único, es la bondad.

Se iban sumando más mendigos a los que ya había, formando un círculo cada vez más nutrido a nuestro alrededor. La noche había caído. A lo lejos se escuchaban los mantras que los devotos entonaban en el recinto del templo. Entonces Suresh me dijo algo que nunca olvidaré:

—Cuando vuelvas a tu país, sigue con tus responsabilidades normales si así decides hacerlo; es tu elección. Pero si has comprendido la ciencia y el arte del alambre, ya nada será igual, aunque te parezca que es lo mismo. En tu consciencia y en tu actitud se calibra la diferencia. Habrá sufrimiento, pero éste nos alerta en el viaje siempre que no se torne autocompasión. Como el ciervo almizclero derrama su perfume, tú debes esparcir afecto dondequiera que estés o vayas. Nunca transijas con tu libertad. No te detengas en la búsqueda y no te dediques a holgazanear. Sé manso y firme como el búfalo. Permanece siempre alerta porque, de otro modo, tus antiguos hábitos volverán y terminarán por ganarte la batalla.

»En el peligroso mundo que habéis construido, vivir se hace más difícil que andar por el alambre más delgado. Si puedes, relaciónate con personas amables; si no te es posible, haz lo que Buda dijo: camina en solitario como el elefante. Está cerca, muy cerca, el día en que tú y yo debamos separarnos, pero lo haremos sin apego, sin dolor. Con estos instrumentos vitales que son el cuerpo y la mente, yo me voy por un lado y tú por otro, pero tu ser y mi ser continuarán ligados. Por tanto, Hernán, en realidad no hay separación.

Dicho esto, Suresh pidió comida para nosotros dos y para todos los mendigos que nos rodeaban. Fue una noche divertida, porque luego el gran faquir recurrió a su maravillosa forma de hacer mimo y representó, de manera muy divertida y asumiendo diferentes personajes, el rapto de Sita por el rey de los demonios, Ravana.

Bajo un primaveral cielo azul, los días discurrían junto al océano en el cabo de la Virgen, en el extremo sur de la India. Para mí había días de consuelo y días de desaliento, días de certidumbre y días de agitación. Pero a veces tenía instantes de gran inspiración mística y me sentía renovado; otras, en cambio, el miedo y el desfallecimiento se apoderaban de mí sin que pudiera evitarlo.

Suresh se había ganado las simpatías de las gentes del cabo de la Virgen. Seguía sometiéndome a una rigurosa disciplina espiritual, aunque también me daba unas horas para el ocio. A menudo departíamos con peregrinos que llegaban de muy lejos, con eremitas que habían dejado temporalmente su retiro, con *sadhus* y con maestros. Yo seguí preguntando por el tratado titulado *El hombre feliz en la cueva del corazón*. Nadie me daba referencias exactas. También pregunté a mucha gente por un alemán de edad mediana llamado Federico, pero no parecían conocerle. ¿Habría muerto?, ¿habría vuelto a su país?

Los primeros días de mayo fueron de un calor sofocante. Los niños se bañaban durante horas en las limpias aguas de Kanya Kumari y sus oscuros cuerpos relucían llamativamente al sol.

—Llegó el momento —dijo Suresh de súbito, cogiéndome por sorpresa.

Yo no necesitaba ninguna otra explicación.

—¿Adónde irás? —pregunté.

—Buscaré un lugar apartado. También yo necesito seguir entrenándome en andar por el alambre..., por el alambre interior.

—¿Volveremos a vernos? Todavía tienes muchas cosas que enseñarme. Te necesito.

—Te necesitas a ti —me corrigió esbozando una amistosa sonrisa.

—Pero ¡hay todavía tanto que indagar y que aprender!

Las lágrimas asomaron a mis ojos. Nada podía consolarme en esos instantes. Me miró con sus profundos ojos, sin parpadear.

—Si está en nuestro destino, nos encontraremos de nuevo —dijo.

Habíamos conseguido una gran intimidad espiritual y humana. Lo quería como a mi hermano y su simpatía me era tan necesaria y vital como el aire que respiraba.

A la mañana siguiente Suresh me acompañó a la estación. Faltaban diez minutos para la salida del tren. Las palabras no son necesarias cuando hablan los corazones.

—Nunca forcemos excesivamente el curso de los acontecimientos —comentó Suresh. Luego añadió—: No debería decírtelo, pero lo haré.

Lo miré expectante. Mi admiración y mi cariño por él eran inmensos.

—Cuando te conocí, no hubiera dado una rupia por tus posibilidades espirituales, pero ahora...

—¿Cuánto darías ahora? —sonreí.

—Tal vez pudiera llegar a un billete de cinco rupias.

Se echó a reír mientras me abrazaba con fuerza. Sentí su curtido rostro junto al mío, y su fibroso cuerpo estuvo tan cerca de mí durante unos instantes que su pausada respiración rozó mi cara.

—Nunca olvidaré lo que has hecho por mí —dije, agradecido.

—Tampoco este faquir olvidará lo que tú has hecho por él.

No hubo más palabras. Miré por última vez sus profundos ojos, tan hermosos y siempre elocuentes, y subí al vagón. Por mi mente pasaron innumerables acontecimientos y escenas vividas con aquel hombre, extraño y prodigioso. El silbato del tren me sobresaltó, trayéndome al momento presente. Cuando el tren comenzó a moverse, un escalofrío me recorrió todo el cuerpo, y estuve tentado de bajarme del tren en marcha, correr hasta Suresh y rogarle que me permitiera quedarme. Pero él siempre me había dicho: «Nada a que aferrarse. Nada que poder detener». Cerré los ojos. Me esperaba un largo viaje hasta el extremo opuesto de la India.

El prolongado desplazamiento puso a prueba mi paciencia. Tuve que cambiar varias veces de tren y soportar los rigores de la época premonzónica. A veces la temperatura ascendía a más de cuarenta y cinco grados. Me alimenté de los comistrajos que proporcionaban los vendedores de comida ambulantes. Contemplé toda clase de paisajes y de aldeas.

Por fin llegué a Chandigarh, al norte de Delhi, y desde allí cogí un autobús a Simla. No había avisado de mi llegada y, aunque había telefoneado a Isabel en dos ocasiones, había perdido el contacto en los dos últimos meses. En el autocar destacaban dos acaudalados *jainas*, que parecían muy solemnes, inmaculadamente vestidos a la tradicional manera india. Había varios *sikhs* y un grupo de campesinos que hablaban animadamente.

A mi lado iba sentado un hombre de negocios que trabajaba en Delhi e iba a pasar unos días de descanso en Simla. No dejaba de hablarme de aburridas operaciones financieras, de cómo había subido injustificadamente el precio de los hoteles de Delhi y de otros tediosos temas. Él intentaba averiguar cosas sobre mí, pero como yo no estaba de humor para trivialidades, me limité a imitar el ambiguo gesto de cabeza de los indios. Que interpretara mis movimientos de cabeza como si asintiera o negara era algo que me traía sin cuidado. Me impresionó la belleza de una tibetana que también viajaba en el autobús y, aunque entrada en años, poseía una sonrisa muy simpática. También viajaba con nosotros una anciana escuálida que no dejaba de murmurar para sí. Cerca de ella, varios escolares muy alegres entonaban canciones en hindi.

Cuando el autobús alcanzó las primeras montañas, sentí un gran alivio, pues la temperatura era más benigna y el aire más puro. Hermosos parajes se abrían ante mis ojos.

Para ir desde la estación a la mansión del coronel Mundy tomé una tartana, cuyo conductor, un hombrecillo enclenque pero de natural gracioso, se había empeñado en que fuera a su casa a conocer a su mujer. No había manera de convencerle. Insistía en su idea como si le fuera la vida en ello. También quería presentarme a sus suegros, cuñados y vecinos. Lo que había empezado por hacerme gracia terminó por exasperarme. En varias ocasiones me bajé de la tartana, pero el hombre me suplicaba que volviera a subir, mostrándome su mejor sonrisa, y lograba convencerme. Cuántas veces subí y bajé de la tartana no sabría decirlo, pero fueron numerosas, pues el hombrecillo tuvo la desfachatez de llevarme hasta la puerta de su casa. Me contuve para no gritarle, parecía una persona deliciosa, pero aquel anhelo de demostrarme su hospitalidad me producía indignación. Luego puso todo su empeño en que probara sus cigarrillos bidis y en que le invitara a una cerveza. Por último, no tuve más remedio que levantarle la voz. Ante mi asombro, me respondió con una afable sonrisa y se puso en marcha hacia la mansión del coronel.

Cuando llegamos, el hombre dejó la tartana y se puso a andar a mi lado en dirección a la puerta de la casa.

—Sir, sir —dijo—, me quedaré con usted para cuando quiera utilizar mis servicios.

No podía creerlo. Pretendía entrar en la casa conmigo y supongo que residir en ella para estar a mi servicio.

—Gracias, gracias —respondí—. Si le necesito, prometo buscarle en el Mall.

No se quedó nada convencido; casi se puso a llorar, haciendo pucheros como si fuera un niño contrariado. Llamé a la puerta. Cuando se abrió, me encontré con los escrutadores ojos y las negras barbas de Kuldip.

—¡Qué alegría, señor! —exclamó verdaderamente encantado.

Nos estrechamos la mano. Era un hombre que llevaba en el rostro el sello de la inquebrantable lealtad.

—El coronel ha padecido una neumonía —me informó de inmediato—, pero ya se ha recuperado. —Luego añadió con desparpajo—: Tiene usted muy buen aspecto, señor. Le traeré una limonada, ¿le parece? El calor aprieta.

En ese momento vi al coronel bajando por las escaleras. Se le notaba bastante desmejorado.

Su paso era lento y había perdido algo de su aguerrido porte. Al verme demostró una gran alegría. No sólo me tendió la mano, como en otros reencuentros, sino que luego me abrazó con efusividad.

—Kuldip me ha dicho que ha estado usted enfermo, coronel. No sabe cuánto lo lamento.

—A mi edad es lo menos que se puede esperar —sonrió—. Tengo una excelente noticia para usted.

Le miré interrogante, en silencio.

—He recibido una postal de su amigo.

—¿De mi amigo? —Sus palabras me cogieron por sorpresa—. ¿A quién se refiere?

—¿A quién va a ser? A Federico. Sólo ha escrito cuatro líneas, pero sabemos que está aquí, en la India, y que se encuentra bien.

Me dio un vuelco el corazón. O sea, que Federico seguía en la India…

—Voy a traerle la postal.

Salió un momento, pero regresó en seguida con una postal en la mano, que me entregó. Ni siquiera me fijé en qué dibujo o fotografía mostraba, porque le di la vuelta para leerla de inmediato.

Querido coronel: Nunca les olvido, ni a usted ni a Isabel. Mi investigación espiritual sigue en curso. Sepan que estoy bien, aunque ha habido sorpresas. Volverán a saber de mí. Con cariño, Federico.

Me quedé atónito.

—La postal ha sido enviada desde Spiti —me informó el coronel.

—¿Spiti?

—Sí, un valle próximo al Tíbet.

Kuldip me sirvió la limonada, y el coronel y yo pasamos al salón biblioteca.

—Pero hay más noticias, Hernán —me dijo cuando nos hubimos sentado.

Permanecí expectante.

—Según un sufí de Hyderabad, el tratado que usted busca existe.

—No puedo creerlo —repuse de manera automática—. ¿Cómo lo sabe?

—Tuve que ir a Delhi para pasar unos días en el hospital. Cuando me recuperé, un buen amigo mío hindú llamado Jai, que siempre ha estado muy interesado en las distintas tradiciones espirituales, me llevó a conocer a un sufí muy peculiar. De repente salió el tema de la oración del corazón, también practicada por los ortodoxos cristianos, y entonces le pregunté por el tratado. Fue cuando me señaló que un amigo suyo, que vive en Hyderabad, le había hablado de ese tratado refiriéndose a él como un texto real y escrito, y no sólo como un cuerpo de enseñanzas transmitidas de boca a oído y de maestro a discípulo. Intenté ponerme en contacto con el sufí de Hyderabad, pero se había ido a pasar una temporada con su familia en Srinagar.

Guardé silencio. ¿Qué hacer?

—No se preocupe —dijo el coronel al observar mi incertidumbre—, porque antes o después el sufí dejará Cachemira y volverá a Hyderabad. —Tras una breve pausa preguntó—: ¿Se quedará mucho tiempo con nosotros, Hernán?

—Ésa era mi primera intención —respondí—, pero creo que ahora me encuentro en la tesitura adecuada para seguir viajando por la India y descubriéndome a mí mismo. Debo seguir evolucionando. —Cambiando de tema, añadí—: Por cierto, ¿cómo está Isabel?

—Se encuentra perfectamente. Vendrá en seguida. Ha ido a la ciudad a echar al correo unas cartas urgentes. Ha trabajado intensamente estas últimas semanas. En este país todavía hay mucho que hacer en favor de los adivasis y sus derechos. Algunas tribus están al borde de la extinción. ¿Ha oído hablar de los todas?

—Sí, los conozco.

—Cuando llegaron los primeros arios, ellos comenzaron a tener serias dificultades. ¿Sabe cuántos son ahora?

Negué con la cabeza.

—Pues poco más de dos mil. Hay tribus de las que sólo queda un millar.

—El problema de los aborígenes es preocupante en todo el mundo —comenté—. Para el hombre no hay peor depredador que el hombre, y lo mismo cabe decir de las demás criaturas.

En ese momento se oyó la puerta de la calle e Isabel entró en el salón al cabo de unos instantes. Estaba hermosísima. Llevaba una blusa bordada que resaltaba sus senos. Nunca la había visto tan llena de vitalidad, con aquellos ojos brillantes y elocuentes. Rebosaba plenitud.

—¡Hernán! —exclamó, corriendo a abrazarme—. ¡Qué buen aspecto tienes! Muy delgado, aún más que la última vez, pero estás muy bien. —Volvió a abrazarme—. ¿Te quedarás un tiempo con nosotros?

—Sólo dos noches. Voy a seguir buscando.

Pareció un poco contrariada, mas no hizo el menor comentario al respecto.

—Hoy tendremos una cena distinta en tu honor. Diré a Vimala, la cocinera, que prepare platos muy especiales para esta noche. —Cogió mis manos entre las suyas—. Luego daremos un paseo, hace una tarde fantástica.

—Si no le importa, Hernán —dijo el coronel—, yo me quedaré leyendo aquí y reposando un poco. Aún no me he recuperado del todo.

Después de que Isabel hablara con la cocinera, salimos a pasear por los bosques de los alrededores. Al cabo de un rato nos detuvimos a ver las montañas, que habían tomado una tonalidad azulada. Isabel descansó la cabeza en mi hombro y me cogió la mano.

—¡Qué misterio tan profundo es la vida! —exclamó.

No supe precisar si había un dejo de alegría o de tristeza en sus palabras.

—Un misterio que a veces resulta abrumador —dije—. Pero ahí tienes, Isabel, tus maravillosas montañas. Aunque por tus venas corra sangre europea, éste es tu país y ésas son tus gentes; para mí, en cambio, no resulta tan fácil. A veces añoro mi país y a mis amigos, y sigo considerándome un extraño en estas tierras.

»Ahora, sin Suresh, me siento como un pez fuera del agua. Por eso no quiero permanecer más tiempo con tu abuelo y contigo, porque entonces no tendría fuerzas para irme. No creas, a menudo me pregunto si tanto esfuerzo es necesario, si no sería mejor seguir dormido entre suaves sábanas limpias. Pero cuando uno ha tenido una vislumbre, no hay vuelta atrás.

—No hay vuelta atrás —repitió Isabel con los ojos llenos de lágrimas. Cogió mi rostro entre sus manos, me miró unos instantes y luego puso sus labios sobre los míos.

Permanecimos abrazados unos momentos y después seguimos paseando.

—Entonces, ¿no volverás aún a tu país? ¿Hasta cuándo te quedarás aquí?

—No lo sé, Isabel. Mi amigo Federico decía a menudo: «Esta búsqueda que no cesa».

—A veces me acuerdo de él. Era siempre tan educado, tan correcto, tan... especial. ¿Sabes que ha enviado una postal?

—Me lo ha dicho tu abuelo. Ahora me gustaría contar con su compañía; viajar con Federico por la India, como hicimos por Europa, sería formidable.

—¿Por qué no te quedas? —me preguntó Isabel de repente.

Más que una pregunta, era una invitación.

—¿Por qué no te vienes conmigo? —repliqué—. Podríamos viajar juntos, y juntos seguir buscando.

Una leve sonrisa llena de tristeza asomó a sus labios.

—Tienes otros planes, supongo —dije como a la ligera, intentando que en mis palabras no se reflejara el desencanto.

—Viajamos al mismo lugar, pero lo hacemos en trenes diferentes —repuso ella.

—¿No podríamos así complementarnos mejor? —pregunté, aunque no creía en ello.

—No somos personajes de una farsa. Los dos sabemos que cada uno debe completarse y complementarse a sí mismo, ¿no es cierto?

Puse la mano, encallecida por los ejercicios con la barra utilizada para el funambulismo, en su mejilla, tersa y tibia. El sol se había ocultado tras las montañas. El follaje había tomado un color azafranado. Nos besamos con verdadera pasión.

—Tú estás buscándote a ti mismo —prosiguió Isabel—, mientras que yo busco a los demás, Hernán. Pero sé que por distintas sendas nos aproximamos a lo mismo. Tú, al buscarte a ti mismo, hallas a los otros; yo, al ir en busca de los otros, me encuentro a mí misma.

—Eres una mujer de carácter —dije, lleno de admiración por su fortaleza espiritual—. ¿Somos, pues, incompatibles...? —pregunté sonriendo—. Creo que tal vez algún día estaremos en disposición de emprender cada uno el asalto del otro.

Se echó a reír. En el cálido silencio del anochecer himalayo nos miramos durante largo rato. Las palabras nunca hubieran podido decir lo que expresaban nuestras miradas y nuestros silencios.

—Tal vez algún día... —susurré—. Escucha, Suresh decía que estamos en el camino para ayudarnos; no hay otra cosa que el amor.

Nos sentamos debajo de un árbol y nos abrazamos con pasión. Nuestros cuerpos se fundieron sobre la hierba. La noche nos acogía con su inefable silencio. Mientras mis labios recorrían los maravillosos pechos de Isabel, a mi mente acudieron innumerables escenas y vivencias de aquellos meses pasados en una tierra que me era tan ajena y tan próxima a la vez.

El té aromático, las pastas de jengibre, Isabel, Suresh el Faquir, el coronel, las gentes apretujándose en los vagones de tren, los mendigos, los *sadhus* desgreñados, los perros husmeantes, los gatos callejeros, Ciento Diez Años, las palmeras datileras, los cafetales del sur, Kuldip el sikh, los ermitaños errantes, los cuervos rebuscando en los montones de basura, los cánticos al Divino, el bullicio de las callejuelas de Delhi, Sri y el secreto de la Diosa, el inconmensurable silencio del Himalaya, los pordioseros mutilados, los ancianos esperando la muerte a orillas del Ganges, los rododendros en flor, las ratas, los buitres, los niños alborozados, los desvalidos, el maravilloso cielo estrellado de los trópicos... ¡La vida, en una palabra! Como Suresh decía: «Tienes que tomarla toda ella».

¿Quiénes somos? ¿Adónde vamos?

Porque hay preguntas, existen respuestas. Mientras tengamos inquietudes, los sentidos y los significados estarán vivos. La gran tragedia es la consciencia dormida. Suresh me había dado un grano de mostaza de su sabiduría. La vida es como el alambre del funámbulo. No hay red. Todos somos funámbulos. El mejor, el único realmente imprescindible, es aquel que alumbra la bondad en su corazón.

—¿En qué piensas, Isabel?

—En ti, en los adivasis, en esta noche clara...

Yo apenas había puesto un pie en el alambre de mi nueva vida, pero era un pie firme, y confiaba en recorrer con creciente consciencia toda la extensión de aquel cable, cuyo extremo se difuminaba, impreciso, en la noche estrellada de la India...

Las claves del faquir

Los faquires del linaje rasayani de la India somos muy conscientes de que nadie tiene ni un día más de su vida asegurado. La realización es aquí o nunca; la libertad interior se va consiguiendo cada segundo. Si lo dejas para mañana, nunca llegará el mañana. Lo que tengas que ser, comienza a serlo ya, porque de hecho nunca has dejado de serlo, pero todavía no lo has reconocido. Lo que crees que eres, no eres. No vienes ni partes, porque siempre has estado. No hay lugar para el mañana, ni para la holgazanería, ni para la indecisión. Lo que tienes que hacer por ti para despertar y conectar con el Vacío Primordial, hazlo ya. Ni siquiera tienes garantizada una respiración más. ¿A qué esperas?

A cada momento tenemos que ganar la consciencia. No hay otra manera de reconocer el Vacío Primordial que nos alienta y palpita en cada una de nuestras células. Mediante la consciencia llegaremos a la consciencia de ser y desde ésta, que también es fenoménica e ilusoria, hallaremos el ojo de buey a lo que es anterior a esa consciencia de ser. Entonces estarás en lo que nunca ha dejado de ser, en aquel fluido que se introduce y sale de los cuerpos al igual que entra y sale el agua de una vasija. Tú puedes estar consciente y consciente de ser, pero lo que realmente *es* sólo se manifiesta cuando tu yo deja de estar.

Colabora con la vida, pero no te resistas a ella. Son unos días que puedes convertir en un fiasco o en un espacio de claridad, sabiduría y compasión. De ti depende. Los faquires rasayani sabemos que la vida sin consciencia y sin compasión es un mal. Cuando te falte el ánimo, apóyate en el Vacío Primordial. La vida sigue su curso, son unos días de los que dispones, poco menos que un parpadeo del ojo del Absoluto. Aprovecha el impulso de la vida para reorientarte y tomar la dirección correcta. Todo lo que te ayude a ser consciente y compasivo merece la bienvenida. Descarta todo lo que aturda tu entendimiento o atolondre tu consciencia. No te permitas pasar ni un solo día sin aprovechar el impulso de la vida para ganar consciencia. Cultiva semillas interiores que te ayuden a caminar aguerridamente por el «alambre de la vida». Es muy corto o muy largo, según se aprecie. El paso firme y la mente disciplinada. El pensamiento claro y la palabra precisa. Los actos guiados por la destreza y la benevolencia. Estás yendo a donde ya has llegado, pero hay que ir.

TE HACES MUCHAS PREGUNTAS: POR ESO BUSCAS;
PERO PREGÚNTATE POR EL QUE PREGUNTA.
SIENTES ANGUSTIA: POR ESO BUSCAS; PERO INDAGA SOBRE
EL QUE EXPERIMENTA LA ANGUSTIA.
EXPERIMENTAS PESADUMBRE: POR ESO BUSCAS;
PERO INQUIERE SOBRE EL QUE SE APESADUMBRA.

Aprovecha tu viaje sobre el «alambre de la vida» para descubrirte y trascenderte. No hagas, como muchas personas, de su vida un infierno que, además, se empeñan en compartir con los otros. El infierno nace en la mente. Sólo tú puedes evitarlo y no hay nadie en el mundo, nadie, créeme, que pueda hacerlo por ti.

Yo todavía no articulaba palabra cuando mi padre me miró con sus ojos profundos y me dijo: «Consíguete a ti mismo». Ni un solo día de mi vida he dejado de recordar esas palabras. Mi padre pertenecía a una antiquísima tradición de faquires ejercitados en las más altas y difíciles técnicas del yoga para el control de todas las funciones mentales, corporales y energéticas. Este linaje de faquires, los rasayani, también expertos en conocimientos de la más antigua medicina y alquimia indias, se preparaban exhaustivamente, como a mí me formó mi padre. A través del control sobre el cuerpo se consigue el dominio sobre la mente y la conquista de la mente conduce al estrecho control sobre todas las funciones corporales. En nuestra tradición hemos contado con métodos especiales de inducción al trance, que nos permiten separarnos de las envolturas mentales y energéticas y conectar con la fuerza de lo Inefable. He tratado de vivir mi vida del mismo modo que he desarrollado una actitud adecuada al caminar por el alambre. En mis espectáculos me limito a actuar sin reacciones de ningún tipo. Actúo por amor a la acción, como tenemos que hacer en la vida: actuar por amor a la obra, vivir sin reacciones inútiles. Ejecuto la acción diestramente, libre de todo pensamiento que interfiera, sin ligarme a nada, sin pasado ni futuro. Confío en el alambre, que en ese momento es la vida. En cualquier instante puede romperse o moverse, lo sé, pero en tal caso ya procederé en la urgencia del momento. La mayoría de las personas siempre están reaccionando y es así como consumen su vida. Eso es feo y estéril. Exigen una excesiva seguridad y no saben aceptar la inseguridad, acobardándose ante el desafío de la vida. Así se anquilosan, se petrifican, y si el alambre se mueve en ese momento, se precipitan irremisiblemente al vacío, porque estaban instalados en una falsa seguridad.

Cada uno debe asumir su aventura del espíritu. Me refiero a aquellos que no están tan dormidos como para que el hálito de lo Inmenso no haya dejado un eco de infinitud en ellos y les aliente a buscar. En última instancia es el Vacío Primordial el que se busca a través de cada uno de nosotros. Ése es el gran misterio. El buscador siente que Él se está buscando a través de él. Eso le hace un buscador y entonces no hay descanso hasta que se reconoce lo que nunca se ha dejado de ser. El verdadero faquir no deja de buscar o, mejor dicho, no impide que Él se busque. No mutiles la fuerza de la vida; no le cierres a Él el camino. Estate presto, pero no te impacientes.

Abraza la vida sin fragmentarla, sin dividirla. Sácale su fuerza, su enseñanza, su mensaje. La vida tiene el sentido que quieras procurarle. No te extravíes en opiniones sobre su significado o propósito; dáselo tú. La vida es para vivirla con plenitud y consciencia y no para estar opinando solamente sobre ella. Actúa. No puedes dejar de actuar, así que hazlo con la mente clara y sin dejarte acaparar por la vida, sin mutilar tus mejores energías, haciendo lo mejor que puedas en cada momento, pero sin obsesionarte por los frutos o resultados de la acción. La vida es imprevisible. Haz lo mejor que puedas en cada momento. Sé certero, preciso, diestro. Es en el alambre de la vida donde podrás adiestrarte en la acción correcta, evitando extraviarte en inútiles ideas, conectando con tu sabiduría primordial, permitiendo que la mente profunda y clara actúe sagazmente por ti. En el alambre de la vida no hay lugar para la pusilanimidad ni la aprensión, pero tampoco para una desmesurada o irreflexiva osadía. Haz de la atención tu mejor aliada. No te dejes vencer por el miedo y confía en tus recursos internos. Hay que pasar por el alambre de la vida como el hábil funámbulo que camina con máxima atención por el cable y se empeña en conservar el equilibrio. Cuando tiendas al desequilibrio, rectifica; cuando des un traspiés, corrige. Mantente en su centro y no en demasía hacia uno u otro lado. Aun así todo está abierto a la sorpresa; nada es seguro excepto que podemos hallar refugio en nosotros mismos y cambiar nuestras actitudes ante las situaciones transitorias e imprevistas de la vida. No hay alambre más difícil de recorrer que el de la vida. Atención, disciplina, el sentido despierto del aquí y el ahora, ecuanimidad y prestancia: todo eso y mucho más se requiere para ser un buen funámbulo existencial.

En el alambre de la vida tienes que ser fluido. Si te tensas o te paralizas, pierdes la ocasión del instante. El alambre de la vida puede romperse en cualquier momento; que no te coja con la consciencia dormida. Hay que tomar y hay que soltar: toma la vida y suelta la vida. Vivir y morir son complementarios para un alambrista. En la vía del faquir, vida y muerte siempre están presentes. Eso nos hace más plenos y más libres, más sinceros y más generosos. No hay pasado, no hay futuro. No nos ligamos a nada porque la ligadura es terrible. Disfrutamos sin aferramiento. A cada momento renovamos la mente y nos despojamos de la mente vieja.

Convertimos la vida en maestro, sin exigir una excesiva seguridad. No ensoñamos, vivimos. Hacemos de la vida una danza, una celebración, pero manteniendo la consciencia clara. Tratamos de armonizar con los acontecimientos de la vida. Somos funámbulos bien despiertos y nunca sonámbulos. Nos sentimos conectados con la energía de lo Inefable. Al controlar el cuerpo, controlamos la mente; al conquistar la mente, conquistamos el cuerpo. No dejamos que el ánimo se herrumbre; no permitimos que la voluntad se debilite. Si uno pierde la dirección, ¿qué le queda?, si el ánimo se marchita, ¿a qué recurrir? Dormimos lo justo, lo justo comemos. Valoramos la energía y el poder interior. ¿Qué es un ser humano sin poder interior? Otros acumulan tesoros, nosotros, en cambio, fuerza interior.

Lo quieras o no, eres un funámbulo en el alambre de la vida. Cuál es la longitud de tu alambre, nadie puede decirlo. Puedes caminar sobre el alambre con energía, esfuerzo consciente, atención, ecuanimidad y felicidad interior, o puedes hacerlo de una manera desdichada y fea. Tuya es la elección y la responsabilidad. A veces la vida es más fácil, como el alambre bajo; otras se torna más complicada, como el alambre de altura, y de vez en cuando se vuelve aún más incontrolada, como la cuerda floja. Pero tú dispones, si te ejercitas, de recursos para ejercer como funámbulo del cable bajo, del cable de altura o de la cuerda floja. La energía cósmica está a tu alcance. Eres un ser en constante evolución si pones los medios hábiles para ello. No te detengas, no te estanques, no hagas de tu vida una mala copia de lo que puede ser.

TÚ ERES TU CUERPO, PERO ESTÁS MÁS ALLÁ DE TU CUERPO.
TÚ ERES TU ALIENTO,
PERO ESTÁS MÁS ALLÁ DE TU ALIENTO.
TÚ ERES TU MENTE, PERO ESTÁS MÁS ALLÁ DE TU MENTE.

El cuerpo, el aliento y la mente son tus instrumentos vitales, pero tú estás más allá de ellos. Tómalos y utilízalos, pero no dejes que ellos te tomen y te utilicen a ti. Son tus ropajes vitales, tus envolturas. Mientras dependa de ti, mantenlos en el mejor estado posible. Ejercítate para que estén en armonía y te obedezcan. Llegará el día en que decaerán, pero mientras tanto cuídalos, son tus vestimentas. Te han sido entregados estos instrumentos para poder caminar por el alambre de la vida como el mejor de los alambristas. Son prestados, pero tú eres lo que está más allá de ellos.

Mi padre me enseñó a meditar para desvincularme de los instrumentos vitales y fundirme, más allá de ellos, con mi propio ser, que encuentra su origen, como el tuyo, en el Vacío Primordial, en lo que era antes de que todo fuera. Protege y cuida tus instrumentos vitales, como el jinete atiende al corcel, pero sin obsesiones ni apegos. Nada de excesiva autoindulgencia; nada de inútiles austeridades. Los instrumentos vitales dependen de un hilo que en cualquier momento puede quebrarse o extinguirse, pero el Vacío Primordial no deja de ser y de no ser. Tú eres un reflejo de la Conciencia nacida del Vacío Primordial. Puedes ejercitarte, mediante métodos y prácticas, para aún en vida, ralentizar todas tus funciones psicofísicas y conectarte con la Conciencia que te abre la puerta hacia el Vacío Primordial. Así hallas refugio en ti mismo; así aprendes a centrarte y sosegarte. La dicha verdadera es el resultado de la quietud, y la quietud hay que despertarla dentro de uno. No hay mayor fuerza que cuando despiertas, pero para que pueda presentarse tienen que silenciarse los pensamientos, como hay que dejar de hacer ruido para que el silencio, que siempre ha estado, se manifieste.

Fue mi padre el primero en decirme por dónde comenzar a ordenarse: por la mente. Ésa es la labor más preciosa: armonizar la mente y aprender a contener a ese ilusionista que es el pensamiento y que tanto puede llegar a confundirnos y turbarnos. Exige una disciplina y un esfuerzo, pero la disciplina facilita la disciplina y el esfuerzo conduce al esfuerzo sin esfuerzo. El peor enemigo está en la mente. El dragón más temible ruge en la mente. U ordenas tu mente o tu mente te desordena. Una mente desordenada es una calamidad; una mente guiada por la codicia y el odio es un desastre. A la codicia oponte con la generosidad y al odio con la compasión. Deja que tus pensamientos y sentimientos de generosidad y compasión lo impregnen todo, comenzando por ti mismo. Desde la generosidad y la compasión todo se torna sagrado y la vida adquiere un sentido insospechado. Mi padre me decía que nada es tan grave para un faquir como dejarse gobernar por tendencias de codicia y odio y que eso convierte la vida en un estercolero. Todos nosotros podemos transformar la mente enemiga en mente amiga. Hay estados de la mente que están más allá de la mente. Su elocuencia es formidable; su intuición es extraordinaria. Es la consciencia que está más allá de la consciencia y no sabe de diferencias, sino de unidad. Es el *samadhi* o consciencia incondicionada. No es para algunos privilegiados, sino para todo el que se proponga saborearla y ponga los medios necesarios para que se manifieste. En esa consciencia más allá de la consciencia no hay yo ni hay tú, sino que yo alumbro en tu corazón como tú y tú en mi corazón como yo.

El linaje de los faquires rasayani hemos perpetuado el conocimiento desde hace miles de años. No dejamos que se pierda, porque si la sabiduría perenne se extravía, ¿qué nos queda? Es nuestra fuerza, nuestro mensaje, nuestro soporte, nuestra luminaria en la senda tortuosa hacia el Vacío Primordial. Muchos han dado la vida por alcanzar o perpetuar ese conocimiento. Sin la enseñanza no somos nada y una vida sin sentido es una vida miserable.

El Vacío Primordial es nuestra mansión, nuestro hogar. Es como un océano sin fondo. Los fenómenos, los pensamientos y tendencias, los deseos y aborrecimientos, los afanes y quehaceres, son olas en ese océano de infinitud. Si eres el océano, no te creerás que era tan sólo una ola limitada; si desciendes a lo más profundo del océano, no podrán perturbarte sus olas de superficie. Aprende a vivir en lo aparente y en lo real, pero no te identifiques con lo aparente y olvides lo real. En el *samadhi,* ya no eres sólo ola; eres mar; ya no eres sólo forma, eres el Vacío Primordial. Ya no hay reacciones, sólo vivencias de sosiego infinito. En el *samadhi* te recompones, te renuevas, te sientes más allá de ti mismo. El problema cesa; la atadura se resuelve; el interrogante halla respuesta. No hay mente, y entonces surge la mente no condicionada. Desvinculados de las vestimentas que son el cuerpo y la mente, nos fundimos con la Inmensidad. Nuestro cuerpo magnético se recoloca y nuestra mente se desplaza más allá de la prisión del ego. Nada es comparable. Es la visita al hogar del Ser. Hay mucha armonía en ese estado, mucho equilibrio, mucha belleza. Es el viaje más allá de la tierra, el agua, el fuego, el aire y el éter. Todo surge del Vacío Primordial, pero él está más allá de todo ello. Y en cada uno de nosotros ha dejado un «toque»; cuando se hace sentir ya no hay vuelta atrás. Comienza la vía de la búsqueda y no de la evasión.

Tu cuerpo no ha hecho a la mente, sino que tu mente ha hecho al cuerpo. Tu cerebro es el cuerpo de la mente. El faquir aprende a distanciar su mente del cuerpo y a fundirla con el Vacío Primordial y por ello logra proezas que en principio están vedadas para la persona ordinaria. ¿Y quién hace a la mente? La Conciencia o Mente Única, que es una manifestación del Vacío Primordial.

PRIMERO APRENDE A DESVINCULARTE DEL CUERPO;
LUEGO DE LA MENTE; DESPUÉS DE LA MENTE ÚNICA
Y ENTRARÁS EN EL VACÍO PRIMORDIAL, EL ELEMENTO-SIN-MUERTE,
LO ANTERIOR A LO ANTERIOR. ÉSA ES LA SENDA DEL YOGA,
LA SENDA DE LA UNIÓN.

Siempre me lo dijo mi padre: sin equilibrio no puede haber lucidez ni acción diestra. Es mejor morir que una vida sin equilibrio. La vida sin equilibrio es un erial. El desequilibrio es la enfermedad de la mente y del cuerpo. Hay que aprender a regular todas las funciones de la vitalidad para que no se rompa el equilibrio. La vitalidad halla su sede en el corazón espiritual. Es la bisagra entre lo más sutil entre lo sutil y lo más burdo entre lo más burdo.

NO TE CONTRAIGAS, PORQUE LA VITALIDAD SE ESTANCA.
NO TE INQUIETES, PORQUE LA VITALIDAD SE ALTERA.
NO TE AFERRES, PORQUE LA VITALIDAD SE PIERDE.
SUCEDA LO QUE SUCEDA, ESTATE TRANQUILO;
NO TE PREOCUPES, NO TE INQUIETES.

Haz como si no hicieras, mantén la presencia del Vacío Primordial en la acción y conecta con tu punto de inmovilidad en el movimiento. Tú eres el testigo y más allá del testigo vuelves a ser tú como Mente Única y más allá de la Mente Única, vuelves a ser tú como Vacío Primordial. Lo que necesitas no es contraerte, sino abrirte. Las emociones negativas te contraen, pero las bellas te abren. Si estás sereno, entras en la corriente de la apertura, la expansión, la inteligencia clara; si estás agitado, entras en la corriente de la angostura, la contracción y la ofuscación.

Confía en tus recursos internos y en la mano invisible del Vacío Primordial. Tú eres un actor en el colosal escenario cósmico. Habrá ocasiones en las que te es dado hacer y otras en las que sólo te es dado aceptar. Sabe cuándo proceder y cuándo dejar de hacerlo. No pienses en términos de victoria o derrota, fracaso o éxito; si tal hiciera el alambrista, perdería el equilibrio y hallaría la muerte. Aun en el desasosiego, halla sosiego y en el desequilibrio, el equilibrio. Si desfalleces, no lo hagas en demasía. No hay suelo en el que caer en el Vacío Primordial.

A LO QUE AQUELLOS QUE NO SON FAQUIRES LLAMAN
FRACASO, NOSOTROS LO LLAMAMOS APRENDIZAJE.
LO QUE A OTROS LLEVA AL DESMAYO PSÍQUICO,
A NOSOTROS NOS FORTALECE.
LO QUE A OTROS DESANIMA, A NOSOTROS NOS ALIENTA.

Aprende a combinar la meditación con la acción diestra y lleva la enseñanza al corazón mismo de la vida. En la apariencia puedes ser una persona de hogar y desempeñar cualquier función, pero en lo profundo no eres el papel que representas, sino el ser. Lo importante es no crear ligaduras internas. Desempeña tu función, pero no dejes de estar asido a ti mismo. No pongas el ego por medio; así nada podrá herirte. No te pierdas en trivialidades, así nada podrá hipotecarte. Nunca malgastes tu energía, porque es imprescindible para la realización de sí. Nace y muere a cada momento para volver a nacer. No acarrees en tu mente sufrimiento innecesario. No te debilites sintiéndote ofendido, enfadado, desconsiderado o negado. Negaron e hirieron a Buda, Jesús y Mahavira. No sintieron la herida, porque eran como el cielo abierto e invulnerable.

CUANDO HAYA QUE PENSAR, PIENSA.
CUANDO HAYA QUE VIVIR, VIVE.
CUANDO LAS CIRCUNSTANCIAS REQUIERAN DE TU CABEZA,
UTILÍZALA, PERO CUANDO NO, VIVE SIN CABEZA...
DESDE EL CORAZÓN.
SI TE DESCONTROLAS, CONTROLA.
SI CONTROLAS EN DEMASÍA, DESCONTROLA.
NO TE CREAS NI UN LADO DEL PÉNDULO NI EL OTRO.
NO TE APEGUES NI SIQUIERA AL CAMINO DEL MEDIO
QUE AVANZA ENTRE LOS EXTREMOS.

Extráele la energía al universo y aprende a conectar con la esencia espiritual de las montañas, los lagos y las dunas. Ejercítate en la vigilancia sosegada y en la quietud alerta. Si tropiezas, corriges y si te desplomas, te incorporas. Como danzo y fluyo sobre el alambre, aprende tú a bailar y soltarte sobre el alambre de la vida. No te resientas y no te resistas. Ni exijas ni te impongas a nadie. Bastante tienes con resolver tu situación. Cuando sientas los hielos del alma, desarrolla tu fuego interior que reside en el centro de tu estómago. Mi padre me enseñó a mentalizar en el centro del estómago una llama de poder.

ANTE EL TERROR NO TE CONTRAIGAS, O LO MULTIPLICAS.
ANTE EL MIEDO NO TE ENCOJAS, O LO ACTIVAS.
SI VIENE LA IRA, DEJA QUE SU OLA PASE, NO TE INCUMBE.
SI VIENE LA AMARGURA, OBSÉRVALA CON CURIOSIDAD Y ELEGANCIA.

Nadie puede comprender el Vacío Primordial si no se hace Vacío Primordial. ¡Qué paradoja! ¡Hacerse lo que uno nunca ha dejado de ser! El hálito de vida es la respiración. Es la pulsación del

Vacío Primordial en cada uno de nosotros. Por la respiración puedes llegar al Ser y el Ser te llevará de la mano al Vacío Primordial. La respiración es un don. Sírvete de ella. El faquir aprende a controlarla en grado sumo y así es capaz de apretar o restar vitalidad a cualquier órgano de su cuerpo y armonizar su cuerpo magnético. Ante el vacío sentimos terror, vértigo, pavor. Es el miedo a ser lo que nunca hemos dejado de ser: tal es nuestro grado de identificación con lo que no somos. En la raíz de tus pensamientos halla un reflejo del Ser. Profundiza. La brecha está abierta y lo demás depende de ti.

Puedo ver en mi cuerpo como tú en la palma de tu mano. Lo conozco como el ser más enamorado conoce el rostro de su amada. El cuerpo tiene una sabiduría muy particular y todas las barreras están en la mente y no en la corporeidad. No hagas de las células tus antagonistas, sino tus aliadas; no hagas de tus funciones vitales un desorden, sino armonía. Vive el cuerpo; está lleno de tesoros y de perlas de sabiduría. Instrumentalízalo en tu busca. Cuando el cuerpo está armónico, la energía fluye y te orienta. La respiración debes convertirla en tu eje y tu consuelo. Desaloja de tu mente todos los esquemas. Muere a tu mente del pasado. No te inmutes o es que ¿acaso la luna se perturba porque los lobos aúllen? Sigue tu senda, que es la senda sin senda. Cada ser humano es su propia senda y su propia doctrina. Duda, pero no de tus potenciales de iluminación. Investiga, pero no dejándote prender en la tela de araña de los pensamientos. Dentro de ti hay un punto de equilibrio. Establécete en él y nada habrá que temer. De la visión clara nace el equilibrio y el equilibrio es el sostén de la lucidez. Siendo nada serás todo; vaciándote te llenarás. En el despejado océano de la mente profunda, se presenta el rostro de la Mente Única. Si se manifiesta desde tu punto de equilibrio, tus palabras y actos serán equilibrados. Es el mejor regalo que puedes hacer a los demás y a ti mismo.

Conecta con lo que es. Si el alambrista no conecta con lo que es, se precipita al vacío. Vive lo que es y sigue desarrollándote. Aprende a utilizar aquello que vela, para desvelar, y aquello que nos hace caer, para levantarte. Reorienta el deseo. Es tu energía y no tu dueño.

Todos somos chispas de la Conciencia que emergen del Vacío Primordial, que lanza desde su insondable inmensidad un alambre que es la vida. Cada uno tiene su alambre y por él hay que aprender a caminar, con cordura pero con entusiasmo, con precisión pero con intrepidez. Mente lúcida, amor y ecuanimidad.

AL SUFRIMIENTO NO AÑADAS SUFRIMIENTO.
QUE EL PLACER NO SEA EL CEBO QUE NOS HACE TRAGARNOS EL ANZUELO.
NO ESTÉS EN EL JUZGAR, SINO EN EL COMPRENDER.
NO ESTÉS EN EL DAR NI EN EL TOMAR, SINO EN EL SER.

Observa atentamente a un funámbulo. Mira cómo camina suelta y elegantemente por el alambre. No hay un instante para el descuido: sería fatal. No deja de vigilar y vigilarse. Mide sus pasos, pero no está contraído o bloqueado, sino suelto y distendido. Integra la mente en el cuerpo. No hay lugar para la negligencia. Si se desequilibra hacia un lado, equilibra; si lo hace hacia el otro, equilibra. Está en lo que tiene que estar, sin vértigo al vacío, sin excesiva demanda de seguridad, porque sabe que nada es seguro. Se mantiene en su propio centro de gravedad y confía en sus recursos. Si surgen adversidades como el vendaval o la lluvia, extrema su atención y su presteza. La mente alerta y clara y la acción diestra. No hay sitio para pensamientos parásitos o intrusos, ni para la duda inútil. Camina de instante en instante, dirigiéndose hacia el extremo del alambre, pero sin pensar en la meta. El cuerpo y la mente son sus vehículos para cubrir la distancia del alambre. Si no le obedecen, está perdido. Confía en su habilidad y en su intuición, y su sagacidad es el resultado del esfuerzo correcto, la energía y la disciplina inquebrantable. Parece no realizar ningún esfuerzo y camina fluidamente, como si flotara, porque a través del esfuerzo ha llegado al esfuerzo sin esfuerzo. Nunca se infatúa, es humilde, porque sabe que el vacío se abre a sus pies y que la vida y la muerte celebran su juego a cada instante.

Conduce al centro mismo de la vida la actitud del funámbulo. Camina con elegancia y soltura por el alambre de la vida, atento pero sosegado, equilibrando y reequilibrando, sin obsesionarse por la meta, sabiendo confrontar con ecuanimidad y pericia las adversidades o vicisitudes de la vida. Confía en ti mismo, pero sé humilde y nunca arrogante. Todos somos frágiles y si nos diéramos realmente cuenta de ello, nunca nos dañaríamos los unos a los otros. Ante los hechos incontrovertibles, ejercita la aceptación consciente. Que tu caminar por el alambre de la vida sea un continuo aprendizaje en el que puedas contar con esos dos grandes amigos que son la lucidez y la compasión. No hay nada tan alentador y alertador como el fracaso, porque gracias a él nos volvemos humildes y tomamos consciencia de nuestra condición humana. Hay que vivir la vida en su totalidad y a menudo sólo contamos con un verdadero aliado: la ecuanimidad. Cuando no podemos cambiar los hechos, sólo nos cabe modificar nuestra actitud y establecernos en la ecuanimidad, sin perder la firmeza de ánimo. La sabiduría consiste en percibir desde la naturaleza profunda, pura y clara de la mente, guiada por el poder de lo Incondicionado.

Apóyate en el Vacío Primordial para recuperar tus fuerzas. Sírvete de la mente reveladora que es la no mente cuando estés confuso. Reposa en tu condición de puro ser cuando quiera vencerte el desánimo. Conserva con primor tu fuerza vital, que es la que a todos nos anima. Siente su renovadora vibración en el silencio interior, cuando los pensamientos cesan. Percibe la unidad en todo. Retoma el hilo de la consciencia para ir más allá de la consciencia y entra en el vacío sin límites para vibrar con la energía universal. Ahí hallarás tu centro de equilibrio, de donde surge y adonde retorna la energía que todo lo anima.

Todos somos aprendices en la vida, y el deber y el privilegio de un aprendiz es seguir aprendiendo. A veces hay fortuna; a veces hay infortunio. Abraza ambos y sigue aprendiendo. Haz tu destino dentro del destino. Cuando puedas modificar algo, procede como si no hubiera destino, pero cuando no puedas hacerlo, procede como si lo hubiera. Permanece tranquilo, con el íntimo convencimiento de que lo que tenga que ser será y que las nubes siguen su curso surcando el firmamento. Pon a tu favor las vicisitudes y alternancias de la vida abrillantando mediante ellas la consciencia; transforma los enemigos en aliados; ama desde la consciencia clara, desinteresadamente, pero sin encadenarte.

En meditación, sumérgete en ti mismo y date un baño de tu propio ser. Déjate llevar por su mano invisible en el corazón mismo de la vida. Sé reflexivo al pensar, al hablar y al actuar, pero no vaciles innecesariamente ni caviles más de lo imprescindible.

MÁS PODEROSA QUE LA LUZ DE LA MENTE
ES LA DEL CORAZÓN.
MÁS PODEROSA QUE LA LUZ DEL CORAZÓN ES LA DEL SER.
MÁS PODEROSA QUE LA LUZ DEL SER
ES LA DE LA MENTE ÚNICA.
MÁS PODEROSA QUE LA DE LA MENTE ÚNICA
ES LA DEL VACÍO PRIMORDIAL.

No puedes llegar con el pensamiento a lo que está más allá del pensamiento, pero el Vacío Primordial piensa, respira y vive a través de ti. Del Vacío Primordial deriva la Mente Única, de la Mente Única el ser, del ser la mente, el cuerpo y todos los fenómenos y procesos. El Vacío Primordial no tiene nombre y por eso los faquires rasayani le denominamos lo Innombrable. Su sonido es inaudible. Es el uno, y la dualidad y la trinidad, lo múltiple, el vacío y el todo, la gran paradoja que no puede ser resuelta por la mente ordinaria. No es para ser pensado, sino penetrado y vivido. Los que vienen parten de Él; los que se van llegan a Él. Es Vacuidad y es la Gran Madre cuya energía todo lo dinamiza. En el estado de *samadhi* te absorbes en el ser, en la fuente del pensamiento, y traspasas el umbral hacia la Mente Única, que te lleva, si persistes, hacia el Vacío Primordial. No puedo seguir hablando de ello. Sólo el silencio cuenta y los labios enmudecen.

Cuando me someto a las pruebas de faquirismo, me pongo en manos de ese Vacío Primordial, que da y toma la vida. Todos nosotros debemos ponernos en sus manos, porque nunca hemos dejado de estarlo.

Desarrolla momento a momento una cuidadosa y bien encauzada atención y, en lo que quiera que hagas, un perfecto equilibrio. Domina tus sentidos; purifícate mediante el ayuno bien regulado; nunca te dejes arrebatar por el orgullo ni siquiera el espiritual, que es el peor, y sé humilde; aprende a desvincularte de tus envolturas física, mental y espiritual, para retrotraerte a lo que es anterior a ello; actualiza tus potenciales internos y estimula la intuición mística; no te pierdas en inútiles polémicas ni discutas con el mundo aun si él discute contigo; si eres una persona de hogar, aprende a interiorizar tu sexualidad y a vivirla conscientemente, como vía de autorrealización, sin ningún tipo de apego; aprende a saborear la ambrosía del *samadhi* y sigue tu senda interior, que aunque sinuosa, es la única segura. Mediante el control sobre el aliento, que es el principio vital del universo, aprende a controlar tu mente y tus facultades sensoriales. En meditación, absorbe tu elemento tierra en el elemento agua, el elemento agua en el elemento fuego, el elemento fuego en el elemento aire, el elemento aire en el elemento éter y el elemento éter en el elemento sin elemento o Vacío Primordial. Recógete en tu corazón espiritual cuando el sentimiento de soledad te acose. Hay un espacio de calma infinita que puedes aprender a recuperar en todo momento e instante y luego llevar al centro mismo de la vida, manteniendo tu tranquilidad en la intranquilidad. Si necesitas de un soporte mental, recurre al mantra natural de la respiración —*Ham Sa*— y absórbete en el mismo. Por el sonido llegarás a lo sin sonido, por la forma a lo informe, por lo manifestado a lo no manifestado. Al menos un millón de veces repetí conscientemente este mantra natural cuando era niño y mi padre me lo reveló. Hay una luz interior que reverbera en ti y que es la simiente de la Mente Única. Visualízala en tu corazón y absórbete en ella, retirando tu mente de los órganos sensoriales, como la tortuga se oculta en su caparazón. La energía cósmica es inagotable e insondable. Tú eres lo estático en lo dinámico. Cuando tu mente ordinaria se desvanece, sólo resplandece el ser y sientes una dicha infinita. Tu fuente interna es tu mejor mentor. Son las nubes del deseo y de la aversión las que lo velan. Disipa esas nubes y te hallarás con él cara a cara, para entonces descubrir que no hay dos rostros, sino uno.

Cree en todo y en nada. Experimenta y vive. No te resistas, pero sé firme. Vivimos en un mundo en que dondequiera que miremos contemplamos desorden, convulsión, guerra y caos. No hay peor guerra que la de los egos. Tu aportación es estar sereno y ser compasivo. Que tu corazón esté colmado de sencillez y no de orgullo, de conocimiento y no de ignorancia, de benevolencia y no de crueldad. Aprende a fluir y domina el arte de la adaptabilidad, pero no seas hipócrita. No cejes en tu empeño de autorrealización y que ese deseo sea superior a cualquier otro; que tu único compromiso sea con la Enseñanza y que este tránsito vital sea el escenario para lograr la liberación de las ataduras mentales. No necesitas renunciar a nada que no sea el apego y la aversión, que son el manantial de tantos oscurecimientos mentales; no necesitas retirarte a otro sitio que no sea tu corazón, que es la morada de tu ser. No especules sobre la vida; vívela. Que no te ganen los recuerdos ni las anticipaciones. Sé interdependiente, pero no dependiente, y mucho menos de los bienes materiales. Yo te paso, como un intermediario, actitudes y enseñanzas, pero si las pones o no en práctica es asunto tuyo. No hay otra dicha que la armonía; no hay otra felicidad que la paz interior. No hagas ostentación de tu ejercitamiento; tampoco lo ocultes. Armoniza pensamientos y sentimientos y renuncia al inútil sufrimiento de la mente condicionada. Sé perseverante; sé intenso en tu práctica; sé paciente; sé firme ante las muchas dificultades que irás hallando. No te dejes engañar por el entusiasmo desmesurado; no te dejes confundir por ilusiones falaces; desconfía tanto de la exaltación como del abatimiento: dos grandes impostores. Que tu corriente de pensamientos esté controlada y saturada de nobles intenciones. Estate en el mundo, pero no seas del mundo. No busques alivios temporales, que no lo son. Sácale fuerza y orientación a tu insatisfacción de buscador de la última realidad. Tú eres el espectáculo, pero también el espectador del espectáculo y lo que está más allá de ambos, por tanto, no te dejes atar o alienar por lo que percibes ni por las fantasmagóricas creaciones de tu mente. Restringe las emociones negativas y expresa las más bellas. Aunque se torne resbaladizo el alambre de tu vida, no te dejes vencer por la apatía, la holgazanería, la negligencia, el entendimiento incorrecto, la fascinación sensorial, la dispersión mental o la duda. Aprende a mirar tus sensaciones, emociones y pensamientos desde cierta distancia, sin involucrarte, pero desde la intensidad y el contento. Cultiva semillas de buenas emociones y nobles pensamientos. Tú haces tu mente y si no te gusta, cámbiala. Transforma tus hábitos psíquicos; no te dejes arrebatar por tus reacciones emocionales negativas. Incorpora tu investigación y práctica espiritual a la vida diaria y con la precisión y atención con que camina el funámbulo sobre el alambre de altura, convierte todo en un rito. Siéntete ligero. Que tu espíritu sea flexible y no rígido, porque la flexibilidad es vida y la rigidez es muerte.

No hay otra ley que el amor. Lo único que hace diferente a un ser humano es su bondad primordial. Ningún trabajo es superior a otro; ninguna tarea es inferior a otra, siempre que estén guiadas por el sentimiento de cooperar y no perjudiquen a ninguna criatura. Ejercita tu cuerpo, para que esté saturado de bienestar y vitalidad; adiestra tu mente, para que elimine sus desórdenes y se encauce con sabiduría. Respeta las leyes naturales y el curso de los eventos, conciliando las dualidades y estableciéndote en la unidad que las engarza con la ductilidad y destreza que se mueve el funámbulo. Fluye tú con las configuraciones del universo. Hazte dueño de tu mente, para que ella se haga dueña de los sentidos de percepción y acción. No te dejes atrapar por los velos de la ilusión; son infinitos. No fortalezcas tu yo-social en detrimento de tu yo-real. Déjale el paso expedito a la energía de tu fuente interior para que se desenvuelva con libertad y destreza. Que cuando se levanten las olas de la ira, el desasosiego, la rabia, la vanidad o el apego, tu mente profunda no sea vea afectada. No te dejes limitar por el puro conocimiento libresco; hay otros tipos de conocimiento muy superiores a éste. Practica el silencio exterior y el silencio interior para rearmonizarte y reequilibrarte. No entres nunca en discusiones ajenas y frena la tendencia a juzgar.

Si aprendes a no pensar, hallarás otra manera de ser y sentir, serte y sentirte. Que tus movimientos psíquicos no te impliquen. Aun en un entorno desfavorable, si aprendes a retirarte a lo profundo y claro de ti mismo, hallarás sosiego. La comprensión teórica no es transformadora; la comprensión experiencial es transformativa. No conviertas la enseñanza en una idea; que sea una energía dinámica para colaborar en tu mutación. La fuerza que soporta el universo alienta tus nervios. La energía que fluye por tus canales es la que emerge de lo estático para hacerse dinámica. Interpreta tu drama vital lo mejor que te sea dado, sin perjudicarte ni dañar a los otros. Que tus principios orgánicos no sean perturbados por estados aflictivos de la mente, tales como la preocupación o el enfado.

Un verdadero faquir es un yogui. Un verdadero yogui tiene mucho de faquir. El faquir es el que es pobre: pobre de orgullo, envidia, celos, odio, apego y vanidad. Cuanto más pobre de todo ello seas, más faquir eres. Lo menos malo que le puede suceder a un faquir es perder su vida; lo peor es no aprovechar lo que tenga de vida para ser humilde y mejorarse. Se reta a sí mismo para vencer su ego, no para fortalecerlo; se sirve de su gran fuerza interior para avanzar por la senda hacia el Vacío Primordial y no para adquirir poderes mundanos. Supera el dolor por la gracia del Ser; explora todas sus posibilidades, aun a riesgo de morir, para conocer de primera mano el poder del Ser en sí mismo. Le gusta llegar a su límite y ponerse en manos del Ser. Pero, viva un día o un millón de años, el faquir no se impacienta, cuánto menos el buen funámbulo, que sabe que si se impacienta, el alambre lo arroja al vacío.

El aprendizaje no tiene fin. Siempre somos aprendices y hay que seguir aprendiendo. Sólo la muerte puede apartar a un funámbulo del entrenamiento y todos somos funámbulos en el alambre de la vida. ¿Por qué nos aterra el vacío? ¿Por qué nos espanta la soledad? Porque tememos la disolución del ego y todo lo que al ego amenaza nos produce terror. Pero es desde el vacío desde donde recobramos una perspectiva que nos permite la comprensión libre de las sombras del ego. El ego tiene terror mientras funciona; cuando deja de hacerlo, no hay terror. Si el terror se domina, se convierte en un aliado. Aun en situaciones muy difíciles se puede aprender a mantener la cabeza tranquila y fría, pudiendo actuar con precisión y cordura. Es cuando enfrentamos ese vacío y logramos ponerlo de nuestro lado cuando es posible robarle el poder al universo y hacer uso de toda nuestra fuerza interior. Sin fuerza interior ¿qué podemos hacer? La perdemos porque no ordenamos y encauzamos nuestras energías internas. La vida es a veces como una brisa ligera, pero otras como un devastador huracán. En una y otra ocasión, hay que permanecer atento, lúcido, sosegado y dichoso, sin perder la conexión con la fuente interior de vitalidad.

Para acceder a la mente sin mente, debes adiestrarte en los cuatro *patryaharas*. Son ejercitamientos para desconectarte temporalmente de tus envolturas o ropajes y conocer el elemento sin muerte anterior al pensamiento y a todo lo ilusorio. Tienes que irte sumergiendo en lo más abismal de ti mismo, retirándote de las vainas que te encubren.

Mediante el primer *pratyahara* te abstraes de cualquier estímulo externo; a través del segundo, te retiras de la dinámica de los órganos sensoriales porque suspenden su actividad; recurriendo al tercero, te desvinculas de la envoltura carnal; mediante el cuarto te desligas de las envolturas astral y mental y penetras en la mente sin mente, donde se revela el ser. De lo burdo a lo sutil; de lo tosco a lo etéreo; de la forma a lo informe; de lo nombrable a lo innombrable.

El Vacío Primordial es lo que siempre está presente, pero nosotros estamos ausentes del mismo. ¿Sabes por qué? Porque la persona común sólo está en la tercera causa y ahí pone el énfasis de su consciencia y su energía, ajeno a la segunda causa y más aún a la primera causa. La tercera causa, con la que se identifica ciegamente la persona, son las actividades y afanes. Hay que vivir con ello, pero es necesario aprender a ejecutar la acción diestra, consciente y sin egoísmo, lo mejor que sea posible y sin obsesión por los resultados; pero como se pone la energía y la consciencia sólo en esa tercera causa, la mayoría de las personas, fascinadas con esa identificación sonámbula, no se dan cuenta de la insustancialidad de todo ello. Son títeres en las manos de maya. Mucha gente, durante toda su vida, no es más que la tercera causa, o sea, fenómenos sin sustancia que ruedan y ruedan sin sentido. La persona es así una máquina, haciendo y haciendo, obsesionada por los objetivos, con una consciencia paupérrima, si es que hay alguna. La segunda causa es la mente, con sus infinitas creaciones y sus funciones naturales. Las personas son esclavas de su mente y se dejan atosigar y confundir por los pensamientos automáticos. Así, un gran número de personas sólo son tercera y segunda causa: afanes y pensamientos. Sus estados de ánimo no dejan de cambiar y están sometidas a toda suerte de influencias del exterior. Viven ignorantes de la primera causa y ése es su verdadero drama, pues morirán, como no haya una reacción, habiendo convertido la vida en un inútil espacio de inconsciencia. Identificadas con las actividades externas y con los estados mentales, ignoran la existencia de la primera causa. Pero el buscador es aquel en el que se activa el sentimiento de que algo le falta y, sabiéndose incompleto, comienza a buscar, aunque a ciegas o tanteando torpemente, la primera causa, que es el ser interno, que cuando es conquistado, abre la senda hacia el Vacío Primordial. La humanidad, que tantas atrocidades ha cometido, no podrá nunca cambiar como no haya un número creciente de seres humanos que se apliquen sin tregua a la búsqueda de la primera causa. Para cambiar se requiere también desmantelar la mente vieja, es decir, saltar fuera de todos sus patrones, y llevar a cabo la acción diestra y virtuosa inspirada en la intención pura y el entrenamiento en la meditación.

La disciplina te ayuda a conectarte con tu manantial de energía interior. Es el refugio para el que busca, para el que quiere llegar a la primera causa e incluso ir más allá de la primera causa. Nada hay peor que estancarse en el proceso y quedarse en un punto muerto. Ya has muerto en ese caso, aunque malvivas mil años más. El mundo es un carnaval sin sustancia, podemos establecernos en la consciencia infectada o saber verlo sin dejarnos condicionar por él y trabajar para cooperar con los demás y darle sentido a la vida.

Sobre el alambre, sea el alambre del funámbulo o el alambre de la vida, se requieren cuatro estados de mente: la presencia, que es la atención vigilante y plena; la presencia de sí, que es la consciencia de ser; la ausencia, o capacidad de ausentarse de todo lo que no es la acción de caminar por el alambre; y la ausencia de sí mismo, que permite que la energía cósmica circule libremente por todo el ser. El propósito de la vida no es otro que vivir lúcidamente, con armonía y compasión.

El pensamiento bien dirigido y dominado es útil en su terreno. La reflexión, y sólo hasta cierto punto, es para determinados aspectos de la vida. La consciencia es infinitamente superior a la reflexión y se intensifica con el cese de los pensamientos. En todo aprendizaje —y la vida es el más grande— hay varias fases: la primera es proponerse el ejercitamiento, y mucha gente se queda en el solo propósito; la segunda es intentar el ejercitamiento, desarrollando un esfuerzo y forzando; la tercera fase, cuando te has ejercitado lo suficiente, es la que te permite forzar sin esfuerzo, y paulatinamente se va ganando una espontaneidad de orden superior y un equilibrio inspirador, porque comienza a cursar la sabiduría de la propia disciplina; la cuarta fase consiste en el hacer sin hacer y el ego se diluye en el yo cósmico, la fuerza vital se armoniza y nos impregna. Sea en el alambre del funámbulo, o sea en el alambre de la vida, lo que nunca se puede perder es la concentración, la calma y la intuición. La intuición es un recurso extra y cuando se pierde el equilibrio, lo que puede salvarnos es esa sabiduría intuitiva que no es lógica o racional.

Una cosa es la irreflexión y otra, la espontaneidad de orden superior. El peligro del ejercitamiento es que a la mayoría de las personas les conduce a la mecanicidad, y por tanto a la irreflexión, y entonces el mismo entrenamiento, que comenzó siendo una senda para despertar, se torna una vía para dormir. Siempre hay que redoblar la atención, para que la acción consciente y diestra no se vuelva, por el hábito, mecánica e imprecisa. Nunca debemos dar la espalda a nuestra esencia ni empañar nuestro espejo interior, porque entonces no podrá reflejar la claridad del universo.

No racionalices la vida; vívela. La vida no es una idea ni una opinión; es una experiencia. El miedo es un aliado o un enemigo, depende de si es un código para protegernos o de si es una idea. El cuerpo dispone de una inmensa sabiduría y tienes que aprender a captar sus mensajes, vibraciones y secretos. Nunca pierdas la motivación. Ella será tu aliento. Cuando nos contraemos en nuestro pequeño yo, sentimos mucho miedo, pero descontraídos, comenzamos a sentir un poder entonador.

Una vez conocemos la teoría, lo que tenemos que hacer es practicar con diligencia. La comprensión meramente intelectual no transforma; el ejercicio es verdaderamente transformativo. *Faquir* quiere decir pobre y quiere decir mendigo. El faquir es un mendigo de las realidades superiores, del toque del Absoluto; el faquir es un pobre de ego, una persona humilde. En el corazón de todo el que busca se escucha la voz del faquir, que nos llama al despertar de la consciencia y a ir más allá de la consciencia.